中國學術思想 研究輯刊

四 編

林 慶 彰 主編

第 **19** 冊

從「華夷」到「中西」：
清代《春秋》學華夷觀研究（下）

蕭 敏 如 著

花木蘭文化出版社

國家圖書館出版品預行編目資料

從「華夷」到「中西」：清代《春秋》學華夷觀研究（下）／
蕭敏如 著—初版—台北縣永和市：花木蘭文化出版社，
2009〔民98〕
目 6+190 面；19×26 公分
（中國學術思想研究輯刊 四編；第19冊）
ISBN：978-986-6449-18-5（精裝）
1.春秋（經書） 2.民族意識 3.研究考訂 4.清代
621.7   98001920

ISBN - 978-986-6449-18-5

中國學術思想研究輯刊
四 編　第十九冊　　　　　　　　ISBN：978-986-6449-18-5

從「華夷」到「中西」：清代《春秋》學華夷觀研究（下）

作　　者　蕭敏如
主　　編　林慶彰
總 編 輯　杜潔祥
出　　版　花木蘭文化出版社
發 行 所　花木蘭文化出版社
發 行 人　高小娟
聯絡地址　台北縣永和市中正路五九五號七樓之三
　　　　　電話：02-2923-1455／傳眞：02-2923-1452
網　　址　http://www.huamulan.tw 信箱 sut81518@ms59.hinet.net
印　　刷　普羅文化出版廣告事業
封面設計　劉開工作室
初　　版　2009 年 3 月
定　　價　四編 28 冊（精裝）新台幣 46,000 元

從「華夷」到「中西」：
清代《春秋》學華夷觀研究（下）

蕭敏如　著

目次

第五章　乾嘉士人《春秋》學中的華夷論述

　　從順、康、雍至乾隆時期，滿洲官方的自身的華夷態度甚至華夷認同顯然已有極大變化。但，從漢人士民的角度而言，從順治以至乾隆，漢人對滿洲、對清廷的華夷心態，同樣也有所轉變。清入關初期，漢人面對滿洲強大的軍事與政治威脅，對陌生的「滿洲」充滿「異己」的文化想像。清初的明遺民天都山臣在其《女直考》中，就鮮明地摹寫出當時漢人對滿洲的異化想像與印象：

> 女直……阻山穴居，塗豕膏禦寒，無君長，射用楛矢，石鏃長尺八
> 寸……其俗常以秋月造毒藥傅矢，射禽獸立死，畜多豕，衣其皮，
> 以溺濯，於諸夷中最穢。〔註1〕

　　在滿洲入關之初，漢人這種對滿洲人的文化印象，固然出於面臨滿洲軍事威脅下的負面想象，但從這種對滿洲的異化想像之中，還是可以看出清初遺民士人「嚴守華夷分際」的民族心態。

　　不過，所有對異民族的文化想像，都是在缺乏對話的情況下產生。乾嘉時期的中國，歷經順治、康熙及雍正三朝近百年（1644～1735）的滿洲統治之後，清政權已日趨穩定。在此一時期，滿漢之間依舊存在著階級差異，而這種差異不僅反映在「旗籍」與一般漢人上，在仕宦上也存在著不成文的滿漢地位偏見。乾隆五十八年（1793）英國來華使臣馬戛爾尼在其出使中國的日記裡便曾記述：「入夜，一韃靼大員，統領此間兵隊者，至行宮中拜見。……

〔註1〕　《女直考》（《四部禁燬書叢刊》據上海圖書館藏清鈔本景印（北京：北京出版社，2000年），史部第三十六冊），頁420。

此人舉止動作頗彬彬有禮，有君子人氣概且極有見解……然此人殊傲慢自大。樊大人（漢人官員）雖亦戴一頂紅頂子，且武職與此人相若，然當此人之前，樊大人惶恐不敢就坐。」〔註2〕漢人官員在面對與自己同一官銜、同一職等滿人官員時，仍然會對滿人官員表現敬意。

　　從馬戛爾尼的記述來看，乾嘉時期滿漢之間的確仍存在著差異。但，這樣的差異，與其說是文化上的差異，不如說已經漸漸轉爲社會地位上的差異。甚至，在官方文書的撰寫上，也由原本的強制兼書滿漢文，開始漸漸通融在某些純粹漢臣的場合下，不必再依循順治以來國書必須「兼寫清漢」、滿漢兼行的規定，而可以單書漢文。《欽定大清會典事例》，卷三百八十八，〈禮部‧卹典〉條：

> （乾隆）四十九年，諭：翰林院撰擬祭文，向俱兼寫清漢，如壇廟群祀，載在禮官祀典者，自應需用國書。若滿洲大臣，亦當用清文諭祭。至漢大臣，本不諳清語，諭祭時原可專用漢文，又何必重加繙譯，致滋煩瑣？嗣後翰林院撰漢大臣祭文，俱著不必兼繙清字。
>
> 〔註3〕

乾嘉時期，滿漢之間的差異雖然依舊存在，但其性質似乎已逐漸有所轉變。由清初的文化與社會地位差異，逐漸淡化爲僅是社會地位上的差距。

　　這種華夷認同與滿漢心態上的變化，其原因必須追溯至順治以來清廷爲了統治漢人而實施的「興文教」與「滿漢一體」政策。順、康以降，滿洲政府爲了籠絡漢人而再三申諭的「滿漢一體」政策呼籲，並在乾嘉時期開放宗室參與科舉，〔註4〕導致滿人的民族文化特徵迅速失落。入關之後，滿人普遍且急遽地漢化，使嘉慶慨嘆「近日旗人耳濡目漸，已不免稍染漢人習氣」。〔註5〕滿人漢化情形之嚴重，迫使乾隆、嘉慶兩朝都分別多次申諭嚴禁旗人沾染漢習、改漢姓，〔註6〕並不得不公開申諭滿洲年輕子弟勿忘「清語騎射」。嘉慶五年（1800）

〔註2〕 馬戛爾尼著，劉半農譯《一七九三乾隆英使覲見記》（天津：天津人民出版社，2006年5月），頁82。

〔註3〕 托津：《欽定大清會典事例（嘉慶朝）》（收於《近代中國史料叢刊三編》，第六十七輯，臺北：文海出版社，1992年），卷三百八十八，頁7631～7632。

〔註4〕 《仁宗實錄》，嘉慶五年十月十三日壬戌條。

〔註5〕 《仁宗實錄》，嘉慶二十一年十一月初九甲寅條。

〔註6〕 《高宗實錄》，乾隆四十三年六月二十三日辛亥條，下旨訓諭八旗及各省駐防旗人不得沾染漢習，亦不可忘滿洲姓氏，並嚴命「嗣後滿洲命名，斷不可數代俱用一字起頭」。乾嘉時期，官方有意識的去維繫、「建構」這種滿洲文化

正黃旗滿洲世襲恩騎尉常安，便因不諳國語（滿語），問不能答，而被下旨申飭：「清語騎射爲滿洲根本，年輕之人，理應專心學習，以期不廢本業」。〔註7〕

　　除此之外，乾嘉時期滿漢聯姻的現象也十分普遍，甚至連滿洲宗室、覺羅都有與漢人聯姻的情形，致使嘉慶十八年（1813）不得不注意到這個現象，並對宗室覺羅（而非所有滿人）滿漢聯姻的現象加以申飭，唯對於已存在之聯姻關係「各予應得處分，不必離異」，只「自此日始，申明定制，嚴行飭禁」。〔註8〕雖然官方仍以「旗籍」來識別滿人、漢軍與漢人，但在實際的社會氛圍上，滿漢之間不僅文化差異迅速消失，而原本藉以區隔滿漢的主要依據——姓氏與血緣，在滿漢聯姻與滿人「改漢姓」現象，也導致滿漢界域與華夷認同的錯亂。

　　清初康、雍兩朝不斷對漢人呼籲「滿漢一體」、統治者積極學習漢文漢語、刻意「興文教」、掌握祭孔、科舉等漢人文化活動的政策，〔註9〕加上滿人入關後迅速漢化，致使滿漢之間的「異己」氛圍正漸漸失落。因此，乾嘉時期，滿漢之間的文化差異正日漸消失，人民對社會上滿、漢雜處的民族結構也漸漸習以爲常。曾幾何時，對漢人來說，清初遺民這種對女眞「秋月造毒藥傅矢，射禽獸立死，畜多豕，衣其皮，以溺濯，於諸夷中最穢」的異民族想像，已隨著滿洲政權的穩定乾嘉盛世的來臨而漸漸消逝。

　　滿人漢化與滿漢之間的頻繁交流，導致漢人對滿人「異己」氛圍的轉變。

習慣。順治朝並無強調「清語騎射」的政策，但自康、雍以降，清政府都極力勸諭滿人勿忘「國語騎射」。特別是在乾、嘉兩朝，這樣的政策呼籲時時出現。主要原因即在於清入關初期，滿洲人多保持原有的關外生活文化習慣，無需特意強調。從乾隆、嘉慶兩朝對「國語騎射」的呼籲，可以看出當時關內外滿人在滿洲語言與文化上的失落，已十分嚴重。

〔註7〕　《仁宗實錄》，嘉慶五年四月十六日戊戌條。

〔註8〕　《仁宗實錄》，嘉慶十八年六月初九甲辰條。本日宗人府移居宗室戶口名單內，開寫妻室氏族，內有張氏、李氏、白氏、陳氏，是否漢軍抑係漢人？著宗人府查明具奏。

〔註9〕　順治三年（1646）與順治六年（1649）的科舉中，殿試策論分別以「使滿漢官民同心合志」（《世祖實錄》順治三年三月壬戌條：「欲定天下之大業，必一天下之人心，吏謹而民樸，滿洲之治也。今如何爲政，而後能使滿漢官民同心合志歟？」）、「聯滿漢爲一體」（世祖實錄》，卷31，頁14，順治四年四月十二日庚子條：「從古帝王以天下爲一家，朕自入中原以來，滿、漢曾無異視，而遠邇百姓猶未同風。豈滿人尚質，漢人尚文，習俗或不同歟？音語未通，意見偶殊，抑或未化歟？今欲聯滿漢爲一體，使之同心合力，歡然無間，何道而可？」）爲題，營造出「滿漢一體」、多民族並治的氛圍。

「華夷之辨」，正是建立在「自我」對「異己」的想像、解讀與判釋之上。乾嘉時期社會民族氛圍的轉變，相對也影響了滿洲官方華夷身分認同的變化，並影響了漢人對滿洲的接受心態，進而影響士人的華夷觀。清初官方與遺民雙方不斷強調的「華夷之辨」，核心議題就在於彼此透過對「華／夷」定義的探討，宣示自己的民族立場，並界定自身文化與政權的合法性。華夷究竟是文化論述或是民族論述？「華／夷」的界限究竟是在「文化」還是「血緣、地域」？這個議題，在清初官方與遺民《春秋》學間引起廣泛討論，而《春秋》學詮釋也成爲滿漢分別申說「民族」議題的學術場域。

乾嘉時期，社會上華夷氛圍的轉變，也波及到《春秋》學上。原本清初《春秋》學遺民士人與官方各自偏重於「攘夷」、「尊王」的詮釋風氣，也隨著乾隆時期社會氛圍的變化而產生劇烈的轉變。從社會上的民族氛圍來看，滿漢之間的階級差異雖然依舊存在，但「異己」氛圍已漸漸消失──滿漢人民接觸頻繁，關內滿人改漢姓、說漢語的漢化情況日益普及，關外滿人也開始追求文事而漸廢武術。官方長期在政策上強調「滿漢一體」、在學術上又以文化來作爲《春秋》「華夷之大別」的判準，都對漢人士民的華夷觀形成一定程度的影響。社會上漢人對滿洲「夷狄」、「蠻夷」的印象與異己氛圍的轉變，使得清初《春秋》學以探討「滿／漢之別」爲主要對象的《春秋》「華／夷之辨」議題逐漸失去了原有的著力點。乾嘉時期社會民族衝突的淡化，將如何影響漢人士人《春秋》學中的「華夷」詮釋？除此之外，乾隆朝官方《春秋》學華夷論的基本方向，例如以「辨內外」取代「辨華夷」等，對這一時期乾嘉士人《春秋》學有何影響？這是本章所要討論的第一個問題。

另一方面，在乾嘉時期皇權絕對性的政治與社會氛圍下，自清初以來對「《春秋》大義」的探討，在乾嘉時期不同的時代氛圍裡，是否依舊會爲這一時期的《春秋》學所繼承？又會產生什麼樣的變化？這是本章所要探討的第二個問題。

乾嘉時期，也是中國在外交上與西歐開啓對話的重要時期。清政權從乾隆朝開始，刻意建構「天朝」形象，並以「中華」自居，企圖建立起清國在東亞甚至世界的政治與文化上的「共主」地位。其後，嘉慶朝在外交方面，基本上繼承了乾隆朝的「天朝體制」，在對外關係上極力維護「天朝」的地位。乾嘉兩朝建構出「天朝」形象，除了影響滿洲統治者本身的「中華」認同之外，也影響著民間滿漢士民對「中華」概念的認同與「華夷」定義的轉變。在「天朝」體系的思維下，也使得「大一統」的思維在這個時代達到極致。

這一切是否影響乾嘉時期的經學詮釋（特別是與「大一統」、「華夷」、「尊王」概念密切相關的《春秋》學詮釋），又是如何影響乾嘉時期的經學詮釋？這是本章所要探討的第三個問題。

第一節　乾嘉士人《春秋》學

對清代士人學術而言，乾隆朝是清官方對政治言論控管最為嚴密的時期。雖然乾隆二十年（1755）時，乾隆曾自稱「朕御極以來，從未嘗以語言文字罪人」，〔註10〕但事實上終乾隆一朝，共有百餘起文獄，文網之密，堪稱亙古未有。而官方控管士人著作的標準，可以從乾隆二十年（1755）時胡中藻《堅磨生詩鈔》與鄂昌詩文酬唱案的上諭看出：

> 汝親往鄂昌撫署中，將其與胡中藻往來應酬之詩文、書信嚴行搜查，并其與別人往來字迹中有涉譏刺、囑托者，亦一并搜查封固，差妥人馳驛送來。……汝查伊字迹中若實有誹謗可惡情節，則汝一面奏聞，一面前往安西傳旨，令彼離任，查其隨身所帶字迹，撫務汝亦暫為兼管候旨，不可稍涉瞻徇，不可預漏風聲。〔註11〕

凡在應酬詩文、書信中「連篇累牘，無非謗訕詆毀之語。不惟謗及朕躬，且敢詆毀國家」，〔註12〕涉及「譏刺」、「囑托」、「誹謗」等與政治相關的文字，都成為言論檢查的對象。

除了因政治而起的文獄之外，也有因經學意見與官方相違而形成的文字獄。特別是在乾隆執政的前十年，出現數起因經學詮釋與官方意見相違「妄論經義」、或藉講經評議政事而被乾隆申斥、懲處的事件，如：乾隆元年（1736）發生的謝濟世詆毀程朱案〔註13〕及李徽以《孝經》與《四書》並列案〔註14〕兩個事件，乾隆六年（1741）又發生全淵《四書宗注錄》案〔註15〕及謝濟世

〔註10〕 《清代文字獄檔》（上海：上海書店，2007 年 6 月），頁 58，〈核定胡中藻等罪名旨〉。

〔註11〕 《清代文字獄檔》，頁 35，〈劉統勛奏赴蘭查辦鄂昌詩文書信折〉。

〔註12〕 《清代文字獄檔》，頁 58，〈核定胡中藻等罪名旨〉。

〔註13〕 乾隆元年二月，謝濟世請用自注《學庸》以易朱子章句，頒行天下，帝以謝濟世肆口詆毀，狂悖已極。事見《高宗實錄》，乾隆元年二月十六日庚辰條。

〔註14〕 乾隆元年二月，李徽欲以《孝經》與《四書》並列為五，帝以其妄行瀆奏，後從寬免究。事見《高宗實錄》，乾隆元年二月十六日庚辰條。

〔註15〕 乾隆六年八月，湖廣總督那蘇圖奏，通山縣民全崇相刊刻其父、已故舉人全

私刊自著學庸注疏案，〔註16〕乾隆八年（1743）周長發又以藉講經史以議時事而爲乾隆所申飭，〔註17〕乾隆九年（1744）又有黃明懿借講經之名以諷時事案〔註18〕等。由此可知，乾隆十年之前，曾對學術界「妄論經義」、毀謗程朱的情形加以管制，並藉由這些事件以宣誓官方申飭士人「借經史以牽引時事」〔註19〕的立場。但，在乾隆藉刊行御纂經注以統一官方經學詮釋觀點之後，官方對士人經注的干預與「妄論經義」的懲治明顯減少。相較於乾隆十年以後官方經學態度的鬆綁，乾隆中後期詩文控管則漸趨嚴格，〔註20〕經學成爲相對開放的言論場域。

　　另一方面，清初以來，《春秋》學的詮釋即被渲染上強烈的政治色彩。從士人《春秋》學的角度而言，「華夷之大別」與《春秋》學中的「攘夷」觀點，成爲清初遺民士人藉以宣傳攘夷、排滿思想的儒學經典論據。顧炎武、王夫之、呂留良、曾靜等以遺民自居的士人們，紛紛透過對《春秋》「夷夏」之詮釋，渲染漢人的反滿情緒，並鼓動漢人的民族意識。他們以「華夷之大別」將滿洲他者化，強調漢人與滿洲之間的「異己」。

淵《四書宗注錄》一書，中有推崇逆犯呂留良之處。帝朱批：「自應追出書板銷毀，至全崇相愚昧無知，照例處置可也。」事見《高宗實錄》。

〔註16〕乾隆六年九月，帝以謝濟世私自刊行所著學庸注疏，諭軍機大臣等：朕聞謝濟世將伊所注經書刊刻傳播，多係自逞臆見，肆詆程朱，甚屬狂妄。從來讀書學道之人貴乎躬行實踐，不在語言文字之間辨別異同，況古人著述既多，豈無一二可以指摘之處，以後人而議論前人，無論所見未必即當，即云當矣，試問於己之身心有何益哉？況我聖祖將朱子升配十哲之列，最爲尊崇，天下士子莫不奉爲準繩，而謝濟世輩倡爲異說，互相標榜，恐無知之人爲其所惑，殊非一道同風之義，且足爲人心、學術之害。朕從不以語言文字罪人，但此事甚有關係，亦不可置之不問也。爾等可傳諭與湖廣總督孫嘉淦，伊到任後，將謝濟世所注經書中有顯與程、朱違悖牴牾或標榜他人之處，令其查明具奏，即行銷毀，毋得留存。事見《高宗實錄》，乾隆六年九月二十五日丁亥條。

〔註17〕《高宗純皇帝實錄》，卷一八四，乾隆八年二月初四戊子，頁324，帝以翰林周長發藉經筵以講論時事，下諭申飭：「朕令翰林科道輪進經史講解，原以闡發經義、考訂史學也。而年來諸臣所進，往往借經史以牽引時事……」。

〔註18〕《高宗純皇帝實錄》，卷二二四，乾隆九年九月乙亥條，頁885～889，翰林院編修黃明懿於進講時諷諭本年北闈科場搜檢過嚴，帝以此亟論士風墮落士習日頹，並下諭嚴懲黃明懿：「若臣工有欲行陳奏之事，自應明白直陳于君上之前，何得借講之名，以巧用其術！……今乃借進講經書，隱諷時事，甚屬奸險詐僞者，著交部嚴察議處。」又見《清史稿》，卷十，〈高宗本紀一〉，頁380：「以翰林院編修黃體明進呈講章，牽及搜檢太嚴，隱含諷刺，下部嚴議褫職。」

〔註19〕《高宗純皇帝實錄》，卷一八四，乾隆八年二月初四戊子，頁324。

〔註20〕見本文第四章，附表一：乾隆朝文字獄表。

從清初以至於乾嘉時期，清代的《春秋》學始終存在著難以切割的政治意圖，這使得清初的《春秋》學成爲滿洲官方與漢人士民攻防民族思想、政權合法性的學術場域。凡此種種，都顯示清初以來的《春秋》學詮釋傳統，多少帶著點以經義隱喻政事的意味，在看似單純的經義探討背後，蘊涵著對當時社會上滿漢衝突問題與民族意識的探討。這種《春秋》學詮釋傳統，也爲部分乾嘉士人的《春秋》學所繼承。雖然乾嘉之間，考據學風的興起導致士人治經興趣的轉向，但乾隆朝中後期官方對經學的管制放寬後，乾嘉中後期的《春秋》學也漸漸走向藉解經以論政事的詮釋方向。

一、回歸三傳：對官方春秋學「舍傳求經」的批判

在面對傳統《春秋》傳注的態度上，清代官方的《春秋》學始終有著擺落四傳的詮釋傳統，認爲自明代以來「四傳並行，宗其說者率多穿鑿附會，去經義逾遠」。〔註 21〕特別是胡安國《春秋胡氏傳》，自康熙以來清代諸朝官方《春秋》學更是多所批判。因此，清代官方的《春秋》學著作，無論是康熙朝的《欽定春秋傳說彙纂》、雍正間張廷玉等人重新校修之《日講春秋解義》，以及乾隆朝傅恆奉敕撰的《御纂春秋直解》等，在詮釋《春秋》時，都傾向於不專守一「傳」、雜糅諸說，而「舍傳求經」、直指經旨（此即《御纂春秋直解》以「直解」爲名之意）的詮釋路向。〔註 22〕

儘管清代官方《春秋》學極力宣傳四傳「穿鑿附會，去經義逾遠」的觀點，但官方這種拋卻傳注的呼籲顯然對士人《春秋》學影響不大，乾嘉學者多半反對這種「舍傳求經、不設條例，《經》則因史存義，不設褒貶」〔註 23〕的詮釋路向。活躍於乾隆末至道光初的陳壽祺（1771～1834）在〈答高雨農舍人書〉中，即認爲三傳或許有與《春秋》經文本身相違之處，但《春秋》本身並非全據魯史舊文直書，而是在魯史之上加以修改，以立筆削褒貶之意：

> 大夫奔書字，惟見文十四年宋子哀，蓋襃其不失職……皆《春秋》
> 特筆也，是知聖人修改之迹，不可勝數。善善惡惡，義踰衮鉞，然
> 後是非由此明，功皐由此定，勸由此生，治亂由此正。故曰：《春秋》，

〔註 21〕 見《欽定春秋傳說彙纂》（《景印文淵閣四庫全書》第一百七十三冊（臺北：臺灣商務印書館，1983 年）），〈聖祖仁皇帝御製春秋傳說彙纂序〉，頁 1。

〔註 22〕 見本文第三章。

〔註 23〕 陳壽祺《左海文集》，〈答高雨農舍人書〉，收於《皇清經解》（臺北：藝文印書館，1966 年），卷一千二百五十四，頁 13762。

天子之事也。苟徒因仍舊史，不立褒貶，則諸侯之策，當時未始亡也，孔子何爲作《春秋》？且使孔子直寫魯史之文，則孟子何以謂之「作」？則「知我」、「罪我」安所徵？亂臣賊子安所懼？夫《春秋》之書，微而顯，志而晦，筆則筆，削則削，游夏不能贊一辭。況邱明、高赤之倫哉！《傳》雖言邱明造膝受《經》，然《經》成之後，下距夢奠之年，僅踰兩載耳。即不必有口授子貢、未箸竹帛之疑，而祖述堯舜、憲章文武之精心，或未盡傳於弟子。洎九流分而微言絕，異端起而大義乖，儒者各論所聞，稍失其舊，此三傳之所以不能無與經相違之過也。〔註24〕

陳壽祺的觀點，和清康熙時《欽定春秋傳說彙纂》所說的「孔子但據事直書，而善惡自著」〔註25〕的觀點顯然不同。他認爲三傳不盡符合《經》意，「稍失其舊」，但《春秋》本身並非孔子僅依魯史據事直書，而是有意而「作」。同時，他也認爲三傳之解經有其價值，不可貿然捨傳求經：

《左氏》、《公》、《穀》，去聖人之世猶近，遺聞緒論，宜有所受。設無三傳，則《春秋》孤行數千載以至於今，雖聖哲復生，奚據以稽其文與事而斷其義？學者惡能道此經隻字哉？夫始恃三傳而得其本末綱統，終乃盡棄三傳，以爲經不待傳而詳，何異蟲生于苗，自食其根。而臆出無師之智，逆探數千載之前，而謂獲千載不傳之祕。吾恐彼亦一是非，此亦一是非，惡睹其愈于入室而操戈者哉！……故《春秋》廢三傳則無以明國史得失之端，合之則雙美，離之則兩傷。窮經之弊，不可不慎，防其流也。〔註26〕

陳壽祺指出「舍傳求經」之說，終將導致自爲是非、「臆出無師之智」。官方宣揚「擺落四傳」、直釋經旨的觀點，在重視「考證」、「實據」的乾嘉學者眼中，徒顯浮學無本。

在重視文獻資料的崇實風氣下，乾嘉學者肯定三傳對於探索《春秋》經

〔註24〕陳壽祺《左海文集》，〈答高雨農舍人書〉，卷一千二百五十四，頁 13702。

〔註25〕《欽定春秋傳說彙纂》（景印文淵閣四庫全書本，臺北：臺灣商務印書館，1983年），卷首上，〈綱領二〉，頁 25：「若謂添一個字，減一箇字便是褒貶，某不敢信。……《春秋》所書，如某人爲某事，本據魯史舊文筆削而成。今人看《春秋》，必要謂某字譏某人，則是孔子專任私意，妄爲褒貶。孔子但據事直書，而善惡自著。今若必要如此推說，須是得魯史舊文參較，筆削異同然後可見。而亦豈復可得也？」

〔註26〕陳壽祺《左海文集》，〈答高雨農舍人書〉，頁 13703。

文之本義有不可磨滅的價值，陳壽祺便認爲「《左氏》之博于史，《公》、《穀》之覈于經，則言《春秋》者之津梁也。豈得執其一二以廢百哉！聽遠者聞其疾而不聞其舒，望遠者察其貌而不察其形。《左氏》、《公》、《穀》去聖人之世猶近，遺聞緒論，宜有所受。設無三傳，則《春秋》孤行數千載以至於今，雖聖哲復生，奚據以稽其文與事而斷其義，學者惡能道此經隻字哉！」〔註27〕陳壽祺以「三傳」爲解讀《春秋》的津梁，他並對兩漢經說著意闡發及晉以後經說多所批判，而主張以三傳爲依歸。

　　不過在乾隆晚期莊存與常州春秋公羊學崛起之前，清代士人《春秋》學的研究焦點，仍是集中住《左傳》上，對《春秋公羊傳》的探討並不多，而對公羊學與何休《春秋公羊解詁》的態度，也多半傾向於批判。如顧炎武《日知錄》卷五〈所見異辭〉條論《公羊傳》「所見異辭」、「所聞異辭」、「所傳聞異辭」的三世異辭說時，即認爲「何休見桓公二年會稷之傳，以恩之淺深，有諱與日言之異，而以書日不書日詳略之分爲同此例，則甚難而實非」，〔註28〕批評何休對《春秋》的解釋實有過份詮釋且違離史實之嫌。直至乾隆晚期，莊存與才重新拾掇董仲舒、何休的《公羊》之說。

二、漢宋之爭下的乾嘉《春秋》學

　　清代士人經學的發展，大致上可以約略歸爲宋學與漢學兩大路向。康、雍兩朝，官方對朱子學甚爲推崇，不僅刻意拔擢大量的理學大臣〔註29〕、將朱子

〔註27〕陳壽祺《左海文集》，〈答高雨農舍人書〉，頁13762。

〔註28〕顧炎武《日知錄》（臺北：明倫出版，1970年9月），卷五，〈所見異辭〉條，頁121：「孔子生于昭定哀之世，文宣成襄則所聞也，隱桓莊閔僖則所傳聞也。國史所載策書之文，或有不備，孔子得據其所見以補之。至于所聞則遠矣，所傳聞則又遠矣。雖得之于聞，必將參伍以求其信，信則書之，疑則闕之，此其所以爲異辭也。公子益師之卒，魯史不書其日，遠而無所考矣。以此釋經，豈不甚易而實是乎？何休見桓公二年會稷之傳，以恩之淺深，有諱與日言之異，而以書日不書日詳略之分爲同此例，則甚難而實非矣。竊疑所見異辭、所聞異辭、所傳聞異辭，此三語必有所本。而齊魯諸儒述之。然其義有三，闕文一也，諱惡二也，言孫三也。從前之一說則略于遠而詳于近，從後之二說則晦于近而章于遠。讀《春秋》者可以得之矣。《漢書》言孔了作《春秋》者，所褒諱貶損不可書見，口授弟子，弟子退而異言，及口說流行，故有《公羊》、《穀梁》、《鄒》、《夾》之學。夫喪欲速貧，死欲速朽，曾子且聞而未達，非子游舉其事以實之，亦烏得而明哉？故曰《春秋》之失亂。」

〔註29〕昭槤《嘯亭雜錄》，卷十，頁318，〈本朝理學大臣〉條：「本朝崇尚正道，康熙、雍正間，理學大臣頗不乏人。如李安溪之方大（李光地），熊孝感之嚴屬

於文廟中之配享擢升於「十哲」之列，〔註30〕並在乾隆執政初期明確申諭士子應奉朱子爲準繩，〔註31〕對妄臆程朱之人加以申斥。〔註32〕但在乾隆中後期以降，官方對經學的態度轉趨開放，重新關注漢儒古訓的學術風潮驟然而興，士人的治經態度也轉以考據與崇實爲主，走向「以復古爲解放」〔註33〕的學術理路。朱子學遂的迅速沒落，致使乾嘉之際的滿臣昭槤有「近日士大夫皆不尙友宋儒，雖江、浙文士之藪，其仕朝者無一人以理學著」〔註34〕之歎。

雖然官方仍然提倡朱子學，但就士人學術而言，漢學已躍然成爲乾嘉學術之主流，因此論及乾嘉經學時，學者往往以「尊經崇漢」概括乾嘉學術的發展基調。〔註35〕在考據學風的影響下，乾嘉時期出現頗多以考據、補正舊注與輯佚的角度來治《春秋》的作品，如齊召南（1703～1768）《春秋穀梁傳注疏考證》，即以三傳異文、義例考辨、地名與禮制之考證等爲主要內容；趙坦《春秋異文箋》則對《春秋》三傳經文之異文進行比對。

乾嘉考據學風下的士人《春秋》學，另一個特色在於強烈的地域特色與宗族學術特性。艾爾曼（Benjamin A. Elman）指出，蘇州惠氏家族的漢學，揭示了一個家族內部流傳的文化財富變爲社會性顯學的過程。〔註36〕吳派惠氏

（熊賜履），趙恭毅公之鯁直，張文清公之自潔，朱文端公之吏治，田文端公之清廉，楊文定公之事君不苟，孫文定公之名冠當時，李巨來、傅白峰之剛於事上，高文定公、何文惠公之寬於待下，鄂西林之勳業偉然，劉諸城之忠貞素著，以及邵中丞基、胡侍郎煦之儒雅，蔡聞之太傅、傅龍翰敏之篤學，甘莊恪汝來之廉，顧何帥琮之剛，陳海寧、史溧陽之端方，陳桂林、尹文端之政績，完顏偉、張師載二河帥之治河，楊勤恪公錫紱之理學，皆揚名一時，誰謂理學果無益於國也！」

〔註30〕《清代文字獄檔》，頁3，〈著孫嘉淦查明謝濟世注書具奏諭〉。
〔註31〕《清代文字獄檔》，頁3，〈著孫嘉淦查明謝濟世注書具奏諭〉。
〔註32〕如乾隆六年（1741），御史謝濟世便因私刊詆毀程朱之自著經注，而被乾隆治罪，並命將其書即行銷毀。事見《清代文字獄檔》（上海：上海書店，2007年），〈謝濟世著書案〉，頁3～4。
〔註33〕梁啓超《清代學術概論》（收於梁啓超《近三百年學術史》，臺北：里仁書局，1995年2月），頁11：「綜觀二百餘年之學史，其影響及於全思想界者，一言蔽之，曰：『以復古爲解放。』」
〔註34〕昭槤《嘯亭雜錄》，卷十，頁318～319，〈滿洲二理學之士〉條。
〔註35〕張素卿〈惠棟的《春秋》學〉（臺大文史哲學報，57期，2002年11月）、張壽安《以禮代理——凌廷堪與清中葉儒學思想之轉變》（臺北：中央研究院近代史研究所，1994年5月），〈第一章 凌廷堪禮學思想之產生背景與淵源〉，頁16。
〔註36〕艾爾曼（Benjamin A. Elman）著，趙剛譯《經學、政治和宗族——中華帝國

家族四代傳經，不僅在經學詮釋角度上有其沿續性，也積累了具體的學術成果與學術界地位。在《春秋》學方面，惠周惕有《春秋問》、惠士奇有《春秋說》十五卷。《春秋問》一書目前已經亡佚，而惠士奇的《春秋說》則收於《四庫全書》中。《四庫提要》稱其書「以禮爲綱，而緯以《春秋》之事，比類相從，約取三傳附于下，亦間以《史記》諸書佐之」，以考證《春秋》史事爲主。乾嘉時期惠棟（1697～1758）的《左傳補注》，則可說是集惠氏家族四世《春秋》學之大成。惠棟〈左傳補注序〉中自敘云：

> 棟曾王父樸菴先生，幼通《左氏春秋》，至耄不衰。常因杜氏之未備者，作《補註》一卷，傳序相授，于今四世矣。……晉、宋以來，鄭、賈之學漸微，而服、杜盛行，及孔穎達奉敕爲《春秋正義》，又專爲杜氏一家之學。值五代之亂，服氏遂亡。嘗見鄭康成之《周禮》，韋宏嗣之《國語》，純采先儒之說，末乃下以己意，令讀者可以考得失而審異同。自杜元凱爲《春秋集解》，雖根本前修而不著其說，又其持論閒與諸儒相違，……棟少習是書，長聞庭訓，每謂杜氏解經頗多違誤，因刺經傳，附以先世遺聞，廣爲《補註》六卷，用以博異說，祛俗議，宗韋、鄭之遺，前修不揜，效樂、劉之意，有失必規，其中于古今文之同異者尤悉焉。傳之子孫，俾知四世之業，勿替引之云爾。〔註37〕

惠棟《左傳補注》的撰述動機，在於「杜氏解經頗多違誤」。在「檢討舊注」的學術基礎上，廣引東漢古注，對《春秋左氏傳》進行疏通文字訓詁、考證典章制度等工作。基本上，《左傳補注》是惠氏家族《春秋》學傳序相授、「四世之業」的學術成果。但整體而言，三代傳經的吳派惠氏家族《春秋》學裡，惠棟《左傳補注》幾可說是全以考據爲主，闡發義旨之處較少。相較於惠棟《左傳補注》，惠士奇的《春秋說》中，反而對《春秋》中的華夷會盟諸事有所評議，非僅純粹考據。（惠士奇的《春秋說》，在下一節中析論，此不贅述。）

　　乾嘉漢學學者的《春秋》學成就，多集中在校勘、訓詁、名物、保存古注上，對於清初以來官方與漢人知識份子在《春秋》「尊王攘夷」、「何爲微言大義」、「華夷之辨」等議題的探討方面，多半著墨不深。即使在詮釋「正朔」、

晚期常州今文學派研究》（江蘇：江蘇人民出版社，2005 年 7 月），〈中華帝國晚期江南地區的學派與宗族制度〉，頁 4～6。

〔註37〕惠棟《左傳補注》（叢書集成初編本，北京：中華書局，1991 年），頁一。

「戎狄」等涉及正統論、民族觀的概念時，往往也傾向於對曆法編年、地理史實之客觀考證爲主。如惠棟《左傳補注》他們的研究興趣在於對歷史事實的「再現」或「還原」而非「重構」。因此，對於《春秋》中的思想問題關注較少，對「正統」論題與民族意識上也少有申述。

　　雖然乾嘉學者在其《春秋》學專著上，解經的方向多集中於考據史實、考校文意，但，這一時期乾嘉史學學者的札記與文集中，卻有不少對《春秋》中的「尊王」、「華夷」、「微言大義」等概念的詳細評述。這一部分，將於本文第二節中詳論。

三、以經議政：常州春秋公羊學的崛起

　　乾嘉漢學考據風潮下的士人《春秋》學，與清初遺民士人《春秋》學藉評議其中「尊周攘夷」之說，以鼓動社會上華夷情緒的詮釋路向並不相合。但，乾隆中後期，江蘇常州武進莊氏的《春秋》學，便表現出一種迥異於吳、皖考據風潮的詮釋風格。

　　常州莊氏的《春秋》學，可說是清代地域學術與宗族經學的典型案例。艾爾曼（Benjamin A. Elman）即認爲，常州莊氏族學對朱子學的重視，使得莊氏家族在科試方面擁有極大成就。〔註 38〕據湯志鈞《莊存與年譜》的考證，從康熙晚期以至嘉慶年間，莊氏家族就有莊楷（莊存與伯父，康熙 52 年進士，1713，此年所舉行的會試爲爲「萬壽恩科」會試）、〔註 39〕莊柱（莊存與及莊培因之父，雍正 5 年進士，1727）、莊敦厚（莊柱之兄，雍正 2 年進士，1724）、莊存與（乾隆十年進士，探花，1745）、莊培因（存與之弟，乾隆 19 年進士，狀元，1754）、莊通敏（乾隆 35 年進士，1770）、莊選辰（乾隆 43 年進士，1778）、莊述祖（乾隆 45 年進士，1780）等人。莊氏族人透過科舉成爲學術官僚，使得常州莊氏家族漸漸崛起。由於莊氏家族在學術重視朱子學，使得他們在學術意見上也傾向於反對當時學界的漢學新風潮，而支持傳統儒學範式。〔註 40〕也就是說，與多數學者媚俗於當時士人間蔚爲風潮的考據學相較，

〔註38〕 艾爾曼（Benjamin A. Elman）著，趙剛譯《經學、政治和宗族──中華帝國晚期常州今文學派研究》，〈中華帝國晚期江南地區的學派與宗族制度〉，頁67。

〔註39〕《聖祖實錄》，康熙五十二年十月十二日丙戌條。本年舉行「萬壽恩科」會試，取中王敬銘等一百四十三人爲進士及第出身有差。

〔註40〕 艾爾曼（Benjamin A. Elman）著，趙剛譯《經學、政治和宗族──中華帝國晚

莊存與偏重朱子學的常州莊氏宗學〔註41〕路向，與乾嘉考據學風的學術目的有著本質上的差別。常州莊氏在學術態度上顯得較爲保守，這也使得他們的學術較不受當時客觀實證風氣的影響，而能著重於對經義的詮釋與探討。

　　莊存與（康熙58年～乾隆53年，1719～1788）的政治生涯，與《春秋》學極爲相關。莊存與的外孫劉逢祿，於其《劉禮部集》〈記外王父莊宗伯公甲子次場墨卷後〉文中，記敘莊存與二十七歲時赴京殿試時之軼事：「大考翰詹，〈擬董仲舒天人冊第三篇〉。公素精董氏《春秋》，且于原文『冊曰』以下四條，一字不遺，上大嘉歎，即擢侍講。」〔註42〕可知《春秋》對莊存與一生際遇影響之人。但出於他的治學路向與當世學風迥然異趣，因此他「所學與當時講論或枘鑿不相入，故祕不示人。通其學者，門人邵學士晉涵、孔檢討廣森，及子孫數人而已。」〔註43〕乾隆年間，莊存與的經學研究，只在以地域鄉誼、血緣、門生爲中心的小學術群體中傳佈。在乾隆五十三年（1788）莊存與逝世之前，他的《春秋》學作品並未刻板行世。雖然他爲清代乾嘉時期的《春秋》學走出一路與考據之風迥然不同的「以經議政」詮釋路向，但，莊存與終其一生並未在學術界獲得崇高的學術聲譽。他的學術聲譽建立在莊氏宗學子孫與門生莊述祖、邵晉涵、孔廣森、劉逢祿、龔自珍、宋翔鳳等人的政治與學術成就上，使得常州學術「以經論政」的《春秋》學得以在嘉慶至道光年間迅速風靡。在莊存與逝世之後，他的門人與莊氏宗學子孫等，才追溯、確立起莊存與在常州莊氏公羊學派中的地位。

　　從治學路向來看，莊存與認爲經學詮釋的目的是爲了現實的政治、道德而存在，詮釋的目的在於闡述「奧旨」與「大義」，因此他對於考據不僅不在

〔註41〕　期常州今文學派研究》，〈中華帝國晚期江南地區的學派與宗族制度〉，頁68。
　　　　艾爾曼（Benjamin A. Elman）著，趙剛譯《經學、政治和宗族——中華帝國晚期常州今文學派研究》〈經世之學與常州今文學派〉指出，常州莊氏族學偏重於朱子學說，莊氏族人與莊存與本人都支持傳統的儒學範式，而反對當時學術界蔚爲新潮的漢學。見該書頁66～68。常州莊氏對於漢學的態度，可以說是相對保守的。

〔註42〕　劉逢祿《劉禮部集》（上海：上海古籍出版社，2002年），卷十，〈記外王父莊宗伯公甲子次場墨卷後〉。

〔註43〕　莊存與《味經齋遺書》（臺大圖書館藏清光緒八年陽湖莊氏重刊本，微捲資料），卷首，阮元〈莊方耕宗伯經說序〉。又，湯志鈞《莊存與年譜》，卷四，頁119，〈碑傳〉收錄《武進縣志·莊存與傳》一文，云：「存與蕭然儒素，榮利之事，一不干懷。六經四子書皆有撰述，獨悟微言，宏深卓闢，所凡數十萬言。通其學者，爲門人餘姚邵晉涵、曲阜孔廣森及從子述祖、外孫劉逢祿數人而已。」

意，還認為當時風靡學界的考據之學「為術淺且近」。〔註44〕而其門生孔廣森也肯定這樣的《春秋》學詮釋路向，認為「魯之春秋，史也；君子修之，則經也。經主義，史主事，事故繫義，故文少而用廣。世俗莫知求《春秋》之義，徒知求《春秋》之事，其視聖經，竟似《左氏》記事之標目，名存而實亡矣！」〔註45〕孔廣森《春秋公羊通義》中「經主義，史主事」的論點，批評當時《春秋》學者「徒知求《春秋》之事」，而忽略《春秋》「君子修之」隱攝的微言大義。孔廣森之說，與莊存與重「大義」的《春秋》學詮釋路向呼應，開啟了清中後期常州公羊學派的釋經基調。

常州春秋公羊學派歷經乾隆、嘉慶、道光、咸豐、同治五朝的傳佈與發展，形成一個龐大而完整的經學詮釋體系。因此，在論及常州學術發展時，往往必須尋溯整個乾、嘉、道、咸、同之間的常州公羊學論著，才能對常州公羊學的發展歷程有一個比較完整的論述。但，如果要論及《春秋》學詮釋中的政治與夷夏議題問題意識轉變的話，則乾隆、嘉慶兩朝並不宜與道光、咸豐、同治朝放在同一個歷史階段來檢視。畢竟乾嘉時期所面對的社會氛圍，特別是在攸關民族認同的夷夏氛圍方面，與之後的道、咸、同、光時期，是截然不同的。

乾嘉兩朝是清廷國勢臻於顛峰的時代，在東亞藩國的外交關係上，政府刻意營造「天朝上國」的形象以維持東亞國際間文化與政治上的最高地位。但，道光時期以鴉片貿易為導火線的中英戰爭發生後，徹底扭轉了清廷的「天朝」形象與社會上的華夷氛圍。乾隆、嘉慶兩朝清政府刻意塑造出的「天朝」形象，在道光時期中英戰爭裡中國的戰敗後迅速崩解。中英戰爭是清廷「天朝」體系崩落的開始，而「天朝」體系卻又與中國的東亞地位、「中華」認同的形成、及「華」與「夷」及外藩勢力的轉變息息相關。在道、咸時期社會與外交情勢的劇變之下，對於清官方與滿漢士民間華夷認同與民族意識勢必

〔註44〕《清史列傳》（北京：中華書局，1987），卷六十八，〈儒林傳下〉：「存與方直上書房，獨曰：『辨古籍真偽，為術淺且近也。古籍墜湮十之八，頗藉偽籍存者十之二。冑子不能旁覽雜氏，惟賴習五經以通于治。若〈大禹謨〉廢，人心道心之旨，殺不辜寧失不經之誡亡俟；〈太甲〉廢，儉德圖之訓墜矣；〈仲虺之誥〉廢，謂人莫己若之誡亡矣；〈說命〉廢，股肱良臣啓沃之誼亡矣；〈旅獒〉廢，不寶異物、賤用物之誡亡矣；〈冏命〉廢，左右前後皆正人之美失矣。今數言幸而存，皆聖人之真言也。』」
〔註45〕孔廣森，《春秋公羊通義》，收於《皇清經解春秋類彙編》（臺北：藝文印書館，1986 年），卷六百九十一，〈春秋公羊通義‧敘〉，頁 1625。

造成影響，而這樣的影響很可能也導致了常州士人《春秋》學在中英鴉片戰爭發生後，在華夷觀詮釋態度上的轉變。因此，本章暫不擬討論道、咸時期「天朝」體系崩潰後所產生的影響，僅就乾嘉時期漢學考據學派及常州春秋公羊學的士人《春秋》學華夷論述進行分析。在時代的斷限上，本章將以嘉慶二十五年（1820，嘉慶在位的最後一年）為界，以活躍於乾隆至嘉慶年之間的趙翼、莊存與、莊述祖、孔廣森、劉逢祿諸人為主要論述對象，從這一群生活在清代國勢顛峰時期的士人《春秋》學裡，分析他們的華夷觀與政治意識。

第二節　乾嘉士人《春秋》學華夷論述與民族認同的轉變

一、由「攘夷」到「尊王」——清代士人《春秋》學核心論述的轉變

　　自順、康以來，對「《春秋》大義」的界定，一直是清代《春秋》學中最重要的論題，而清官方與士人也往往對「《春秋》大義」有著「尊王」或「攘夷」的不同的思考取向。從士人《春秋》學的角度而言，清初士人在「《春秋》大義」的問題上重視「攘夷」之說。但，乾嘉時期，《春秋》學中關於「《春秋》大義」的論述內容卻逐漸發生變化。清初遺民士人《春秋》學以「攘夷」為《春秋》核心思想的觀點，發展到了乾嘉時期，在士人的《春秋》學論述裡，卻漸漸走向以「尊王」意識為核心的景況。這樣的演變是漸進的。惠士奇《春秋說》〈會盟〉條：

> 《春秋》會盟，始于姑蔑，終于黃池。蓋楚合秦以敵晉，晉亦合吳以敵楚。其後吳、楚皆主盟中夏，會諸侯而尊天王，故《春秋》皆進之而稱子。獨秦伯未嘗一與中夏會盟，惟翟泉及溫，兩書「秦人」，皆非「秦伯」。然齊桓不能聯秦晉，而晉文能合齊秦，故齊之強不如晉。齊霸，及身而已。晉霸，百有餘年。雖由人事，亦有天道焉。周德雖衰，天命未改，文武之深仁厚澤，猶在人心也。主中夏者，必文武之子孫，故魯未嘗稽首於齊，而獨稽首於晉。蓋以事共主者事盟主矣。職貢不乏，玩好時至，史不絕書，府無虛月。至晉平而

　　猶然，況在文襄公世乎！齊桓之霸也，諸侯官受方物，楚雖負固，

　　猶貢絲于周。獨秦未聞以一縷一蹄獻於天子，故《春秋》狄秦，以

　　其不與中夏會盟，而有跋扈不臣之跡。〔註46〕

活躍於雍正時期的惠士奇，其《春秋說》雖以考證爲主，但對《春秋》之微旨
亦有闡發。對於吳、秦、楚三個《春秋》中夷狄之邦地位上，惠士奇顯然認爲
《春秋》對楚是較爲肯定的，主要原因即在於吳、楚「皆主盟中夏，會諸侯而
尊天王」，而「秦伯未嘗一與中夏會盟」，因此《春秋》只書「秦人」，以貶抑其
未能「會諸侯而尊天王」。惠士奇認爲，正因吳、楚能「尊天王」，因此《春秋》
與之。另一方面，楚「猶貢絲于周」，仍向周天子進獻方物，以表示臣事周天子
的立場；而秦國則「未聞以一縷一蹄獻於天子」，毫無尊周之心，「而有跋扈不
臣之跡」，不尊王，因此《春秋》也貶抑之。對《春秋》中吳、楚、秦三國與中
夏會盟之評述，惠士奇並不以「攘夷狄」的角度詮釋（這一點，與道、咸年間
的張應昌極爲不同，張應昌在《春秋屬辭辨例編》中，極力論證中夏不可與夷
狄盟，詳見本文第六章），而是以其中秦伯「不臣」、未能與中夏會盟而「尊天
王」的「尊王」角度來評論。這樣的說解，顯然充滿「尊王」的色彩。

　　雍正時期惠士奇《春秋說》裡，其實已經出現了將「攘夷」論述轉爲「尊
王」論述的傾向。這種詮述主題的轉化，在乾嘉士人《春秋》學中表現得更爲
鮮明。雖然乾嘉學者之《春秋》學多以考據爲主，但從他們的《文集》、《札記》
等論及「《春秋》大義」時，大都以「尊王」爲《春秋》思想的核心。這一點，
和康熙、雍正以來的清代官方經學的詮釋偏好是一致的。趙翼（雍正 5 年～嘉
慶 19 年，1727～1814）在《陔餘叢考》〈春不書王〉條中，直指「《春秋》以尊
王爲第一義」。〔註47〕探討「《春秋》每歲必書春王正月」時，認爲「每歲必書
春王正月」的筆法，是「所以尊王也」。〔註48〕「王正月」是孔子有意識的藉奉
周正朔以「尊王」的筆法。趙翼這種「《春秋》以尊王爲第一義」的論述，不僅
呼應了當時皇權地位提昇的社會氛圍，也與乾隆敕命修纂的《御纂春秋直解》
觀點相同。

　　《御纂春秋直解》作於乾隆二十三年（1758）。官方經學詮釋的纂修與刊

〔註46〕惠士奇，《春秋說》，收於《皇清經解春秋類彙編》（臺北：藝文印書館，1986
　　　　年），卷二百三十二，頁 462。

〔註47〕趙翼，《陔餘叢考》（臺北：新文豐出版，1975 年），第一冊，卷二，〈春不書
　　　　王〉條。

〔註48〕趙翼，《陔餘叢考》，第一冊，卷二，〈春不書王〉條。

行,本身多少都預設了官方具有政治意味的「教化」立場,透過官方經學詮釋以「教化」士人,正是官方修纂與刊行《春秋》經學詮釋的主要目的。據趙興勤《趙翼評傳》考訂,趙翼《陔餘叢考》成書於乾隆五十五年(1790),〔註49〕因此《陔餘叢考》強調「《春秋》大義」在「尊王」的論點,一方面固然是當時皇權意識高漲的社會氛圍之反映,但另一方面,也很可能受到官方《御纂春秋直解》以「《春秋》爲尊王而作」〔註50〕詮釋觀點的影響。

然而《陔餘叢考》與《御纂春秋直解》不同的是,二者雖然同樣強調《春秋》的「尊王」之義,但《御纂春秋直解》卻重視「周天王之紀年」,並在每卷卷首繫以周天王紀年以作爲「尊王」之表徵。趙翼雖然同樣對《春秋》編年進行考證,卻顯然認爲列國紀年之所以用本國之君即位之年爲紀,只不過是當時的社會習慣,《春秋》以魯君之紀年而不依周天王之紀年,無礙於《春秋》「尊王」之義。《陔餘叢考》〈春秋紀年〉條指出:

> 春秋時,列國雖曰奉周正朔,然紀年皆以本國之君即位之年爲紀。
>
> 如《春秋》以隱公元年起,雖孔子亦不改也。〔註51〕

對於《春秋》以魯君紀年而不以周王紀年,是否涉及「尊王」意識的問題,趙翼以春秋時列國紀年之習慣而解釋,並舉數例論證春秋時期各國「不以周王之年爲紀也」。趙翼認爲春秋時期「尊王」之表現並不在於是否依周天王之紀年,而是在於「正朔」問題:

> 堂堂共主,正朔咸遵,而紀年莫之或用,蓋當日本無稟奉一王紀年
>
> 之制,非盡各國僭妄也。〔註52〕

趙翼認爲《春秋》的「尊王」意識,表現在「奉正朔」上。他認爲「正朔」才是春秋時期列國間象徵「尊王」的形式化表現。

除了趙翼之外,清乾嘉時期,對「《春秋》大義」與「尊王攘夷」問題論述較深者,首推莊存與。在「《春秋》大義」的議題上,莊存與的《春秋》學受元代趙汸《春秋屬辭》影響頗深。〔註53〕相較於當時士人經學界中重視考

〔註49〕 趙興勤,《趙翼評傳》(南京:南京大學出版社,2002 年),〈附錄・趙翼年表〉,頁 426。

〔註50〕 《御纂春秋直解》(文淵閣四庫全書本,經部第一百七十四冊,臺北:商務印書館),卷一,頁 7。

〔註51〕 趙翼《陔餘叢考》,第一冊,卷二,〈春秋紀年〉條。

〔註52〕 趙翼《陔餘叢考》,第一冊,卷二,〈春秋紀年〉條。

〔註53〕 莊存與《春秋正辭》(收於《皇清經解春秋類彙編》,臺北:藝文印書館,1986年),卷 375,頁 625,〈敘目〉:「存與讀趙先生汸《春秋屬辭》而善之,輒不

據的漢學風氣，莊存與的《春秋》學卻集中於對「《春秋》大義」的探討，以及闡發經文中的「奧旨」、「大義」上。莊存與的《春秋》學著作，有：《春秋正辭》、《春秋舉例》、《春秋要旨》等。其中，《春秋正辭》分別探討「正奉天辭」、「正天子辭」、「正內辭」、「正二伯辭」、「正諸夏辭」、「正外辭」、「正禁暴辭」、「正誅亂辭」、「正傳疑辭」等九個「正辭」，將《春秋》的重要概念分門別類一一歸納，並分別加以申述詮釋。由《春秋正辭》中的九個「正辭」看來，莊存與對《春秋》之核心思想的認定，也集中在「天子」、「誅亂」等「王事」之上。

　　莊存與重視「《春秋》大義」的詮釋傾向，繼承並強化了清初以來《春秋》學中「藉經義以論政事」的釋經觀點，藉由闡述經義寄寓對時事之評議。因此《清儒學案》在敘述莊氏之學術時，稱其「生平踐履篤實，于六經皆能闡發奧旨，不專事箋註，而獨得先聖微言于語言文字之外。」〔註54〕乾嘉漢學考據學者如惠棟、王引之等人的《春秋》學詮釋方向，在於以考據、訓詁以「還原」、「再現」春秋時期的所謂歷史真實；而莊存與的《春秋》學卻認為「以象垂法」、「示天下後世以聖人之極」才是經學詮釋的目的所在。對莊存與而言，詮釋的目的並不僅僅是透過考據、訓詁重新「再現」《春秋》中所敘述的歷史事件，而是透過對歷史事件的解讀中尋繹「聖人之極」、「立人紀」。因此，他對於「《春秋》大義」的界定，主要還是在「示天下後世以聖心之極」。莊存與《春秋要旨》中云：「《春秋》以辭成象，以象垂法，示天下後世以聖心之極。……是故善說《春秋》者，止諸至聖之法而已矣。」《春秋正辭》裡也提及：

> 《春秋》之義，務全至尊而立人紀焉。……諸侯不知有天子，此可忍言，孰不可忍言？以天下言之，曰「天王」，王承天也，繫王於天一人，匪自號曰「天王」也。自侯氏言之，從王焉，朝于王焉，至尊者王也。〔註55〕

自量，為隱括之條，正列其義，更名曰『正辭』，備遺忘也。以尊聖尚賢，信古而不亂，或庶幾焉。」

〔註54〕徐世昌《清儒學案》（收於《儒藏》，成都：四川大學出版社，2005年），卷七十三，〈方耕學案〉，頁312。

〔註55〕莊存與，《春秋正辭》（見《清儒春秋彙解》（臺北：鼎文書局，1972年），上冊，頁152，桓公五年「秋，蔡人、衛人、陳人從王伐鄭」條）：「《春秋》不志王室事，天子伐國不可見，以從王伐國者見之。曷為見之？非所以伐也。鄭伯當誅矣。王躬不可以不省，不可以不重。輕用其民，王室危；輕用其身，

莊存與認為，《春秋》之義即在於「全至尊而立人紀」。「至尊」即是「天王」，「王」之所以稱為「天王」，是「繫王於天」。這樣的說法，為君權附著上神授的色彩。除此之外，莊存與《春秋正辭》在隱公元年經「秋七月，天王宰咺來歸惠公仲子之賵」條也指出，「何以書？尊王命也，紀國喪也。尊王命以紀國喪，而天王之命在隱公矣。……為臣子者，必尊天王之命，以尊其先君」。〔註56〕莊存與「天王」與《春秋》之義在「全至尊而立人紀」之說，可說是乾嘉士人《春秋》學「尊王」意識臻於顛峰的表現。

「何為《春秋》大義？」這個從清初延續至乾嘉時期的學術命題，在歷經康熙、雍正、乾隆三朝官方《春秋》學極力宣揚「《春秋》大義」在「尊王」的觀點後，已由官方《春秋》學詮釋觀點影響到士人的《春秋》學上。從趙翼、莊存與等人對「《春秋》大義」的陳述看來，乾嘉時期士人《春秋》學的核心問題及「《春秋》大義」的論述內容，已逐漸由「攘夷」向「尊王」過渡。對這一時期的士人《春秋》學而言，「攘夷」的論述多半建構在「尊王」架構下。「正僭竊」、「存王事」、「述王道」才是《春秋》之思想主軸。

經學論述的轉變，反映出乾嘉時期滿漢氛圍與社會問題的變化。原本充斥在順、康、雍士人《春秋》學中的「攘夷」論題，在乾嘉官方的《春秋》學裡逐漸勢微，「排滿」不再是士人關注的問題重心，「華夷之大別」也不再如清初時被士人廣泛地用來指涉滿漢差異，而開始出現以「中國」及「外邦」、「外藩」來理解「華」與「夷」的情況。這種經學詮釋重心轉移的現象，反映出乾嘉時期社會上滿漢文化衝突問題的淡化，導致對乾嘉士人而言，「排滿」思想已失去了論述的必要。而附著在清初社會滿漢衝突上的「攘夷」問題，也隨著「排滿」意識的淡化，不再是乾嘉士人《春秋》學所要關注的焦點了。

二、「大一統」：天朝意識下的《春秋》學華夷論述

乾嘉時期士人《春秋》學核心論述的變化，除了在詮釋重心上由「攘夷」向「尊王」轉移之外，另一個明顯的變化，即在於莊存與、孔廣森、劉逢祿

天下危。從命拒命，不竟錄也。鄭罪既盈於誅，《春秋》之義，務全至尊而立人紀焉。月不繫王，傷三王之道壞也。諸侯不知有天子，此可忍言，孰不可忍言？以天下言之曰『天王』，王承天也，繫王於天一人，匪自號曰『天王』也。自侯氏言之，從王焉，朝于王焉，至尊者王也。」

〔註56〕莊存與，《春秋正辭》（見《清儒春秋彙解》，頁25，隱公元年「秋七月，天王宰咺來歸惠公仲子之賵」條）。

與常州春秋公羊學「大一統」論述的興起。

在《春秋公羊傳》隱公元年《經》「春王正月」條下，開宗明義提及「大一統」之思想：

> 元年者何？君之始年也。春者何？歲之始也。王者孰謂？謂文王也。曷爲先言王而後言正月？王正月也。何言乎王正月？大一統也。〔註57〕

「大一統」思想貫徹在《公羊傳》對《春秋》歷史事件的詮釋之中，成爲《春秋公羊傳》的思想核心。而東漢何休《春秋公羊解詁》的「大一統」概念裡，更涵容了「內其國而外諸夏，內諸夏而外夷狄」的國家民族觀。〔註58〕因此《春秋公羊傳》的「大一統」論述，是一個結合了「尊王」意識與華夷意識的思想概念。

《公羊傳》的「大一統」思想在乾嘉之際再次成爲《春秋》學的重心，是在乾嘉時期的政治環境與社會滿漢氛圍轉趨平和的背景下萌發。以下將分別就乾嘉時期的常州公羊學者莊存與、劉逢祿諸人的「大一統」論述，加以評析。

（一）莊存與

莊存與認爲，經學詮釋的目的在於「以經論政」、藉經義以明時事，這使得他的經學詮釋具有強烈的政治性格，而表現出一種與當時蔚爲風潮的漢學考據學風截然不同的學術姿態。因此，譚廷獻在《復堂類集·復堂日記》卷七中，亟稱莊存與的《春秋》學：「甘盤舊學，老成典型，說經皆非空言，可以推見時事。乾嘉之際，朝章國故，隱寓其中。」〔註59〕而與莊存與同鄉的常州後輩李兆洛《養一齋元集》卷十二〈附監生考取目莊君行狀〉裡，也認爲莊存與的《春秋》學：「實能探制作之本，明天道以合人事。」

〔註57〕 《十三經注疏·公羊傳》（臺北：藝文印書館，1981），頁6～9。

〔註58〕 陳其泰〈今文公羊學說的獨具風格和歷史命運〉（北京大學學報（哲學社會科學版），1997年6期）認爲，《公羊傳》從「大一統」觀出發，並在民族問題上作一番深刻的闡發。陳其泰指出，《公羊傳》主張「內其國而外諸夏，內諸夏而外夷狄」，因當時「諸夏」在社會階段上較爲先進，因此應阻止處於文化上較不開明之「夷狄」對中原地區的襲援。因此《公羊傳》肯定齊桓公北伐山戎、南服楚爲「王者之事」，因「內諸夏而外夷狄」有助於實行王者大一統的事業。

〔註59〕 譚廷獻《復堂類集·復堂日記》（叢書彙編第一編之七，《半厂叢書》，臺北：華文書局，1970年），卷七，頁2419，亟稱莊存與之學。「宗伯說經皆非空言，可以推見時事」。

　　譚廷獻和李兆洛兩人論莊存與《春秋》學時，都認為莊氏的《春秋》學
並不只是單純的「空言」，而是一本可以「推見時事」、「明天道以合人事」的
政治隱寓表述，雖為解經，但「朝章國故，隱寓其中」。從譚獻和李兆洛對莊
存與的評價及莊存與「善說《春秋》者，止諸至聖之法而已矣」之語，可以
看出，莊存與的經學詮釋具有「以經議政」的政治意圖。他企圖透過隱蔽的
經學詮釋，委婉評述「天道人事」、「朝章國故」，而這也使得莊存與的《春秋》
學詮釋難以與當時的社會氛圍、政治情勢明確切割，特別是在《春秋正辭》
極力宣揚的「大一統」思想上。

　　「大一統」之說於西漢盛極一時，但其後這樣的思想即漸漸湮微。雖然
元代趙汸的《春秋屬辭》曾經再次關注起公羊學與大一統之說，但畢竟未能
在學術界掀起公羊學研究的風潮。直至莊存與《春秋正辭》，才開始重拾西漢
的公羊學脈絡，並再次關注「大一統」的公羊學思想命題。《春秋正辭・奉天
辭》中共有十個綱目，分別是：建五始、宗文王、大一統、通三統、備四時、
正月日、審天命、察五行祥異、張三世、俟後聖。〔註60〕「大一統」為《奉
天辭》中的一條：

> 公羊子曰：「何言乎王正月？大一統也。」《記》曰：「天無二日，土
> 無二王，國無二君，家無二尊」，以一治之也。子曰：「吾說夏禮，
> 杞不足徵也；吾學殷禮，有宋存焉；吾學周禮，今用之，吾從周。
> 王天下有三重焉，其寡過矣乎？王陽曰：「《春秋》所以大一統者，
> 六合同風，九州共貫也。」董生曰：「《春秋》大一統者，天地之常
> 經，古今之通誼也。今師異道，人異論，百家殊方，指意不同，是
> 以上無以持一統，法制數變，下不知所守。臣愚以為諸不在六藝之
> 科、孔子之術者，皆絕其道，勿使並進，邪辟之說滅息，然後統紀
> 可一，而法度可明，民知所從矣。」（自注：此非《春秋》事也，治
> 《春秋》之義莫大焉。）〔註61〕

莊存與引述《禮記》「天無二日，土無二王，國無二君，家無二尊」之說，反
映出鮮明的「尊王」思想，認為皇權具有絕對性。君主持一統，而臣下方能
「知所守」，唯有如此方能使「邪辟之說滅息，然後統紀可一，而法度可明，
民知所從矣。」從莊存與《春秋正辭》對「大一統」的詮釋看來，公羊學的

〔註60〕莊存與，《春秋正辭・奉天辭》，卷375。
〔註61〕莊存與，《春秋正辭・奉天辭》，〈大一統〉。見《清儒春秋彙解》，頁14～15。

「大一統」論述，在於建立並維護一個至高無上的皇權，並以此建立一個「六合同風，九州共貫」的穩定且一致的天下政治秩序。莊存與並引述董仲舒之說，認爲「大一統」政治體系的建立，是爲「天地之常經，古今之通誼」。

　　莊存與的「大一統」思想與乾隆時期的政治思想是否有所關連？莊存與的春秋公羊學是否對當時社會與政治有所影響？由於莊存與經學著述雖多，但在他成書之後並未刊板行世，直至道光年間莊存與之孫莊綬甲始將莊存與所著之書刻板流傳，〔註62〕在其生前不僅著述未曾刊行，故流傳不廣，這使得《春秋正辭》的成書年代也難以確定。這些因素都侷限了我們對莊存與春秋公羊思想形成及其影響的認識，也致使莊存與《春秋正辭》成書年代的考證、他的《春秋》學與當時學術界之間的交流及其《春秋》學對乾隆朝政治與文教政策的影響，也難以考證斷定。但至少從《高宗純皇帝實錄》來看，乾隆四十七年（1782）時，乾隆命皇子與軍機大臣刪訂《御批通鑑綱目續編》時的訂正態度，卻有可能與莊存與《春秋》學中的「大一統」論述有關。

　　乾隆四十七年正月《四庫全書》編成，六十四歲的禮部侍郎莊存與當時擔任總閱官，乾隆並命其「在上書房行走」。〔註63〕同年十一月初七日庚子，乾隆便以《御批通鑑綱目續編》中于遼、金、元時史事有議論偏頗及肆行詆毀之處，命皇子及軍機大臣依孔子《春秋》之例，對《通鑑綱目續編》進行刪正。據黃愛平《四庫全書纂修研究》，皇子及軍機大臣在乾隆四十八年正月完成刪正《御批通鑑綱目續編》一書後，隨即發交直省督撫樣本各一部，並命將已流傳於外間的版本照本抽改，〔註64〕可見乾隆對此事甚爲看重。諭稱：

> 《續編》內于遼、金、元事，多務議論偏謬……試問孔子《春秋》內，有一語如發明廣義之肆口嫚罵所云乎？向命儒臣編纂《通鑑輯覽》，其中書法體例，有關「大一統」一義者，均經朕親加訂正，頒行天下。如「內中國而外夷狄」，此作史之常例，顧以中國之人，載中國之事，若司駁朱子義例森嚴，亦不過欲辨明正統，未有肆行嫚罵者。……使天下後世曉然于《春秋》之義，實爲大公至正，無一毫偏倚之見。……其議論詆毀之處，著交諸皇子及軍機大臣量爲刪

〔註62〕湯志鈞，《莊存與年譜》，卷一，〈年譜〉，頁41。
〔註63〕湯志鈞，《莊存與年譜》，卷一，〈年譜〉，頁35～36。
〔註64〕黃愛平：《四庫全書纂修研究》（北京：中國人民大學出版社，1989年），頁68～69。

潤，以符孔子《春秋》體例。〔註65〕

乾隆諭皇子及軍機大臣以《春秋》體例來刪潤《御批通鑑綱目續編》，事實上，這種改寫原書、以符合官方觀點的行為，在乾隆朝屢見不鮮。文淵閣四庫本胡安國《胡氏春秋傳》，便對胡安國《春秋傳》中有關華夷的部分多處改寫，以使之符合官方的《春秋》學基調。《御批通鑑綱目》也有同樣的「刪文」、「改寫」之舉，乾隆指出過去命儒臣編纂《通鑑輯覽》時，「其中書法體例，有關『大一統』一義者，均經朕親加訂正，頒行天下。」乾隆之所以對「大一統」如此重視，甚而於諭中特別提出必須對原本《通鑑綱目續編》之文進行修改，正因其涉及了《春秋》學中「內諸夏而外夷狄」的華夷議題。但，他在諭中論及「內諸夏而外夷狄」時，他不用較具有民族色彩的「諸夏」詞彙，而改稱以「中國」一詞，將「內諸夏而外夷狄」的「諸夏」以「中國」置換。這就使得原本《春秋公羊傳》中的「內諸夏而外夷狄」的華／夷關係，轉而為「內中國而外夷狄」的「中國／外夷（外藩）」的架構。以「外藩」、「外邦」、「外面的部落」等等概念來詮釋「夷狄」，是乾隆時期官方經學在面對華夷問題時的基本態度，藉由這種概念的置換，來淡化原本「夷狄」一詞中的民族意識與文化意味。

乾隆透過對已流傳於外間的版本照本抽改，而其抽改的內容，從上述乾隆詔諭來看，應是與華夷問題有關的內容。乾隆強調「大一統」之說，從他對《御批通鑑綱目續編》的刻意抽改來看，他雖有意肯定「大一統」概念，但這個「大一統」概念必須建立在滿洲官方肯定的「中／外」概念，而非傳統具有民族意味的「華／夷」體系。乾隆以《春秋公羊傳》的「大一統」之說來處理儒臣編纂《通鑑輯覽》及《御批通鑑綱目續編》中論述遼、金、元史事時，《通鑑》文本在漢民族史觀下對遼、金、元等異族政權所表現出的「議論偏謬」。〔註66〕在乾隆宣諭「大一統」、「內中國而外夷狄」一事時，同一時間，負責官方《四庫全書》事務的莊存與又是以精治《春秋公羊傳》、董仲舒《春秋》學而聞名。乾隆之所以會提出「大一統」思想，以及以「辨內中國外夷狄」諸說來取代「辨夷夏」，這些《春秋》學概念的萌生，或許有可能與當時任職於上書房的莊存與有關。

如果莊存與「大一統」之說，確實與乾隆四十七年對《御批通鑑綱目續編》的刪潤態度及乾隆朝其他文教政策與書籍修纂的態度有關，則莊存與的

〔註65〕　《高宗實錄》，卷1168，乾隆四十七年十一月初七日庚子條。
〔註66〕　《高宗實錄》，卷1168，乾隆四十七年十一月初七日庚子條。

春秋公羊學就不再只是「以經議政」政治性格的學術著作而已，而是莊存與
春秋公羊學的「大一統」觀點確實影響了乾隆時期的文教政策與政治實踐。
也就是說，如果莊存與的春秋公羊學對乾隆實際政策的影響確實存在，那麼，
清代中後期的常州公羊學，在它開始萌芽的乾嘉之際，便已決定了它「以經
議政」、藉由詮釋經義而積極參與政治的學術性格，具有強烈的經世意識。

（二）劉逢祿

　　活躍於乾隆至道光初年的劉逢祿（乾隆 41 年～道光 9 年，1776～1829），
為清代常州公羊學走向顛峰、承先啟後的關鍵人物。劉逢祿為莊存與外孫，
年幼時莊存與曾叩以所學，並盛讚「此外孫必能傳吾學」。〔註67〕劉逢祿不僅
繼承了莊存與春秋公羊學，對於《左傳》、《穀梁傳》都有著述。他的春秋公
羊學著作，有：《春秋公羊何氏釋例》、《公羊何氏解詁箋》、《發墨守評》等，
至於其他《春秋》學著作，則有：《箴膏肓評》、《春秋論》、《穀梁廢疾申何》、
《左氏春秋考證》等。

　　劉逢祿的治經態度，基本上繼承了莊存與「以經議政」的詮釋方向。他
認為「《春秋》垂法萬世，不屑屑于一人一事」〔註68〕並不只是孔子對東周撥
亂反治之作，而在於「治萬世」：「《春秋》之義，固上貫二帝三王，而下治萬
世者也」。〔註69〕劉逢祿闡發莊存與《春秋》學中的「大一統」觀點，認為孔
子《春秋》之作，是藉「王魯」來寄寓「大一統」的理想。劉逢祿《春秋公
羊經何氏釋例》，〈王魯例第十一〉注：

　　惟王者然後改元立號。《春秋》托新王受命於魯，故因以錄即位，明

　　王者當繼天奉元，養成萬物。〔註70〕

〈王魯例〉又進一步申明孔子「受命制作」，「托新王受命於魯」的重要性：

〔註67〕劉承寬〈先府君行述〉（見湯志鈞，《莊存與年譜》，卷四，〈碑傳〉，劉承寬〈先
府君行述〉，頁 144～150）：「年十一，嘗從母歸省。時宗伯公子告歸里，叩以
所業，應對如響。（莊存與）歎曰：『此外孫必能傳吾學』。十三歲而十三經及
周、秦古籍皆畢，嘗讀《漢書》董江都傳而慕之，及求得《春秋蕃露》，益知
為七十子微言大義，遂發憤研《公羊傳》何氏《解詁》，不數月，盡通其條例。」
〔註68〕劉逢祿《春秋公羊何氏釋例》，見《清儒春秋彙解》，頁 17，隱公元年，「公及
邾儀父盟于蔑」條。
〔註69〕劉逢祿《春秋公羊何氏釋例》，見《清儒春秋彙解》，頁 5，隱公元年，「元年
春，王正月」條。
〔註70〕劉逢祿《春秋公羊何氏釋例‧王魯例》，見《清儒春秋彙解》，頁 4，隱公元年，
「元年春，王正月」條。

　　王魯者，即所謂以《春秋》當新王也。夫子受命制作，以爲託諸空言，不如行事博深切明，故引史記而加以王心焉。孟子曰：「《春秋》者，天子之事也。」夫制新王之法，以俟後聖，何以必乎魯？曰：因具魯史之文，避制作之僭，祖之所逮聞，惟魯爲近，即據以爲京師，張治本也。聖人在位如日麗乎天，萬國幽隱，莫不畢照，庶物蠢蠢，咸得繫命。堯、舜、禹、湯、文、武是也。聖人不得位，如火之麗乎地，非假薪蒸之屬，不能舒其光，究其用，「天不生仲尼，萬古如長夜」，《春秋》是也。故日歸明於西，而以火繼之；堯、舜、禹、湯、文、武之沒，而以《春秋》治之，雖百世可知也。〔註71〕

劉逢祿認爲，《春秋》事實上是孔子藉「王魯」以寄寓政治理想以「張治本」，認爲「聖人在位日麗乎天，萬國幽隱，莫不畢照，庶物蠢蠢，咸得繫命」，透過「王魯」「制新王之法」，建立起整個天下大一統的禮樂制度與政治秩序。

　　嚴格而論，莊存與《春秋正辭》並未明顯地將何休《春秋公羊解詁》中「內其國而外諸夏，內諸夏而外夷狄」的內外義例融入他的「大一統」論述中來。但，劉逢祿《春秋公羊何氏釋例》卻對何休「內其國而外諸夏，內諸夏而外夷狄」與「大一統」思想有深刻的闡發。《春秋公羊何氏釋例》指出：

　　以下而升上，以內而及外也，……由是以善世，則合內外之道也。至於德博而化，而君道成，《春秋》所謂「大一統」也。夫治亂之道，非可一言而盡。《易》變動不居，由一陰一陽而窮天地之變，同歸于乾元用夷以見天則。《春秋》推見至隱，舉內包外，以治纖芥之慝，亦歸於元始，正本以理萬事，故平天下在誠意，未聞枉已而能正人者也。〔註72〕

劉逢祿《春秋公羊何氏釋例》中的「大一統」思想，事實上與他論「內外義例」的華夷民族論述相輔相成。

　　順、康、雍時期，滿洲官方在處理外藩朝貢事宜時，事實上很少以「天朝」自居，而前來朝貢的朝鮮等國，對清政府也不以「中華」來看待，同時多少對清廷抱持著文化上的鄙視心態。這種情況一直持續至乾隆三年（1738）

〔註71〕劉逢祿《春秋公羊何氏釋例‧王魯例》，見《清儒春秋彙解》，頁4，隱公元年，「元年春王正月」條。

〔註72〕劉逢祿《春秋公羊何氏釋例》，〈內外例第三〉，見《清儒春秋彙解》，頁33，隱公元年，「祭伯來」條。

朝鮮貢使回國述職時，還直指滿洲皇室爲「胡種」。〔註73〕直到乾隆中期以後，乾隆才開始刻意營造「天朝」形象，在朝貢儀節上維護「天朝體制」，以改善自清初以來東亞藩國間對清政府的「夷狄」觀感。誠如本文第四章中所論，乾隆不僅在官方《春秋》學詮釋上重拾康、雍兩朝官方《春秋》學刻意忽略的「攘夷」議題，同時也在與外藩往來時營造「天朝大國」的形象，儼然開始以「中華」的「正統」自居。乾隆朝英使馬戛爾尼來華「進貢」時的觀禮之爭，乾隆對待英國使臣的態度，就充份反映出乾隆在外交上的「天朝」心態。嘉慶時期的外交政策，基本上也維持著乾隆時期的「天朝大國」矩度。

乾隆對於「天朝」形象的刻意迴護，事實上應不像王開璽與黃一農所說，單純只是「權力傲慢」的表現。〔註74〕對乾隆而言，在藩國之間「天朝」地位與「中華正統」形象的維繫，或許才是乾隆看似「權力傲慢」表象下的真正原因。乾嘉時期，在外交政策上亟欲在東亞藩國間建立「天朝」威勢的外交情勢，而在內政上又必須對治社會上的滿漢民族問題，常州公羊學派「大一統」思想的興起，呼應了乾嘉時期的政治需求。莊存與《春秋正辭》、劉逢祿《春秋公羊何氏釋例》中所闡述的春秋公羊學「大一統」思想，不僅可以紓釋國內的滿漢民族意識與政治認同問題，在外交上也可以作爲清廷在東亞外邦與外藩之間建立「中華」正統性、強化「天朝」大一統思想「推見至隱，舉內包外，以治纖芥之慝，亦歸於元始，正本以理萬事」的經典論據。

三、「內外」異例與「中國亦新夷狄」論述

乾嘉士人《春秋》學中，另一項與清初遺民士人《春秋》學華夷不同之處，在於對《春秋》「內外」義例的重視。「辨內外」義例之興起，固然與乾隆晚期至嘉慶年間開始流行的常州《春秋》公羊學有關，但事實上，從乾隆《御纂春秋直解》中的華夷議題詮釋，與四庫本胡安國《胡氏春秋傳》對胡安國原文中華夷文本的處理看來，乾隆時期官方《春秋》學在華夷問題上漸漸產生一種以「內中國而外夷狄」的「嚴內外之辨」概念，來代換《春秋》的「嚴華夷之辨」

〔註73〕據黃枝連《朝鮮的儒化情境構造 —— 朝鮮王朝與滿清王朝關係型態論》（北京：中國人民大學出版社，1995），頁449，李朝英宗十四年（乾隆三年），領議政李光佐據貢使之情報，向朝鮮國王匯報中國情勢：「清人雖是胡種，凡事極爲文明，典章文翰，皆如皇明時，但國俗之簡易稍異矣。」
〔註74〕王開璽《隔膜、衝突與趨同》（北京：北京師範大學出版社，1999年），頁61-113；黃一農〈印象與眞相 —— 清朝中英兩國的觀禮之爭〉，頁69、頁91。

概念的詮釋傾向，將原本較具民族、文化意味的《春秋》學「華／夷」之分，轉移到較中性的、尊王意義較強的「內／外」之分來。乾嘉時期士人《春秋》學「辨內外」之說的興起，特別是乾隆晚期以來漸漸蔚然成風的常州《春秋》公羊學的興起，與這一時期官方《春秋》學華夷觀詮釋態度的變化，在時間點上十分接近。從乾隆朝對四庫本胡安國《春秋傳》、《通鑑輯覽》、《御批通鑑綱目續編》等有關華夷部分的修改刪汰可以看出，乾隆在官方文教政策上，對華夷問題與《春秋》的幾個基本觀念十分留心，且在處理方式上可說是極為強勢，甚至不惜於詔諭中特別說明關於四庫本對於華夷論述之修正之標準。常州《春秋》學之勃興，除了單從士人學術風尚之轉向來解釋之外，是否又與這一時期官方《春秋》學態度有關？雖然難以驟下定論，但至少可以知道，常州莊氏《春秋》公羊學這種以「內外之辨」來詮釋「華夷之辨」的詮釋路向，與清中期官方《春秋》學華夷論的詮釋態度，是一致的。

（一）莊存與

除了「大一統」思想之外，另一項足以反映莊存與對《春秋》華夷詮釋者，即是莊存與對《春秋公羊傳》「內外」義例的詮釋。莊存與《春秋正辭》的九個正辭裡，其中，「正內辭」、「正諸夏辭」、「正外辭」都與《春秋》學的華夷意識有關。

莊存與《春秋》學的華夷觀與清代順、康、雍三朝士人華夷觀稍有區別，特別是在對楚國的定位上。清代順、康、雍三朝士人《春秋》學多半認為《春秋》中之「楚」不宜以「夷狄」論之。如毛奇齡《春秋屬辭比事記》便主張楚國為「先王所封國，實五德諸侯」、因此對胡安國以「攘夷」論「攘楚」有所批判。〔註75〕王夫之《春秋家說》也認為楚雖「犯夏」，然「亦元德之裔而周之封也」。〔註76〕清初毛奇齡、王夫之兩人對楚之肯定，在於其為「元德之裔」，他們對楚的肯定，多少帶了點民族、血緣的意味。但，也有一些士人肯定楚國，是出於楚國對周王室的尊重，如惠士奇《春秋說》，認為楚國「主盟中夏，會諸侯而尊天王」、「職貢不乏，玩好時至」，〔註77〕因而對楚國的態度，

〔註75〕毛奇齡《春秋屬辭比事記》（收於《皇清經解春秋類彙編》（臺北：藝文印書館，1986 年），《皇清經解》，卷一百五十九，頁 347。
〔註76〕王夫之《春秋家說》（收於《船山全書》第五冊，長沙：嶽麓書社，1993 年），頁 158，卷上，〈僖公〉。
〔註77〕惠士奇，《春秋說》，收於《皇清經解春秋類彙編》（臺北：藝文印書館，1986 年），卷二百三十二，頁 462。

與其他戎狄不同。

　　王夫之、毛奇齡、惠士奇等人的《春秋》學中，對楚國的態度，和清代官方所想要論證的「攘夷」即「攘僭王之楚」、「黜吳楚」的態度很不相同。康熙、雍正以來的官方《春秋》學在「攘夷」問題上，有著以「攘者專指楚國而言」、「攘楚僭王」的詮釋傾向。這也是清初官方《春秋》學與士人《春秋》學的歧異之處。但，乾嘉時期的莊存與，在《春秋正辭》裡，對楚國的態度卻不再如清初士人般有著肯定楚國的詮釋偏好，往往以「惡其僭名」〔註78〕、「四夷病中國，莫楚若也，不自以為天子臣」〔註79〕來論楚國，在《春秋正辭》「正外辭」，也開宗明義以楚為「外之」之例。顯然與王夫之、毛奇齡、惠士奇諸人傾向於從肯定楚國、甚至動輒強調楚為「元德之裔」的角度頗有不同。《春秋正辭·外辭第六》：

> 楚有四稱，自本逮末，無過曰「子」；犯中國、甚與中國並以至下者，本之；惡其僭名也，人之。在僖之篇，齊桓同好、内王貢也，子之。〔註80〕

莊存與認為，若楚國與中夏交好、納王貢，則《春秋》便「子之」以肯定楚國；而當楚國「僭名」之時，則「人之」以貶抑。由此看來，莊存與在對「華／夷」的定義與華夷之間的界分的態度上，表現出以「禮」、以「文化」、「僭王與否」為主的詮釋傾向。清初遺民士人《春秋》學多傾向於將「華／夷」問題定位為民族（或者說種族）問題，但莊存與在《春秋》學華夷論的詮釋上，則漸漸轉趨於與官方《春秋》學將華夷定位為文化問題的態度，認為夷狄等異民族若能在文化表現上能合於華夏之「禮」、能「尊王」，則也應予肯定。莊存與《春秋正辭》中，針對《春秋》對楚的抑與揚之評論，往往也以禮和尊王為評判標準。

　　《春秋正辭·外辭》中，又評楚與蔡云：

> 夫楚之為楚，不知君臣之義、父子之親、夫婦之別。蔡實親而習焉，久而不知，與之化矣。禍卒見于固與般之世，而蔡人安之若不知，

〔註78〕 莊存與，《春秋正辭》，〈外辭第六〉，卷三百八十二，《皇清經解春秋類彙編》，頁 691。

〔註79〕 莊存與，《春秋正辭》，〈外辭第六〉，卷三百八十二，《皇清經解春秋類彙編》，頁 691。

〔註80〕 莊存與，《春秋正辭》，〈外辭第六〉，卷三百八十二，《皇清經解春秋類彙編》，頁 691。

亦與之化矣。……人之祖若父，莫不欲其子孫之仁且孝。欲其子孫
之仁且孝，必以中國之法爲其家法。蔡惟楚是親，則惟楚是師，于
是乎其家果與楚同禍。〔註81〕

《春秋正辭‧外辭》認爲楚之所以爲「楚」，不在於血緣、地域，而在於「不
知君臣之義、父子之親、夫婦之別」，在於「不知王化」。蔡親楚而爲楚所同
化，故而致禍。《春秋正辭》中，這種「以中國之法爲家法」的論點，其實預
設著「用夏變夷」的目的在其中。「用夏變夷」之說，事實上也是南宋胡安國
《胡氏春秋傳》中主張的論點：「雖微辭奧義，或未貫通，尊君父、討亂賊、
辟邪說、正人心，用夏變夷，人法略具。庶幾，聖人經世之志，少有補云。」
〔註82〕胡安國將「用夏變夷」視爲詮釋《春秋》的目的之一，而莊存與也認
爲王者應「以中國之法爲其家法」，若無法做到這一點，則「中國而夷狄則夷
狄之」。「中國之法」，正是華夷之間最根本的區別，而這也是莊存與《春秋正
辭》「異內外」義例中「華夷之辨」的核心，華夷之間判別的標準，是文化上
（是否以「中國之法」爲「家法」）與政治上（是否「爲天子臣」）的，而非
「元德之裔」或「先王所封國」。

　　莊存與這種觀點事實上與康熙朝官方修纂的《欽定春秋彙纂》、雍正朝《日
講春秋解義》及《大義覺迷錄》，以及乾隆朝傅恆奉敕修纂的《御纂春秋直解》
等書中，官方《春秋》學及經學評論中所表述出的華夷概念，是一致的，亦
即以「文化」來界定華／夷之別，而華夷之間的身分也可存在著因文化行爲、
文化表現的改變，而導致華夷身分相互更動的可能。莊存與認爲，夷狄的文
化表現能合於禮之時，也應受到肯定。

　　莊存與的華夷身分可因文化行爲的改變而更動的論述，反映出乾隆時期
的士人《春秋》學華夷論詮釋已有所轉向。他們開始不再如清初遺民士人般
將華夷視爲民族論述，並將《春秋》學的華夷論述作爲「排滿」意識的載體。
乾隆時期的士人《春秋》學轉而傾向於在詮釋《春秋》華夷文本時，將華夷
視爲純粹的文化問題，而改變了清初遺民士人《春秋》學將「華夷」定位爲
涵攝血緣、地域與文化的民族論述詮釋方向。莊存與的《春秋正辭》就反映

〔註81〕莊存與，《春秋正辭》，〈外辭第六〉，卷三百八十二，「楚子、蔡侯次于厥貉」
　　　　條，《皇清經解春秋類彙編》，頁 694。
〔註82〕胡安國《春秋傳‧序》（上海涵芬樓影印常熟瞿氏鐵琴銅劍樓藏宋刊本，四部
　　　　叢刊本，臺北：臺灣商務印書館，1966 年），頁 2。

出這樣的詮釋傾向。他一反清初將「華／夷之別」視為民族之別的詮釋態度，而回歸唐宋以來「孔子之作《春秋》也，諸侯用夷禮則夷之，進於中國則中國之」（韓愈〈原道〉）的解經路向，將華夷之間的區別設定為「禮」之別。莊存與推翻了清初《春秋》學「華夷」民族論述的詮釋傳統，而開始將「華／夷」解讀為文化表現的不同，而「華／夷」之間的身分也是可以更易的，中國之人而行夷狄之行，亦應視為夷狄。在對襄公三十三年《經》「夏四月，蔡世子般弒其君固」一事的評述裡，莊存與便直指：「不日，何也？不盡其辭也。既盡其尊親之辭矣，不日，何也？夷狄則盡之。中國而夷狄則夷狄之，以同而異也。」〔註83〕

綜上所述，莊存與《春秋正辭》中對《春秋公羊傳》「異內外義例」與華夷論述，大抵而言可以分為兩方面來討論。其一，就是以「異內外」的架構來看待《春秋》的「辨華夷」問題，將《春秋》中的「華／夷」架構轉移到「中國／外夷」的架構上，與清代康、雍、乾三朝官方《春秋》學詮釋所極力宣揚的、以「中外」來取代「華夷」的論點是一致的。

其二，從《春秋正辭》〈正外辭〉看來，莊存與對「華／夷」的定義與「華／夷」論述之性質，也與清初士人將「華／夷」論述視為民族、種族論述的態度不同。莊存與的「華／夷」論述顯然比較接近於文化論述，而華夷之間的身分界分也並非固定，只要文化行為改變，「華」、「夷」身分也會隨之轉變。如《春秋正辭》對蔡之評述。

其三，莊存與在對楚國的態度上，也明顯與清初順、康、雍時期的士人不同。順、康、雍士人《春秋》學對「楚」的評述多半較為親善，且強調楚的「元德之裔」與「先王所封」這個身分，強調楚國至少在「祖源」上是華夏的。莊存與的態度則不同。他在「正外辭」中，時時以楚為「外之」的對象。這一點，其實與清代官方《春秋》學一貫的態度較為一致。

不過，康、雍、乾三朝的官方《春秋》學中的華夷論述，事實上有其政治企圖，也就是透過經學詮釋以建立滿洲政權合理化的經學論據，詮釋的目的在於將滿洲統治中原的政治現實合理化、並消弭漢人對滿洲統治者在民族意識與政治上的敵對心態。因此官方經學詮釋的本身，就隱含著官方的民族立場與政治目的。滿洲官方《春秋》學有其民族與政治目的，因此其華夷論述立場可以

〔註83〕莊存與，《春秋正辭》，〈誅亂辭第八〉，卷三百八十四，《皇清經解春秋類彙編》，頁708。

理解。然而，作爲士人的莊存與，其《春秋正辭》的華夷詮釋立場，卻與乾隆朝官方《春秋》學十分一致。莊存與的《春秋正辭》不僅在「《春秋》大義」的論題上重視「尊王」，甚在論述華夷問題時也以「正僭王」、「惡僭名」的角度解釋，將「攘夷」問題的本質轉移到「尊王」問題上。除此之外，也在《春秋正辭》中的〈內辭〉、〈外辭〉、〈諸夏辭〉等與華夷論述有關的部分裡，將清初士人《春秋》學中狹義的「華夷」論述擴大，將「華／夷」由民族論述轉而爲文化論述。在詮釋華夷問題時，《春秋正辭》所反映出的華夷觀，也與乾隆時期官方《春秋》學的幾個華夷論觀點十分一致。莊存與《春秋正辭》華夷詮釋的轉變，也反映出乾嘉時期士人華夷觀與官方逐漸趨近的趨勢。

　　莊存與《春秋正辭》中的華夷論述，之所以與官方《春秋》華夷論述觀點逐漸趨同，除了受康、雍、乾清代官方《春秋》學華夷詮釋的影響之外，很可能也出於乾嘉時期社會上滿漢文化衝突漸漸淡化所致。畢竟，從清初以來官方與士人《春秋》學的「華夷之大別」論述來看，清代《春秋》學中的「華夷之大別」並不只是單純的學術議題。清代社會上的「滿漢」民族問題，同樣地附著到《春秋》學的「華夷」詮釋下來討論，使得《春秋》學的華夷詮釋成了討論清初社會上滿漢文化衝突問題的載體，而這也導致了清初遺民士人與官方在《春秋》學華夷論詮釋上的重大歧異。以「華／夷」架構來詮釋並闡述清代社會的「滿／漢」問題，可說是清代《春秋》學華夷論的詮釋基調。正因清代《春秋》學的華夷詮釋，具有強烈的反映當世社會上滿漢問題的社會性格，因此，當乾嘉時期社會士民在「滿／漢」民族意識與夷夏觀逐漸反映時，這種社會思想的轉變，也漸逐漸表現在乾嘉士人《春秋》學中「華／夷」論述的變化上。畢竟，清初以來的《春秋》學的華夷架構，本來就是以社會上的滿漢衝突爲討論主體。對清代乾嘉時期的《春秋》學者而言，當討論主體（滿漢衝突）轉變時，作爲引述理據的《春秋》學華夷論述，其詮釋方向也就因而轉變了。

　　莊存與《春秋正辭》中的華夷論述，就鮮明的呈顯出這種社會華夷思想上的變化，對《春秋》學華夷觀所造成的影響。他在《春秋正辭》裡一反清初士人《春秋》學以「華／夷」爲民族論述的詮釋心態，意味著在乾嘉時期，士人「滿／漢」民族認同心態的變化。乾嘉士人的華夷觀也隨著政治與社會氛圍的轉變而逐漸鬆動。不僅「攘夷」不再迫切，甚至「華夷之大別」也不再是民族議題。

　　莊存與及其他漢人士人在《春秋》學華夷論述基調上的變化，有其意義。在乾隆朝以前，康熙、雍正時期的官方《春秋》學雖然都已出現了「華夷之大別在文化」的觀點，但那畢竟是官方經學立場的陳述。它所反映的，是滿洲官方要傳達的意識型態，也是官方冀求漢人士民所接受的民族觀。然而乾隆時期的士人，如莊存與、趙翼等，卻以漢人學者的姿態，在面對貫徹整個清代的滿漢民族意識問題時，主動、自發的呼應與官方《春秋》學中所極力宣揚的華夷論點。雖然莊存與本人身為乾隆時期的學術官僚，但終莊存與一生他的思想影響始終不廣，而其書也終身未嘗付梓。據《武進縣志‧莊存與傳》所述，通其學者，只有門人邵晉涵、孔廣森及從子莊述祖、外孫劉逢祿數人，〔註84〕可知他的《春秋正辭》並不是出於宣傳而作。《春秋正辭》中華夷詮釋路向的變化，應是莊存與自身夷夏觀與對滿漢文化心態轉變的真實反映。

　　莊存與在華夷觀上的轉變，並不是乾嘉漢人士民的特例。乾嘉士人在華夷觀、民族意識及政治認同上的轉變，事實上也可以從乾嘉時期士人《春秋》學對「華夷」論述的淡漠，及士人自發性的擁護官方《春秋》學「華夷」論述的出現可以看出，乾嘉時期漢人士民在夷夏觀與民族心態上已與清初截然不同。

（二）劉逢祿

　　劉逢祿的《春秋》學中，對於公羊學中的「內諸夏而外夷狄」義例的探討，比莊存與更為詳密，所論也更為深刻。特別是在華、夷身分為文化身分，彼此可依文化行為轉變而隨之更動的這一點上。他不僅闡發了「異內外」義例之說，「《春秋》錄內而略外，於外，大惡書，小惡不書；於內，大惡諱，小惡書」，〔註85〕也繼承了莊存與《春秋正辭》以「文化」、「僭王」論華夷的論點，並特別強調華夷之間為文化之別。在《春秋公羊何氏釋例》〈秦楚吳進黜表〉中，劉逢祿從春秋時期秦、楚、吳勢力消長的歷史趨勢，來評論夷、夏之關係。：

〔註84〕湯志鈞《莊存與年譜》，卷四，頁119，〈碑傳〉收錄《武進縣志‧莊存與傳》一文，云：「存與蕭然儒素，榮利之事，一不干懷。六經四子書皆有撰述，獨悟微言，宏深卓闢，所凡數十萬言。通其學者，為門人餘姚邵晉涵、曲阜孔廣森及從子述祖、外孫劉逢祿數人而已。」
〔註85〕劉逢祿《春秋公羊何氏釋例》（收於《皇清經解春秋類彙編》，臺北：藝文印書館，1986年），卷一千二百八十，頁1731，〈內外例第三〉。

余覽《春秋》進黜吳、楚之末，未嘗不歎聖人馭外之意，至深且密也。昔聖人序東周之《書》，唯存〈文侯之命〉及〈秦誓〉，著其盛衰大旨。其於刪《詩》，則列秦於《風》。序〈蒹葭〉曰：「未能用周禮。」序〈終南〉曰：「能取周地」。然則代周而改周法者，斷自秦始，何其辭之博深切明也！秦始小國僻遠，諸夏擯之，比於戎狄。然其地爲周之舊，有文武貞信之教，無敖僻驕侈之志，亦無淫泆昏惰之風，故於〈詩〉爲夏聲。其在《春秋》無僭王滑夏之行，亦無君臣纂弒之禍，故《春秋》以小國治之，內之也。吳通上國最後，而其強也最驟，故亡也忽焉。……聖人以中外狎主，承天之運，而反之於禮義，所以財成輔相天地之道，而不過乎物。故於楚莊、秦穆之賢，而予之，卒以爲中國無桓文則久歸之矣。何待定、哀之末而後京師楚哉！於吳光之敗陳、許，幾以中國聽之，慨然深思其故，曰：中國亦新夷狄也。……故觀於詩書，知代周者秦，而周法之壞，雖聖人不可復也。觀於《春秋》知天之以吳、楚狎主中國，而進黜之義，雖百世不可易也。張三國以治百世，聖人憂患之心，亦有樂乎此也。〔註86〕

在這一段春秋時期夷夏勢力消長的論述中，劉逢祿指出，秦雖因地處僻遠被諸夏擯而比爲戎狄，卻因其「教」（「文武貞信教」）與文化習慣（「無放僻驕侈之志，亦無淫佚驕懶之風」）的良好表現，因而無「君臣纂弒之禍」。所以孔子「《春秋》以小國治之，內之也」。除了秦國的崛起之外，吳國、楚國亦因「內治」而爲《春秋》所肯定。

劉逢祿甚至認爲，秦、吳、楚等在春秋時被擯爲「夷狄」的三國，可以因爲「風教」與文化表現而得以強盛，而爲孔子作《春秋》時所嘉許；而「諸夏」、「中國」也同樣有可能因政治紛亂與禮義等文教風習的衰落，而被貶爲「新夷狄」。從劉逢祿的〈秦楚吳進黜表〉看來，「進黜吳楚」與視「中國」爲「新夷狄」的標準，完全在於政治與文化表現，地域與血緣都不再是區別華／夷的條件。

莊存與、劉逢祿「中國亦新夷狄」的論述，顯然完全擺脫了清初以來士人《春秋》學以血緣、地域等種族概念來論「華夷之大別」的觀點，也肯定

〔註86〕劉逢祿《春秋公羊何氏釋例》，卷一千二百八十六，《皇清經解春秋類彙編》，頁1802，〈秦、楚、吳進黜表弟十九〉。

透過文化表現轉換其華／夷身分的可能性。劉逢祿《春秋》學以文化作為華夷界限觀點、「中國亦新夷狄」等論述的出現，事實上也反映出乾嘉時期士人民族認同的轉變。清初士人《春秋》學以「血緣」、「地域」等種族概念來區隔華夷，這樣的說法在乾嘉士人《春秋》學中已漸漸消失，取而代之的，是一種以文化表現來論「華／夷」的詮釋傾向。這種詮釋傾向，之所以在乾嘉時期出現並蔚然成風，一方面應是由於當時社會滿人急遽漢化、加以「滿漢雜處」的社會情境致使滿漢民族之間的文化差異迅速消失，使得漢人對滿人的「異己」情緒也漸漸淡化，不需要再強調「華／夷」之間的血緣與地域之別；而另一方面，滿洲政權日趨穩定，以及康、雍以來官方《春秋》學以「文化」論「華／夷」的觀點透過官學系統的傳佈漸漸出現成效，都是乾嘉時期士人《春秋》學夷夏觀轉為純粹文化論述的可能成因。

第三節 小 結

經典詮釋的本身，往往是詮釋者自我意識型態的演繹，經學詮釋成為詮釋者透過對經典的書寫自我的場域。清代的《春秋》學中的華夷詮釋，便充份反映了這一點。無論官方或士人，往往都會在《春秋》學「華夷之大別」的詮釋中，附著上對「滿／漢」民族問題的評述，並宣說彼此的民族與政治立場。特別是在清初順、康、雍三朝的《春秋》學中，這種藉著疏釋「華夷之大別」而寄寓滿漢民族觀的詮釋傾向，更是鮮明。

然而在乾嘉時期，士人《春秋》學中的「夷夏」論述卻開始出現與清初遺民士人《春秋》學截然不同的面貌。在「何為《春秋》大義？」這個議題上，清初遺民士人傾向於以「攘夷」作為《春秋》的核心思想，甚至主張「夷不攘，則王不可得而尊」的論點，將「攘夷」視為「尊王」的前提。而乾嘉士人卻徹底揚棄了這個觀點。無論是趙翼、莊存與、劉逢祿，他們都將《春秋》的核心問題由「攘夷」轉向「尊王」。

乾嘉士人這種「攘夷」向「尊王」過渡的變化，也意味著他們華／夷認同的轉變。清初順、康、雍三朝，無論對官方或遺民士人而言，「華／夷之大別」的論述內容，都是以「漢／滿之大別」為隱喻對象而進行的討論。在清政權基本上已趨穩定、滿人急遽漢化、滿漢之間的文化差別迅速消失的乾嘉時期，對士人而言探討「華／夷之別」或「漢／滿之別」已沒有實質意義，

因此，《春秋》學「攘夷」與「攘夷」背後所代表的「排滿」意識，也不再是他們關心的議題。另一方面，在乾嘉時期君權意識高漲的時代氛圍下，「尊王」成為乾嘉士人更有興趣的問題。因此，將《春秋》學的核心由「攘夷」轉向「尊王」，可以說是乾嘉士人《春秋》學的集體共識。無論趙翼、莊存與、劉逢祿諸人，都認為《春秋》的核心思想在於王政，而非「攘夷」。而這樣的共識，也與乾嘉時期官方《春秋》學的詮釋方向，是一致的。

乾嘉士人《春秋》學核心論題由「攘夷」向「尊王」的過渡，透露出乾嘉時期士人對「華夷」論述漸趨淡漠。「華夷」論述的勢微，固然與乾嘉時期官方的文教與政治、外交政策攸關。乾隆時期官方以頻繁的文字獄壓制士人的詩文政治與民族論述，而官方又著力於塑造「天朝」、「大一統」形象，加上乾隆時期官方經學詮釋對《春秋》「尊王」概念與《尚書》「皇極」思想的刻意推崇，使得此一時期的「尊王」概念成為比「攘夷」更符合社會與政治氛圍的議題。但另一方面，乾嘉時期士人《春秋》學中的「攘夷」論述之所以被「尊王」意識所取代，真正的原因，仍應在乾嘉時期漢人在華夷認同上，產生了微妙的變化。

民族意識的產生，來自於透過將異民族「他者化」的過程，清初遺民士人《春秋》學中的「華夷大別」與「攘夷（排滿）」論述正是由此而來。遺民士人們透過將滿洲「他者化」，建構並辨識出自我的文化特徵，並建立起以血緣、地域與文化為界定標準的華夷論述。但，乾嘉時期，滿漢之間的文化差異正迅速消失，而社會上的滿漢民族氛圍也與清初迥然有別。

綜上所述，正由於乾嘉時期，社會上的的滿漢民族氛圍已與清初有極大的不同。不僅滿漢文化差異漸漸消失，而漢人對滿洲的「異己」情緒也日益淡化。滿漢之別與其說是血統上的種族之別，不如說更近於「旗籍」與一般漢人的社會階級之別。這使得清初以「華夷」架構來檢視「滿漢」之別的時空條件不復存在，也導致漢人在「華／夷」認同上的變動。這種認同上的變動，也或許可以解釋乾嘉士人在《春秋》學的華夷詮釋上出現了和官方《春秋》學一致的詮釋偏好，除了以文化問題定位《春秋》中的「華夷」論述之外，劉逢祿在《春秋公羊何氏釋例》中甚至大膽地論述《公羊傳》「中國亦新夷狄」的觀點，肯定華／夷之間存在著身分置換的可能性。乾嘉士人《春秋》學裡「攘夷」論述的淡化、「大一統」思想的崛起，以及「華／夷」論述的轉變，都反映出漢人士民在乾嘉時期與清初截然不同的夷夏觀、民族認同和政

治心態。自清初至乾嘉，士人《春秋》夷夏論述的轉變，也呈顯出士人對滿洲政權由抗拒而走向接受、認同的過程。

第六章 從「用夏變夷」到「師夷長技」
——道咸士人《春秋》學華夷觀的變化

　　學術思想的發展，無法脫離歷史條件的限制。社會環境的變化，都會影響並觸發學者的思考方向，成爲學者思想的框限，在時代的架構下提出應世、處世、解構時代現象的策略。這使得清代中晚期學者不約而同走向實用主義的治學方向。

　　思想如此，經學亦是。

　　清代《春秋》學幾個重要議題的討論方向——如華夷之辨、「《春秋》大義」、內外義例、受命改制等，事實上都圍繞著整個清代所面對的歷史問題而展開。貫徹整個清代《春秋》學的夷夏問題，以滿洲入關之初所造成的滿漢文化衝突爲觸媒而開始，並衍伸出「華夷之大別」、以及詮釋「《春秋》大義」在「攘夷」或在「尊王」等議題。乾嘉之際，由於滿漢民族情境的變化與乾隆在文化政策上的干預，使這一時期無論官方或是士人《春秋》學，在夷夏議題上都呈現出與清初官方《春秋》學截然不同的風貌，不僅在乾隆敕撰的《御纂春秋直解》中不再對華夷問題諱莫如深，同時也開始強調「中外之防」，對中國與夷狄之間立於同等地位的外交會盟之事提出批判，並認爲若夷狄「慕義而來」則中國亦可「容而接之」，〔註87〕呈顯出一幅以「中國」爲主、而外夷「慕義向化」的外交圖象。

〔註87〕《御纂春秋直解》，卷九下，頁193，襄公十八年，「春，白狄來」條：「春秋之時，戎狄錯居中國，與之會盟則有譏。若其慕義而來，則容而接之亦非不可，惟謹所以待之之道而已。」

　　乾隆中後期，中國與葡、英、荷、佛（清時法國譯爲佛蘭西或法蘭西）等國貿易往來日益密集，傳教活動也日益增多，1792 年英國國王遣使來華，開啓了中英正式外交對話的序幕，也使得中國與西方漸漸有了單方面的外交往來。中西文化之間的交流日趨頻繁，對清政權統治下的滿洲人與漢人而言，面對外貌、服式與文化習慣上都截然不同的英、荷、葡、佛等國，西方文明成爲滿漢共同面對的「異文化」。西方文明作爲新「他者」的出現，致使滿漢之間逐漸凝聚一種新的集體意識，而這種集體意識，又在乾隆、嘉慶兩朝帝王刻意在經學與文化等內政政策上強調「中華」、在外交上塑造「天朝」形象等作法的催化下，使得中國所面對的文化衝突，逐漸由「滿漢」而轉向「中西」。這也使得清初以來滿洲官方與漢人士民的「華夷」架構產生微妙的變化。滿漢之間由清初的文化衝突逐漸走向爲對「中華」的集體共識，原本「華／夷」架構的內涵，也漸漸出現由「漢／滿」轉向「中／外」的發展態勢。

　　然而以上的論述畢竟都集中在乾嘉兩朝，當時的清政權正處於政治與外交勢力上的極盛時代（或者說至少是表面上的極盛時代）。道光年間，中國與歐洲諸國間的文化與貿易衝突漸增，鴉片戰爭與其後五十年所發生的甲午戰爭，更是中國與西方關係與「天朝」體系、「天下」世界觀崩潰的轉捩點。在中國與西方之間的文化、商業、宗教、軍事上的衝突情境之下，對傳統的華夷觀會造成什麼樣的變化？又會如何影響滿、漢人的族群認同？道、咸之後，官方與士人對《春秋》學夷夏論述的詮釋態度，又會如何反應這一時期的認同變化？這是本章所要探討的主要問題。

第一節　鴉片戰爭後的中西情勢與文化視野的變化

一、懷柔遠人？：鴉片戰爭前夕的中西文化衝突

　　西元 1514 年，明武宗正德九年，羅馬教宗良十世（Leo X）發布「Praecelsae Devotiontis」通諭，允許葡萄牙在海外開闢疆域、占領殖民的同時伺機傳播天主教，〔註 88〕傳教士的足跡便隨著歐洲大航海時代而走向世界各個角落。十九年後，1533 年（明世宗嘉靖十二年），遠在南美傳教的奧斯定會成立墨西哥教省，確立了向「東韃靼國、中國與尚不能確定福音是否已傳到之其他國家」

〔註88〕見顧衛民《中國天主教編年史》（上海：上海書店，2003 年），頁 52。

傳播天主教，〔註89〕開啓傳教士向東方傳教的契機，嘉靖三十三年（1554），葡萄牙人透過賄賂海道副使汪柏而獲准在濠境（澳門）互市居住並成立傳教所，開啓傳教士的中國之路，也展開了中國與西方文化對話的歷史。〔註90〕

　　西方的傳教與貿易活動在十六世紀中後期展開，傳教士透過士大夫的交游而順利爲宮廷所承認，並因他們所帶來的曆算與數學、科技成就而獲得帝王的褒獎。〔註91〕表面上看來，清政府對天主教與西洋文化似乎釋出善意，順、康兩帝對於西洋人與傳教士之態度也看似較爲開放，〔註92〕但事實上，這樣的交流是受到限制的。清廷對於「民／夷」之間的界限十分堅持。清廷一方面加強海禁以限制人民出海經貿及與洋人交流，將違例者視爲「自棄化外」之人，不令其復回內地；〔註93〕另一方面，對於西洋人在中國的貿易與傳教活動也有嚴格的限制，不僅限制其活動地域，嚴格查緝私入內地傳教之

〔註89〕顧衛民《中國天主教編年史》，頁54。

〔註90〕顧衛民《中國天主教編年史》，頁70。

〔註91〕如崇禎十一年（1638），禮部題「湯若望等創法講解，著有功效，理應褒獎」；崇禎十四年（1641）因湯若望、龍華民、鄧玉函等西士修曆有成，諭史部議賜爵秩，而諸人以「不婚不宦，九萬里遠來，惟爲傳教勸人，事奉天地萬物真主，管顧自己靈魂，望身後之永福」而推辭；1644年闖亂，張獻忠召利類思、安文思二司鐸，封其爲「天學國師」。滿洲入關後以湯若望爲欽天監監正，並加升爲正四品太常侍少卿、「通玄教師」。見顧衛民《中國天主教編年史》，〈第二部分：明清時期，1370～1839〉。

〔註92〕魏特《湯若望傳》第九章，世祖於順治十四年正月三十日癸酉訪欽天監監正、天主教士湯若望於其家中，並於隔日（二月初一日甲戌宴諸王公大臣於湯若望館舍，命於宣武門內湯若望所建之天主教堂前立碑。碑文中云：「朕巡幸南苑，偶經斯地，見神之儀貌如其國人，堂牖器飾如其國制。問其几上之書，則曰天主教之説也。夫朕所服膺者，堯舜周孔之道；所講求者，精一執中之理。至於玄極貝文，所稱《道德》、《楞嚴》諸書，雖嘗涉獵，而旨趣茫然。況西洋之書，天主之教，朕素未覽閱，焉能知其説哉！但若望入中國已數十年，而能守教奉神，肇新祠宇，敬慎蠲潔，始終不渝，孜孜之誠，良有可尚。人臣懷此心以事君，未有不敬其事者也。朕甚嘉之，因賜額名曰：『通玄佳境』，而爲之記。」碑記銘文稱：「事神盡虔，事君盡職，凡爾疇人，永斯矜式。」

〔註93〕李憲堂〈大一統秩序下的華夷之辨、天朝想像與海禁政策〉（齊魯學刊，187期，2005年第4期）頁46指出，雍正朱批諭旨中稱民眾出海經貿「若逾期不回，是其人甘心流于外方，無可憫者，朕意應不令其復回內地。」清律規定，「凡官員民兵私自出海貿易、遷移海島居住耕種者，俱以通賊論，處斬」。乾隆十五年（1755）福建龍溪縣民陳怡老在出國定居二十年後，攜藩婦及子女返回原籍，爲地方官所捕，帝遂降旨：「徹底清查，按律辦理。」1740年，爪哇近萬民華僑爲荷蘭殖民者殘殺，清廷全不撫恤，而以「漢商本皆違禁，久居其地，自棄化外，名雖漢人，實與彼此藩種無別，揆之國體，實無大傷。」

人，對興建教堂多所禁制。如康熙二十六年四月十三日庚申，南懷仁請欲行天主教，但議不准行，且康熙也明白申諭：天主教應行禁止，但地方官禁止條例內，將天主教等同於白蓮教謀叛，此言太過，著刪去。〔註94〕

　　清廷對西洋人來華貿易的態度傾向於定點開放，但對內地民夷之間的交流採取嚴格禁制。只是，這樣的禁制阻絕不了傳教士的宗教熱情。乾嘉時期，大量的西洋傳教士想盡辦法潛入內地傳教。這樣的行為顯然強化了清政府的危機感，因而開始嚴格查緝與懲治天主教徒：乾隆十一年（1746）下諭嚴密查拿天主教並令將西洋人遞解廣東，勒限搭船回國；〔註95〕乾隆十三年（1748）更密諭江蘇巡撫、閩浙總督可不露風聲地將私入內地傳教之傳教士「令其瘐斃」，〔註96〕在獄中秘密處決。〔註97〕他不僅嚴格禁止天主教的傳佈，對於來華西洋人「外夷」的態度，也表示要堅守華夷立場，對於當時澳門夷人殺死民人李廷富、簡亞二，並棄屍入海一案，乾隆嚴明指示必須一命一抵。然而在乾隆指示下達之時，犯案者已離開澳門前往帝汶，乾隆因此頗為不滿，並嚴令今後不應「示弱外夷」，以「使夷人知所敬畏」。《高宗純皇帝實錄》，卷三二六，乾隆十三年（1748）十月甲申條，帝下諭：

> 今此案辦理，已覺示弱外夷，但既經遠揚，勢難復行追獲，只可就案完結。嗣後遇有此等案件，必須執法處置，使夷人知所敬畏，不宜稍為遷就。〔註98〕

乾嘉以來，大量西洋傳教士違例進入內地，而英吉利商人又積極爭取開放更

〔註94〕《康熙起居注》第二冊，康熙二十六年四月十三日庚申條。
〔註95〕《清史編年》，第五卷，乾隆十二年丁卯，公元1747年三月，頁264：「是月，江西巡撫開泰奏稱：上年奉諭嚴密查拿天主教，其西洋人俱遞解廣東，勒限搭船回國。經查上年十一月內有西洋人李世輔被鄱陽縣盤獲，訊係熱爾嘛哩啞人，乾隆五年入中國，在山陝二省傳教多人。乾隆帝朱批：『此人切不可令其回國，即在江西拘禁。』嗣後，又傳諭開泰：李世輔從前經由澳門等關口，并未照例奏明，顯係多事不法之徒，此等奸徒若押令回國，必捏造妄言，肆行傳播，不若在江西省城永遠牢固拘禁。」
〔註96〕《高宗純皇帝實錄》，卷327，頁17，乾隆十三年閏七月初七，江蘇巡撫安寧於乾隆十二年查獲西洋傳教士譚方濟、黃安多，安寧以二人宣傳邪說，請處絞候。帝遂密諭安寧，對此類潛入內地之傳教士宜於獄中暗地除之：「此等人犯若明正典刑，轉似于外夷民人故為從重；若久禁圄圜，又恐滋事。不如令其瘐斃，不動聲色，而隱患可除。」
〔註97〕《清史編年》，第五卷，乾隆十三年九月初六，頁316，乾隆帝密諭閩浙總督喀爾吉善將監禁候決的西洋傳教士華若亞敬等四名在獄中秘密處決。
〔註98〕《高宗純皇帝實錄》，卷326，乾隆十三年，十月甲申條。

多通商口岸，〔註99〕種種違例的舉動，強化了清廷對西洋人「夷人鷙戾之性，將來益無忌憚」〔註100〕的印象，也導致乾隆對中西之間的民夷交流態度更趨保守。乾隆二十三年秋七月，李侍堯奏防範外夷五事，其中三事為：「夷人到粵，令寓居洋行管束」、「禁借外夷資本並雇倩漢人役使」、「禁外夷僱人傳信息」，〔註101〕不僅限制西洋人在華的活動，也嚴格管制西洋「外夷」與民人的交流。這些極為保守的政策建議，在李侍堯上陳之後乾隆全部予以批准。由此可知，乾隆對於西洋「外夷」與人民之間的貿易、宗教、文化往來採取了較為保守的態度。雖然在晚年時，乾隆為了維護天朝形象「以示柔遠之意」，對於私入內地的西洋傳教士轉為輕判發落，〔註102〕但他事實上查拿私入內地傳教士的情況從未停止，同時也仍嚴禁內地的傳教活動。

　　西洋人在十八世紀後半以通商與傳教為名積極且頻繁地進入中國。在文化習慣、外貌、服式上的鮮明差異之下，對漢人而言，西洋人是一個比「滿洲」更具有距離感的異民族；對亟欲建立「天朝」形象的乾隆與滿洲人而言，「西洋」是一個在政治與禮儀文化地位上遠不如「天朝」的「蠻夷」。乾隆十二年（1747）敕命修纂的《皇朝文獻通考》〈四夷考〉中，便將「英吉利夷」列為「重譯貢市」之國，在政治勢力上，宣揚清政權天下共主的形象；在文化上，也營造文化大國的地位。無論對滿、漢人而言，西洋人都以一個「外夷」的姿態被觀看、被想像。西洋人成為滿漢共同的「他者」。這種情況，也

〔註99〕　王之春《清朝柔遠記》（北京：中華書局，2000年），卷五，頁100，「英人來寧波互市」條：「（乾隆二十年（1755）秋八月）時英吉利商船收定海港，總商喀喇生、通事洪任輝、船商華苗殊請於寧紹台道，轉詳大府，請收泊定海，運貨寧波。許之。踰年迭增數舶。」但此事本屬便宜行事，清廷並未應允英人赴寧波開港為常例，而乾隆二十三年（1758）秋七月，英吉利商人洪任輝強烈要求清政府在寧波開港，在不得所請之後逕行自海道直入天津。乾隆嚴查此事，並下英商洪任輝於獄。事見《清朝柔遠記》，卷五，頁110。
〔註100〕《鴉片戰爭前中西關係紀事》，頁160，乾隆飭廣東巡撫岳濬旨。
〔註101〕《清朝柔遠記》，卷五，頁110，「秋七月，下英商洪任輝於獄」條。
〔註102〕《清朝柔遠記》，卷五，頁134，乾隆五十年「冬十月，釋西洋人巴亞里央於獄」條：「先是，大西洋人入中國者，意大里亞為多，自曆用西法，因許其設堂京師，自相傳教，於是踵門受廛之輩，皆以入京當差為名，而歐羅巴洲各國聞風而來者，足跡遂遍于各直省。巴亞里央私入內地傳教，經湖廣地方官查拿，究出直隸、山東、山西、陝西等省俱有私自傳教之人。事聞，交刑部審，擬永遠監禁。旋諭：『此等人犯不過意在傳教，尚無別項不法情節，且究係外夷，未諳國法，若永禁圄圉，情殊可憫，俱著加恩釋放，交京師天主堂安分居住。如情願回洋者，著該部派司員押送回粵，以示柔遠之意。』」

強化了清中期「華／夷」架構的轉變——「華／夷」概念的核心，由原本的「漢／滿」轉而爲「中／西」。這種華夷觀的變化，從乾隆五十八年（1793）乾隆賜英吉利國敕書中可以看出：

> 天朝自開闢以來，聖帝明王垂教創法，四方億兆率由有素，不敢惑於異說，即在京當差之西洋人等，居住在堂，亦不准與中國民人交接，妄行傳教，華夷之辨甚嚴。〔註103〕

乾隆以「西洋人等」與「中國人民」論華夷之辨，顯然是將「西洋／中國」套在「華／夷」的架構下來對照、解讀。在乾隆至嘉慶朝（1736～）的百年之間，滿洲政權由發展走向極盛，而極盛的背後，衰敗的徵兆卻也漸漸顯現。乾隆末、嘉慶初的湘黔苗亂與川陝白蓮教起義，掀起清中期內亂的開端。但在外交關係上，乾隆卻開始建構「天朝」的形象，認爲「天朝統馭萬國，一視同仁」，〔註104〕在內部塑造「中華」集體記憶，並在外交上塑造「天朝」形象，建立起「天朝／外夷」的外交架構，以政治與文化上的「天朝上國」自居，並以「外夷向化天朝」〔註105〕的角度，對待東亞各藩屬與桴海而來的西方使臣。

　　自乾隆朝開始，這種「天朝」的外交體系開始被官方刻意強化，乾隆以「天朝」自居，並以「蠻夷」的眼光來對待外邦的外交態度，以外邦來訪係出於「遠慕聲教，向化維殷」，〔註106〕認爲中國在文化上比起外邦更爲文明，因此企圖

〔註103〕《清朝柔遠記》，卷六，頁143，乾隆五十八年「秋八月，英吉利來朝貢」條。

〔註104〕《清朝柔遠記》，卷六，乾隆五十八年（公元1793年），頁140～144，「秋八月，英吉利來朝貢」條，〈乾隆賜英吉利國王敕書〉：「爾國王遠慕聲教，向化維殷，遣使恭齎表貢，航海祝釐。朕鑒爾國王恭順之誠，今大臣帶領使臣等瞻覲，賜之筵宴，賚予駢蕃，業已頒給敕諭，賜爾國王文綺珍玩，用示懷人。……今爾國使臣于定例之外多有陳乞，大乖仰體天朝加惠遠人，撫育四夷之道，且天朝統馭萬國，一視同仁。即在廣東者亦不僅爾英吉利一國，若俱紛紛效尤，以難行之事妄行干瀆，豈能曲徇所請。念爾國僻居荒遠，間隔重洋，于天朝體制原未諳悉，是以命大臣等向使臣等詳加開導，遣令回國。……外夷向化天朝，交易貨物者亦不僅爾英吉利一國，若別國紛紛效尤，懇請賞給地方，居住買賣之人，豈能各應所求？且天朝亦無此體制，此事尤不便准行。……向來西洋各國夷商居住澳門貿易，劃定住址地界，不得逾越尺寸，……原以杜民夷之爭論，立中外之大防。」

〔註105〕王之春《清朝柔遠記》，卷六，乾隆五十八年（公元1793年），頁140～144，「秋八月，英吉利來朝貢」條，〈乾隆賜英吉利國王敕書〉。

〔註106〕王之春《清朝柔遠記》，乾隆五十八年（公元1793年），頁140～144，「秋八月，英吉利來朝貢」條，〈乾隆賜英吉利國王敕書〉。

「開導」來「朝覲」的「西洋人」學習「天朝體制」。〔註107〕1793 年英王喬治遣外交使臣馬戛爾尼來華希望能建立雙方外交關係，而乾隆卻將英王遣馬戛爾尼來華的目的定位在「遠慕聲教，向化維殷」上，在致英皇的國書中稱許英王「恭順之誠」，但對於馬戛爾尼入內地通商與請求長駐使節的要求則都嚴飭駁回。原因即在於「天朝統馭萬國」，對各國「一視同仁」的「天朝」心態。

在敕諭中，乾隆一再強調「外夷向化天朝」不可「各應所求」，以免有違「體制」，可見乾隆將此次觀禮爭議的重心放在維護清廷的「天朝體制」上。從乾隆御賜的敕書中，可以發現他所嚴申的「華夷之辨」之內容，實質上其論述對象已不再預設為「滿／漢」，而已開始轉移到「中華／西洋」上。敕書中更特別申諭嚴禁英人與「中國民人交接」，可知乾隆時期西洋人積極想要與中國百姓直接往來、貿易，而西洋與中國民人間的貿易活動與傳教，也已頻繁到引起清政府對「西洋人」這些「外夷」的重視與管制。

在天朝世界觀的視野下，西洋人越來越頻繁地違法私入內地、傳教、擅自與民人接觸、要求開放貿易的舉動，對清廷而言簡直可說是不諳天朝體制的踰矩行為，也使得來華西洋人與清廷間的衝突日益加深。進入十九世紀後，清廷原本「懷柔遠人」、軟性勸諭的態度，漸漸也轉為強硬的嚴查嚴辦。嘉慶十年（1805），御史蔡維鈺變奏請嚴禁西洋人刻書傳教，而嘉慶也下諭准其奏，重申西洋人入內地刊刻書籍、傳播異說之禁，〔註108〕並以「刊刻漢譯西洋經卷三十一種」及「私行傳教」之名圈禁傳教士德天賜。〔註109〕嘉慶十年十一

〔註107〕王之春《清朝柔遠記》，乾隆五十八年（公元 1793 年），頁 140～144，「秋八月，英吉利來朝貢」條，〈乾隆賜英吉利國王敕書〉。

〔註108〕王之春《清朝柔遠記》，卷六，頁 149，「夏四月，禁西洋人刻書傳教」條：「御史蔡維鈺奏請嚴禁西洋人刻書傳教，奉諭：『京師設立西洋堂，原因推算天文、參用西法，凡西洋人等情願來京學藝者，均得在堂棲止，乃各堂西洋人每與內地民人往來講習，並有刊刻書籍、私自流傳之事。在該國習俗相沿，信奉天主教，伊等自行講論、立說成書，原所不禁，至在內地刊刻書籍，私與民人傳習，向來本有例禁。今奉行日久，未免懈弛。其中一二好事之徒，創立異說，妄思傳播，而愚民無知，往往易為所惑，不可不申明舊例，以杜歧趨。嗣後著管理西洋堂務大臣留心稽察，如有西洋人私刊書籍，即行查出銷毀，並隨時諭知在京之西洋人等，務當安分學藝，不得與內地民人往來交結。』」

〔註109〕《清朝柔遠記》，卷六，頁 149，「圈禁西洋人德天賜於厄魯特營房」條，嘉慶以德天賜私行傳教，下旨：「德天賜膽敢私行傳教，不惟愚民婦女被其煽惑，兼有旗人亦復信奉，並用漢字編造西洋經卷，至三十一種之多，若不嚴行懲辦，何以闢異說而杜歧趨？且該國原係書寫西洋字，內地民人從無傳習，今查出所造經卷俱係刊刻漢字，其居心實不可問。此在內地愚民已不得傳習，

月〔註110〕與嘉慶十六年（1811）〔註111〕、十九年（1814），〔註112〕都再三申明嚴粵省傳教之禁，並下諭指示督撫及各地方官：「於澳門地方嚴查西洋人等，除貿易外，如有私行逗留、講經傳教等事，既隨時飭禁，勿任潛赴他省，致滋煽誘」。〔註113〕到了道光時期，更有直接驅逐傳教士、沒收教堂的情形。〔註114〕

　　傳教行為加劇了清官方與西洋人之間的衝突，但，從嘉慶晚期開始，清廷和西洋人之間的衝突不再只限於宗教或文化，也在經濟利益上。嘉慶二十年（1815）春天，清廷申禁鴉片煙，〔註115〕同年十一月，以「近年內地銀兩為外夷貿易攜去者，動逾百萬」，因而下諭禁買洋人奇巧貨物，〔註116〕都顯示

而旗人尤不應出此，關繫人心風俗者甚巨。」
〔註110〕《清朝柔遠記》，卷六，頁151～152，「冬十一月，申嚴粵省傳教禁」條。
〔註111〕《清朝柔遠記》，卷七，頁163，「秋七月，申嚴洋人傳教禁」條，引述嘉慶十六年上諭：「西洋人居住京師，原因其諳習算法，可以推步天文，備欽天監職官之選。昨據管理西洋務大臣查明，在京者共十一人，除福文高、李拱辰、高守謙三人見任欽天監正、監副，南彌德在內閣充當繙譯差使，又畢學源一人通曉算法，留備敘補，賀清泰、吉德明二人均年老多病，不能歸國，此外學藝未精之高臨淵等四人，俱已飭令回國。見在西洋人之留京者，止有七人。此七人中，其有官職差使者，出入往來俱有在官人役隨地稽查，不能與旗民人等私相交接；其老病者，不過聽其終老，不准擅出西洋堂，外人亦不准擅入。管理大臣及官員弁兵巡邏嚴密，諒不敢有聽其傳教惑眾之事。至外省地方，本無需用西洋人之處，即不應有西洋人在境潛往。從前外省拿獲習教人犯，每稱傳播始於京師，今京師業已按名稽核、徹底清釐，若外省再有傳習此教者，必係另有西洋人在彼煽惑，地方匪徒私自容留，不可不加之屬禁。除廣東省向有西洋人來往貿易，其居住之處應留心管束，勿任私行傳教，有不遵禁令者，即按例懲治外，其餘各直省著該督撫等飭屬通行詳查。⋯如地方官辦理不力，致令傳教惑眾，照新定條例嚴參重處。」
〔註112〕王之春《清朝柔遠記》，卷七，頁164，「冬十一月，禁英人傳教」條。
〔註113〕王之春《清朝柔遠記》，卷六，頁151～152，「冬十一月，申嚴粵省傳教禁」條。
〔註114〕顧衛民《中國天主教編年史》，頁347～348。道光七年，道光下諭沒收北堂，並將房產以五千兩轉售給官員。
〔註115〕王之春《清朝柔遠記》，卷七，頁165，「春三月，申禁鴉片煙」條。
〔註116〕王之春《清朝柔遠記》，卷七，頁167，「禁買洋人奇巧貨物」條：「時蔣攸銛等奏：『查洋商拖久夷人貨帳銀兩，業經停利歸本，請勒限分年清還。』奉上諭：『此項洋商節年拖久夷人貨帳銀兩，據該督等查明，各行欠項自嘉慶十七年至十九年，共還過銀一百三十萬兩零，見尚久夷帳一百六萬兩，按照欠數多寡，分定年限歸還。該商等經此次清釐之後，自應遵照定限，一律清還，毋令再有拖欠。惟是該夷人以貨易貨，乃壟斷盤剝，任令疲商賒欠，即明知有不得過十萬之舊章，朦朧匿報，亦應嚴行飭禁。近年內地銀兩為外夷貿易

清官方不僅注意因開放貿易而導致中國白銀外流的情形，也開始採取限制貿易的方式企圖解決這個問題。而當時越來越嚴重的財政問題，導致清官方與人民日漸強烈的彷徨與焦慮感，這種焦慮感附著在對異文化的排斥情緒上，推波助瀾地強化了這種把「西洋人」他者化的情緒。

　　中西之間的衝突，不僅表現在清人對西洋「夷狄」單方面的貶抑上，西洋人同樣也向清官方表達他們對清廷「天朝」體制下外交政策的荒謬感。道光十二年（1832）三月二十七日，英國船主胡夏米便上書給福建知縣：

> 黃大老爺受了上憲，吩咐款待遠客，餓不與食、渴不與飲。我們以此樣行為為可笑，獨是傷了本國的體面。因為天下各國皆曉名聲，曉得大清國為興旺大國。但天下別有興旺大國，夫地之遼闊、權勢之大、兵民之豪，普天下無出大英國之上者，但其官員不想欺侮凌辱別國人，失自國體面。終者，舶主胡夏米以秉公的心，訓導黃大老爺：良藥雖苦，可以醫病；忠言逆耳，可以養心。」〔註117〕

知縣不願提供食物飲水給英人，事實上反映出的，正是嘉、道以來對西洋人的焦慮情緒；而英人「普天下無出大英國之上」之說中所蘊涵的出帝國主義心態，更激化了中英甚至中國與西洋人之間的衝突對立。致使鴉片戰爭前夕，中西之間的文化衝突與經濟利益之爭日趨緊張，衝突一觸即發。

二、天朝崩潰：鴉片戰後清廷與士人華夷觀之轉變

　　道光二十年至道光二十二年（1840～1842）之間，以外交不對等與禁燬鴉片等事件為觸媒所發生的中英法戰爭，為清政府與中國士民帶來前所未有的震撼。而這次的戰爭，更是中國與西方關係、及西方對「中國」文明想像的轉捩點，更由此而導致「天朝」意識走向崩潰。關於鴉片戰爭的原因、意義及影響，兩岸及國外研究者討論頗多，福建社會科學院歷史所編有《林則徐與鴉片戰爭論文集》、寧靖編《鴉片戰爭史論文專集續編》〔註118〕、姚薇元、蕭致治著有

　　攜去者，動逾百萬，日久幾同漏卮，著該督撫及該監督留心稽察，如外夷有以奇巧貨物攜至洋行，私行留用此等物件，飢不可食，寒不可衣，令其將中土財貝潛就消耗，殊為可惜，果能實力禁絕，該夷人等知內地不寶異物，不能行銷，則來者漸少，易去銀兩亦必日減，亦節財流之一道也。』」
〔註117〕許地山《達衷集》（鴉片戰爭前中英交涉史料）（臺北：文海出版社，1974），頁13。
〔註118〕寧靖《鴉片戰爭史論文專集續編》（北京：人民，1984年）。

《鴉片戰爭研究》、茅海建《天朝的崩潰──鴉片戰爭再研究》〔註119〕、馬廉頗《晚清帝國視野下的英國──以嘉慶、道光兩朝爲中心》〔註120〕等。茅海建的研究集中於對鴉片戰爭發生及挫敗之軍事、政治態度的討論上，而馬廉頗的研究則兼攝中英關係與經濟文化層面。雖然近人對鴉片戰爭的研究論述頗多，論點也十分精闢，但對於鴉片戰爭對學術圈所帶來的外圍影響，如經學詮釋態度、士風與學風的變化等問題，則討論者相對較少。近人關於鴉片戰爭所帶來的文化思想影響之研究，就研究對象而言，多集中於對典型人物如「魏源」的學術性格分析，而較爲缺乏對這一時期整體士人夷夏觀演變發展的脈絡。魏源的夷夏觀在當時確實有其代表性的意義，透過魏源，我們的確可以發現一種新的華夷觀正在萌生，但魏源的思想畢竟不能完全反映整個時代及士人群體。

鴉片戰爭挫敗所帶來的影響，在政治方面，在於導致人民對清政權信任感的失落；在世界觀上，則使得人們重新思索原有的「天朝」世界觀，以及附著在「天朝」世界觀下的「懷柔遠人」的文化與政治主導權心態。

但，鴉片戰爭的影響是逐步的。在鴉片戰爭結束初期，「天朝」世界觀依然爲士人所深信。處理和議問題時的清廷，仍然秉持著「天朝」心態，以締結盟約爲「懷柔遠人」。黃恩彤爲清廷起草的文件中仍有「通商各國以禮相交，以信相保，中國自當懷柔遠人，必不挑釁生隙」之語。〔註121〕只是，隨著問題的發酵，「天朝」意識逐漸崩潰。大體而言，士人面對「夷狄」勢力崛起的歷史現實，在華夷觀上出現了兩種不同的思考取向：

（一）復辟的「攘夷」論述：強化華夏中心論

金觀濤、劉青峰指出，傳統天下觀具有開放和封閉兩種模式，當中國在政治經濟上相當強大時，華夏中心主義可以是對外開放的；當中國政治經濟力量衰落時，華夏中心主義就會趨向閉關，嚴於防範以夷變夏。〔註122〕

這樣的論點，雖然在細節上並不完全符合史實。如乾隆國勢鼎盛時期，在外交上雖以「懷柔遠人」爲號召，但實際上如本章前文所言，乾隆時期也

〔註119〕茅海建《天朝的崩潰──鴉片戰爭再研究》（北京：新華書店，2005年）。

〔註120〕馬廉頗《晚清帝國視野下的英國──以嘉慶、道光兩朝爲中心》（北京：人民，2003年）。

〔註121〕見黃恩彤《撫遠紀略》（《鴉片戰爭》第五冊，第430～433頁）。轉引自茅海建《天朝的崩潰：鴉片戰爭再研究》，頁532。

〔註122〕金觀濤、劉青峰〈從「天下」、「萬國」到「世界」──晚清民族主義形成的中間環節〉（二十一世紀雙月刊，94期，2006年4月），頁40。

是清官方對西洋之傳教、通商政策日趨緊縮的時期，這一時期也限制了西洋人在華的居留。但大致而言，華夷觀的歷史變化，確實是呈現出這種中國政經強勢時主張開放，衰落時轉向閉關保守的趨勢。原本「天朝統馭萬國，一視同仁」〔註 123〕、對「向化天朝」的「外夷」〔註 124〕採取「加惠遠人」的「天朝」世界觀，〔註 125〕出於政治與文化上的優越感，但對異民族、異文化的態度基本上是友善的。對於「慕義」而來的異民族、異文化，也都傾向於採取懷柔與肯定的態度。但鴉片戰後，由於軍事與財政上的壓力，清廷與滿漢士民對外夷已開始由「加惠遠人」的溫和態度轉變為敵視。柯文在《歷史三調 —— 作為事件、經歷和神話的義和團》一書裡便曾經提到，「在軍事和文化方面遭受威嚇時，中國人往往會表現出一種把外來者視為根本不同的種類的傾向，並呼籲把外來者驅逐出去。在十九世紀，隨著西方人的出現，這種傾向被大大地強化了。西方人不但『身形怪異』，而且擁有與中國人完全不同的宇宙觀，直接或間接地對中國文化的合理性和正當性發出挑戰。」〔註 126〕

　　在軍事、經濟和文化直接受到挑戰的時刻，對於異文化、異民族的負面想像又再次被強化，而產生排拒的心理。這種心理對清人而言並不陌生，百餘年之前，同樣的心理也表現為漢人對滿洲的想像，以及當時遺民士人間的

〔註 123〕王之春《清朝柔遠記》，乾隆五十八年（公元 1793 年），頁 140～144，「秋八月，英吉利來朝貢」條，〈乾隆賜英吉利國王敕書〉：「爾國王遠慕聲教，向化維殷，遣使恭賚表貢，航海祝釐。朕鑒爾國王恭順之誠，令大臣帶領使臣等瞻覲，賜之筵宴，賚予駢蕃，業已頒給敕諭，賜爾國王文綺珍玩，用示懷柔。……今爾國使臣于定例之外多有陳乞，大乖仰體天朝加惠遠人，撫育四夷之道，且天朝統馭萬國，一視同仁。即在廣東者亦不僅爾英吉利一國，若俱紛紛效尤，以難行之事妄行干瀆，豈能曲徇所請。念爾國僻居荒遠，間隔重洋，于天朝體制原未諳悉，是以命大臣等向使臣等詳加開導，遣令回國。……外夷向化天朝，交易貨物者亦不僅爾英吉利一國，若別國紛紛效尤，懇請賞給地方，居住買賣之人，豈能各應所求？且天朝亦無此體制，此事尤不便准行。……向來西洋各國夷商居住澳門貿易，劃定住址地界，不得逾越尺寸，……原以杜民夷之爭論，立中外之大防。」。
〔註 124〕王之春《清朝柔遠記》，乾隆五十八年（公元 1793 年），頁 140～144，「秋八月，英吉利來朝貢」條，〈乾隆賜英吉利國王敕書〉。
〔註 125〕王之春《清朝柔遠記》，乾隆五十八年（公元 1793 年），頁 140～144，「秋八月，英吉利來朝貢」條，〈乾隆賜英吉利國王敕書〉。
〔註 126〕柯文（Paul A. Cohen）著，杜繼東譯，《歷史三調：作為事件、經歷和神話的義和團 History in Three Keys: The Boxer as Event， Experience， and Myth》（南京：江蘇人民出版社，2000 年），頁 74。

「排滿」風潮。這種對異文化的恐懼與想像心理，提供了「攘夷」思想再次流行的土壤，士人在經典文獻中尋繹文本依據，探討如何面對這陌生且看似並不友善的異邦。和百餘年前不同的是，這次所排拒的對象有了轉變，所「攘」之「夷」不再是滿洲，而轉向一個更為陌生、文化差異更大的「西洋」。在鴉片戰爭發生後，一部分的士人，便將原本的「天朝」意識由政治、文化上的優越性，轉而為對西洋文化價值的貶抑。也就是說，他們開始從文化價值上否定「西洋」、否定「夷狄」。活躍於道光年間的俞正燮（1775～1840）就是這種思想的典型人物。他在〈天主教論〉，便將西洋曆算與科技視為「鬼工」：

> 今天主教皆羅剎，力距佛，佛以羅剎名被之，夜叉戾屬，洋人巧器，亦呼為鬼工，而羅剎安之。其自言：知識在腦不在心，蓋為人窮工極巧，而心竅不開，在彼國為常，在中國則為怪也，乃好誘人為之，而自述本師之事，亦不求所本然。則耶穌在羅剎為持世之人，而他部之人入其教，則亦無心肝之人矣。〔註127〕

俞正燮不僅將西洋的器物視為「巧器」、「鬼工」，甚至認為「知識在腦不在心」的觀點是「心竅不開」之說。除了文明科技之外，部分士人與官僚對於西洋人之身分、稱謂也多少帶有貶抑的意味，例如將傳教士稱為「番僧」，而將來華的英領事直呼為「英酋」〔註128〕等。鴉片戰爭時兩廣總督耆英就是這種官僚的典型。

　　鴉片戰後二年（道光二十四年，1844），簽下望廈條約的兩廣總督耆英，在同年上奏〈為姑允法使所請弛禁天主教〉之文中，將天主教傳教士稱為「番僧」，並認為傳教士之所以要求弛禁，是為了「回復國主，誇耀鄰封之計」，〔註129〕

〔註127〕俞正燮《癸巳類稿》（收於叢書集成續編，子部，第九十三冊，臺北：新文豐出版社，1989年），卷十五，頁339。

〔註128〕《清朝柔遠記》，卷十二，頁255，道光二十九年「兩廣總督徐廣縉、廣東巡撫葉名琛進爵有差」條：「先是，耆英奉召去粵，英人以其管轄五口，又原議撫事大臣，堅執江寧前約，請定入城之議。耆英以粵民為詞，請徐圖之，期以二年後當踐約。英酋復要其入告，許之。耆英既去，英人益桀驁，視後至蔑如也。又以往時預撫局者先後去粵，更多所要求，遂復以入城照會總督徐廣縉。粵紳乘間說廣縉曰：『彼求無厭，公能盡厭其求乎？否則需者事之賊也。今吾粵民眈眈者怕在英矣。若公投袂一呼，則負杖人保皆至，何憂不克？』」對於英方統領，全以「英酋」稱呼之。

〔註129〕《籌辦夷務始末》（臺北：國風，1972年），道光朝，第二冊，頁1516～1518，道光二十四年甲辰十月乙未九月十一日，欽差大臣兩廣總督耆英奏夷務

並承認天主教雖「與白蓮、八卦、白陽等項邪教不同」，但仍「止准其在通商五口地方建堂禮拜，不得擅入內地傳教煽惑」。〔註 130〕基本上，耆英仍傾向於認為天主教「煽惑人心」，因而嚴格限制傳教士擅入內地傳教，保留了乾隆朝以來清廷一貫的嚴格控管「民／夷」交流的態度。

　　除此之外，部分士人對於英國的文化制度等，也充滿了錯誤的、否定的、異化的誇大想像。〈全粵義士義民公檄〉裡，就反映出這樣一種異化的英國印象：「其主忽女而忽男，其人若禽而若獸，凶殘之性，甚于虎狼；貪黷之心，不殊蛇虺。恆鯨食夫南夷，輒夜郎以自大。」〔註 131〕甚至連當時熟知夷務海防的臺灣兵備道姚瑩，也在「天朝」與華夏文明中心論的思想基礎上，評論英國王位可傳女子的世襲制度「實已數易其姓」，因此他將之批評為「夷俗之陋」。〔註 132〕清人這種對西洋人的批評與異化想像，與明末清初漢人對滿人的異化想像十分相似。清初的明遺民天都山臣，即在所著的《女直考》中，將滿洲想像為「阻山穴居，塗豕膏禦寒，無君長，私用楛矢，石鏃長尺八寸」〔註 133〕的蠻貊之民。

　　「天朝」世界觀的崩潰，是一個漸進的過程。鴉片戰爭之後的一段時期，清廷與士人將西洋的宗教、政制、科技、服式、儀節等文化表現他者化，並表現出強烈的排他情緒，反映出文化意識上的強烈華夏中心論。這種在文化上的「攘夷」心態，事實上是清政府與士人在「天朝」世界觀的影響下，面對政治、軍勢上無法勝過「夷狄」的歷史現實，所反映出的心理投射。在士人的集體心理投射背景之下，使得「攘夷」說有了充份發展的社會土壤，也

摺：「近年住澳番僧，多係大西洋之意大里亞人，而咈蘭哂有番僧玉哲、玉實二人，能爲華語……若僅照咪夷舊式，定一通商章程，則彼貿易無多，又未免徒勞往返，因而專求天主教弛禁之一途，以爲回復國主，誇耀鄰封之計。」

〔註 130〕《籌辦夷務始末》，道光朝，第二冊，頁 1516～1518，道光二十四年甲辰十月乙未九月十一日，〈欽差大臣兩廣總督耆英奏夷務摺〉。

〔註 131〕《廣東夷務事宜》鈔本，南京圖書館藏，《鴉片戰爭》第三冊，頁 353。

〔註 132〕《鴉片戰爭檔案史料》，第五冊，頁 564：「至其立國，自稱一千八百餘年，本屬無稽，然國俗王死無子則傳位于女，其女有子，俟女死後傳之，實已數易其姓，而國人猶以爲王之後，足見夷俗之陋。」轉引自馬廉頒《晚清帝國視野下的英國——以嘉慶、道光兩朝爲中心》，頁 179：「至其立國，自稱一千八百餘年，本屬無稽。然國俗，王死無子則傳位于女，其女有子，俟女死後傳之，實已數易其姓，而國人猶以爲王之后，足見夷俗之陋。」

〔註 133〕《女直考》（《四部禁燬書叢刊》，據上海圖書館藏清鈔本景印（北京：北京出版社，2000 年），史部第三十六冊），頁 420。

使得士人再次重新觀照《春秋》的夷夏論述議題。

（二）「師夷長技」與「西學中源」：華夷心態的變化

鴉片戰後的一段時期，部分士人在排他情緒下，表現出對「西洋」之「夷狄」的排拒立場。但社會上的華夷氛圍似乎漸漸有了變化。許地山《達衷集》記錄了英國船主胡夏米與蘇松太道間的書信往來，其中胡夏米在道光十二年鴉片戰爭發生前，曾與當時的福建某地之黃知縣有所爭執，當時黃知縣對胡夏米此一「夷狄」頗爲苛刻，非但飢不與食，甚至渴不與飲。不過，當鴉片戰後，胡夏米再次寫信給中國官員時，情況已有變化。胡夏米在寫給蘇松太道的書信中云：

> 蘇東坡曰：「夷狄不可以中國之法治也，譬若禽獸然。」由此觀之，稱夷狄者，蠻貊而已矣。倘以大英國人爲夷狄，正是凌侮本國的體面，觸犯民人、結怨成仇。〔註134〕

鴉片戰後，胡夏米再次重申以大英國人爲「夷狄」，既有辱英國體面，同時也破壞了中英邦誼，對清廷以「夷狄」看待英人頗爲不滿。這次，蘇松太道的態度儼然與鴉片戰前福建黃知縣對待胡夏米的態度不同，在其致胡夏米的書信中，言談間對英國爲「夷狄」之說表現得相當低調委婉，極力「澄清」夷狄並非負面之語：「中華自古聖人著書傳世，書內說得明白：南方謂之蠻，東方謂之夷，北方謂之狄（按：原文未言及西方）。南蠻、北狄、東夷、西戎，自古至今總是炤此稱呼。況中國舜與文王，總是大聖人。《孟子》尚說舜東夷之人，文王西夷之人，豈是壞話？是你多疑了。」〔註135〕

胡夏米在鴉片戰爭前後所感受到的濱海地區民間鄉紳、地方小官僚所表現出來的華夷氣氛差異，事實上並非特殊現象。陳登原也提到，鴉片戰爭開始之時，雖然「中國上層人物一般皆是昧外，然濱海居民，居然已有舉人欲以媚外得錢」之舉。〔註136〕鴉片戰爭發生後，雖然多數官僚及士人將戰爭的失敗轉而投射到文化上的「攘夷」上，但沿海與西洋人往來較密切的民間鄉紳、人民及部分士人，對「西洋」「夷人」的態度已經有所轉變。他們寧願選擇正視「夷俗」、「夷人」，重新認識、評價西洋文化，而非選擇保守地維護走

〔註134〕許地山《達衷集》（臺北：文海出版社，1974年），頁52。
〔註135〕許地山《達衷集》，頁52。
〔註136〕陳登原《國史舊聞》（北京：中華書局，2000年），第四冊，卷六六，〈昧外、藐外、媚外〉條，頁358。

向崩潰的「天朝」，堅持排斥、「攘夷」之路。如魏源（1794～1856）作《海國圖志》、《聖武紀》，徐繼畬（1795～1873）作《瀛環志略》，都顯示出這一時期部分士人將對「西洋」的危機感轉而以理性的角度來分析戰爭西洋文化的優點，並重新評估「中／西」、「華／夷」關係。魏源《海國圖志》〈西洋人瑪吉士地理備考敘〉指出：

> 夫蠻狄羌夷之名，專指殘虐性情之民，未知王化者言之。故曰：先
> 王之待夷狄，如禽獸然，以不治治之。非謂本國而外，凡有教化之
> 國，皆謂之夷狄也。……誠知夫遠客之中，有明禮行義、上通天象、
> 下察地理，旁徹物情，貫串今古者，是瀛寰之奇士，域外之良友，
> 尚可稱之曰夷狄乎？聖人以天下為一家，四海皆兄弟。故懷柔遠人，
> 賓禮外國，是王者之大度。旁咨風俗，廣覽地球，是智士之曠識。
> 彼株守一隅，自畫封域，而不知牆外之有天，舟外之有地者，適如
> 井蛙蝸國之識見，自小自鄙而已。〔註137〕

魏源《海國圖志》認為本國之外的教化之國不應以「夷狄」視之。這樣的看法，隱約透露出他已有逐漸跳脫「天朝」華夏文明中心論的傾向，揚棄鴉片戰後官僚與部分士人將「西洋」異化、蠻夷化的情況，將「西洋」由「夷狄」轉而視為「瀛寰之奇士」、「域外之良友」，並開始主張師法西洋，以使「西洋之長技，盡成中國之長技」。〔註138〕

魏源《海國圖志》五十卷本，刊於道光二十四年（1844）。此書刊行之後，激起陳澧〔註139〕、姚瑩〔註140〕等人的共鳴，在士人之間引起很大的迴響。但徐繼畬的《瀛環志略》卻招致不少批評。徐繼畬強調西洋的富強，在刊刻之時，張穆〈復徐松龕中丞書〉便以《春秋》「內諸夏外夷狄」的「嚴內外」觀點來勸告徐繼畬，應注意措辭，不宜揚西抑中：「《春秋》之例，最嚴內外之

〔註137〕魏源《海國圖志》（收於《魏源全集》，濟南：岳麓書社，2004 年），卷七十六，〈國地總論下〉，〈西洋人瑪吉士地理備考敘〉，頁1866。

〔註138〕魏源《魏源集》（北京：中華書局，1983 年），上冊，〈道光洋艘征撫記・上〉，頁186。

〔註139〕陳澧《東塾集》（收於《近代中國史料叢書》，第四十七輯，臺北：文海出版社，1970 年），卷二，頁131～132，〈讀海國圖志後呈張南山先生〉，陳澧致書張維屏：「前者見示魏氏《海國圖志》，讀之三歎，曰：魏君可謂有志之士矣！非毅然以振國威、安邊境為己任，何其編錄之周詳、議論之激切如此哉！」

〔註140〕姚瑩《康輶紀行》（臺北：新興，1979 年），卷五：「余數十年所欲言、所欲究者，得默深此書，可以釋然無憾矣！」

詞，執事以控馭華夷大臣而談海外異聞，不妨以彼國信史，姑作共和存疑之
論。進退抑揚之際，尤宜慎權語助，以示區別。」〔註141〕書成之後，也招致
傾向鞏固華夏文明中心論的士人李慈銘激烈的批評：「輕信夷書，動輒鋪張揚
厲。泰西諸夷酋，皆加以雄武賢明之目」、「於英吉利，尤稱其雄富強大，謂
其版字，直接前後藏，似一意為泰西聲勢者，輕重失倫，尤傷國體」，〔註142〕
甚至曾國藩也在「英夷」「欲恃虛聲，以懾我上國」的思想基礎上，對徐繼畬
此書有「張大英夷」的批判。〔註143〕雖然魏源、徐繼畬「師夷」論的出發點
在於「勝夷」，但在當時還是激起正反兩面的不同評價。即使是廣受士人肯定
的《海國圖志》，其「以夷攻夷」的觀點也在當時引起爭議。陳澧〈書海國圖
志後呈張南山先生〉便云：

> 澧以為最可議者，莫如議攻篇「以夷攻夷」之說也。魏君之為此說，
> 直因廓爾喀一稟而起，遂欲令俄羅斯、米利堅、弗蘭西皆助攻英吉
> 利……魏君謂廓夷忠順，謂米利堅恪拱中原，何其相信之篤乎！倘
> 請明詔借外兵，而四夷不奉命，豈不貽笑千古哉！〔註144〕

除了「以夷攻夷」的策略在當時引起爭議外，對「師夷」、「以夷制夷」之說
的批判，在於對「傷國體」的考量。如徐繼畬的《瀛寰志略》一書，招致批
評最主要的原因，即在於其「傷國體」。梁廷枏便認為「天朝」對西洋人「延

〔註141〕張穆《朋齋文集》，卷三，〈復徐松龕中丞書〉。
〔註142〕李慈銘《越縵堂日記》（揚州：廣陵書社，2004年），〈丙集上〉，頁319，咸豐
丙辰一月二十八日條：「二十八日，丙戌，晴燠。閱徐松龕中丞繼畬《瀛寰志
略》，專詳域外。葱嶺之東、外興安嶺之南、五印度之北，其蒙回各部隸候尉，
版籍皆不記，朝鮮亦僅繪圖。其書首亞細亞，為東洋、南洋、東南洋、大洋、
五印度、西域諸國、日本、琉球、暹羅、越南、緬甸……書為太僕撫閩時所輯，
皆據泰西人漢字雜書，及米利堅雅裨理所繪地圖，採擇考證，各依圖立說，間
采近人雜著及史冊所載，略附沿革於後。……但其輕信夷書，動涉鋪張揚厲，
泰西諸夷酋皆加以雄武賢明之目。……於英吉利，尤稱其雄富強大，謂版字，
直接前後藏，似一意為泰西聲勢者，輕重失倫，尤傷國體。」
〔註143〕曾國藩《曾文正公（國藩）全集》（收於《近代中國史料叢刊續集》，第一輯，
臺北：文海出版社，1974年），卷六，〈書札〉，頁13507，〈致左季高〉：「自
古稱國富者，以地大為富；兵強者，以人眾為強耳。英夷，土固不廣，其來
中國者，人數無幾，欲恃虛聲以懾我上國，粵民習知其人之寡、技之淺，故
官畏鬼，而民不甚畏鬼。與之狎也。此次與之確鬥，彼必不能堅守。此後官
兵之氣日強矣。往時徐松龕中丞著書，頗張大英夷。筠仙歸自上海，亦震詫
之。」基本上，從〈致左季高〉中看來，曾國藩的華夷觀，仍是在「天朝」
體系下，看待中國「上國」與他國之間的外交關係。
〔註144〕陳澧《東塾集》，卷二，頁132～133，〈讀海國圖志後呈張南山先生〉

其人而受其學」的行為，是「失體孰甚」：

> 今天下非無講求勝夷之法也，不曰以夷攻夷，即曰師夷長技。姑無
> 論西夷同一氣類，雖曰為蠻觸爭，而萬不肯為中國用也。就令樂為
> 我用，而一舟之費，內地可調兵數千，敗必索償，勝更求無底止，
> 終難以善其後。天朝全盛之日，既資其力，又師其能，延其人而受
> 其學，失體孰甚。彼之火礮，始自明初，大率因中國地雷飛礮之舊，
> 而推廣之；夾板舟亦鄭和所圖而予之者；即其算學，所稱東來之借
> 根法，亦得諸中國，但能實事求是，先為不可勝，夷將如我何！不
> 然，而反求勝夷之道于夷也，古今無是理也。雖然，服之而矣，何
> 必勝。〔註145〕

梁廷枏認為，當時天下雖然講究以「師夷」為「勝夷」之法為風尚，但「反求
勝夷之道于夷」的想法甚為荒謬，「古今無是理也」。除此之外，也必須顧及「天
朝」之「體」。因此他以一個傾向於攘夷論者的姿態，提出了西學中源的觀點，
認為西洋的曆算、火器、造船等技術都源自中國。這種「西學中源」的概念，
一時之間極為流行。「西學中源」之說，表面上看來固然是「天朝」意識華夏文
明中心論的反映，但事實上，在「天朝」意識的外衣包裝之下，所顯示的，卻
是對「西學」成就的肯定，以及對文化上的「天朝」地位失落的焦慮。

因此，鴉片戰後所出現的「師夷」與「攘夷」兩種觀點，它們本質是相
同的。魏源、徐繼畬等的「師夷」主張，乍看之下似乎與耆英、梁廷枏等人
的「攘夷」論針鋒相對。但，無論魏源、徐繼畬是否未能謹守《春秋》「嚴
內外」之分際，是否揚西洋而抑中國，但他們的目的都在於尋求一個「勝夷」
之法，而重申提振「諸夏」的威嚴。也就是說魏源、徐繼畬、姚瑩、梁廷枏
等人，無論他們是否因講論「師夷長技」、「張大英夷」〔註146〕、而忽略「天
朝」尊嚴，但基本上這種思想的產生動機與本質，其實和耆英、李慈銘主張
的「攘夷」論是一致的，它們都是在面對異文化的焦慮下，做出的反應與自
處或應對之道。而最終目的，仍是在於「勝夷」與「內諸夏而外夷狄」。

甚至，師夷論者與攘夷論者連據以立論的文本也都是類似的。張穆以「《春
秋》之例，最嚴內外之詞」批判徐繼畬過份張揚英夷；魏源雖在〈道光洋艘

〔註145〕梁廷枏《夷氛紀聞》（臺北：文海出版社，1970 年），卷五，頁 128。
〔註146〕曾國藩《曾文正公（國藩）全集》，卷六，〈書札〉，頁 13507，〈致左季高〉。

征撫記〉中提到「《春秋》之義，治內詳，安外略」，〔註147〕但《春秋》「詳內略外」之因，就如他在〈公羊春秋論・下〉所言，是「內其國而外諸夏，內諸夏而外夷狄，非天子之尊內重本耶？」〔註148〕攘夷論與師夷論，這兩種華夷觀的思考方向，不約而同地以《春秋》的夷夏論述作為自己夷夏觀的理論依據，以《春秋》公羊學的「內諸夏外夷夏」的夷夏「內外」論述為援引時的主要文本。《春秋》的夷夏論述，事實上是這一時期政治、外交論述的重要經典文本。身處這樣一個「天朝」體系崩潰、華夷觀轉變的轉捩點，此一時期士人《春秋》學的詮釋本身會如何反映這樣的時代意識，便顯得格外有意義。因此我們仍須將思緒拉回經典，重新檢視在鴉片戰爭前後中西衝突日趨緊張的情況下，道光朝的士人如何解讀《春秋》學中的華夷概念。

第二節　從「用夏變夷」到「師夷長技」：道咸兩朝的　　　　《春秋》學夷夏論述

從十九世紀中期開始，東亞中、日、朝三國，突然出現大量《春秋》學的討論，士人紛紛將經學研究的焦點轉向《春秋》學。除了中國常州春秋公羊學帶動了清代中後期經學研究趨勢之外，日本水戶學者藤田幽谷、會澤正志齋紛紛將研究視野轉向《春秋》，特別是「尊王攘夷」論述。〔註149〕

《春秋》學在十九世紀中期的中、日、朝三國突然蔚為學術主流，這種現象，若以學術內部自然發展、或者某個天才思想家突然出現（龔自珍、魏源）的角度來解釋，則未免將這個問題解釋得過於單純。這一時期東亞儒學文化圈諸國的《春秋》學意識的興起，或者更精確的說，《春秋》學「尊王攘夷」、「內諸夏外夷狄」意識的興起，固然受到乾嘉時期常州春秋公羊學派崛起的影響，但常州學派的春秋公羊學議題之所以能成功吸引士人的關注，是因為它「以經議政」的風格，以及《春秋》本身的夷夏論述符合當時中、日、朝三國所面對的時代情境。《春秋》學成為學術界的新「時尚」，是在中西（或者說儒學文化與基督教文化）文化與政治、經濟衝突日漸提昇的情況下產生的。這個時代所不得不面對的文化衝突問題，觸發了讓「攘夷」議題發酵的

〔註147〕魏源《魏源集》，上冊，〈道光洋艘征撫記・上〉，頁185。
〔註148〕魏源《魏源集》，上冊，〈公羊春秋論・下〉，頁134。
〔註149〕向卿《日本近代民族主義（1868～1895）》（北京：社會科學文獻出版社，2007年），頁114～115。

土壤，在對「西洋」這個異民族、異文化的危機感之下，使得菁英士人的學術焦點重新觀照在「攘夷」問題上，並勾起對「攘夷」思想的文本——《春秋》——的研究興趣。

一、龔自珍

龔自珍（乾隆 57 年～道光 21 年，1792～1841），是將常州學派春秋公羊學發揚光大的重要人物。龔自珍生於書香世家，家學根柢甚深，父親龔麗正曾任安徽徽州知府及蘇松太道，〔註150〕數代父祖皆具學政、舉人、貢生、庠生或太學生身分，外祖父更是乾嘉時期著名學者段玉裁，〔註151〕幼年受教於段玉裁，直至嘉慶二十四年（1819）時，二十八歲的龔自珍始從學於劉逢祿門下，學習《公羊春秋》。〔註152〕

生於乾隆晚期，死於鴉片戰爭結束前一年的龔自珍，他的一生，可以說見證了嘉慶至道光間中西衝突情結昇高與鴉片戰爭的萌發。在龔自珍向劉逢祿學習《春秋》之前，他其實便對世風時政表現出相當強烈的興趣，並認為學術無法與政治切割。作於嘉慶二十年乙亥（1815）至嘉慶二十一年丙子（1816）之間的〈乙丙之際箸議〉，〔註153〕便反映出這樣的觀點：

> 自周而上，一代之治，即一代之學也：一代之學，皆一代王者開之
> 也。……王、若宰、若大夫、若民相與以有成者，謂之治，謂之道。
> 若士、若師儒法則先王、先冢宰之書以相講究者，謂之學。師儒所
> 謂學有載之文者，亦謂之書。是道也，是學也，是治也，則一而已
> 矣。〔註154〕

從〈乙丙之際箸議〉可以看出龔自珍學術與政治合一的思想偏好，這或許可以解釋為什麼他會在三四年之後，選擇從學於講究「以經議政」的常州公羊

〔註150〕鄭吉雄《龔自珍「尊史」思想研究》（臺北：臺大中文所博士論文，1996 年），頁 3，〈序〉。龔麗正任蘇松太兵備道時為 1816～1825 年，亦即鴉片戰爭前後三、四年間。

〔註151〕樊克正《龔自珍年譜考略》（北京：商務印書館，2004 年），〈附錄一、家世〉、〈附錄二、外家〉，頁 537～582。

〔註152〕樊克正《龔自珍年譜考略》，頁 135。

〔註153〕見樊克正《龔自珍年譜考略》，嘉慶二十一年丙子，頁 101，「〈乙丙之際著（塾）議〉諸篇作于去年迄本年間」條。

〔註154〕《龔自珍全集》（上海：上海古籍出版社，1999 年），〈乙丙之際箸議第六〉，頁 4。

學者劉逢祿，並學習春秋公羊學。龔自珍雖然身爲劉逢祿的門人，但終其一生，他並未撰就一部《春秋》學的注疏專著。然而，他卻將春秋公羊學「嚴內外之分」的理論架構，作爲評議時政的理論體系，而《春秋》學也成爲他歷史評論與政治論述的重要文本。龔自珍見證了中西文化衝突到鴉片戰爭萌發之時的歷史，加上他「治、學合一」的經學詮釋方式，使得他對《春秋》學華夷問題的評論，反映了當時部分士人的華夷心態。

龔自珍認爲，「《春秋》也者，記動之史也」。〔註155〕他在〈春秋決事比答問・第二〉裡，有一段關於夷夏內外問題的討論：

> 乙問楚子誘戎蠻子及楚世子商臣弒其君髡兩義。答：昭十六年，楚子誘戎蠻子殺之。公羊子曰：「楚子何以不名？夷狄相誘，君子不疾也。若不疾，乃疾之也。」何休曰：「據誘蔡侯名。」此一事。文元年冬十月丁未，楚世子商臣弒其君髡。何休曰：「襄三十年夏四月，蔡世子般弒其君固。」不忍日。夷狄弒父，忍言其日。此又一事。所以然者，《春秋》假立楚爲夷狄，若曰後有王者，四裔之外逆亂，非守土之臣所告，宜勿問，視此文可也。曷爲宜勿問？問之則必加兵。中國盛，兵力盛，加兵而服，則必開邊，則是因夷狄之亂以收其土地，仁者弗爲也；中國微，兵力微，加兵而不服，則必削邊，則喪師、糜餉、削邊以取夷狄笑，智者弗爲也。故勿問者，《春秋》之家法，異內外之大科也。〔註156〕

龔自珍主張《春秋》之家法在於「異內外」。將《春秋》中的華夷觀以「異內外」的角度來詮釋，是春秋公羊學的詮釋方向，也是清代常州春秋公羊學者解讀《春秋》華夷論述的基本詮釋架構。龔自珍在〈春秋決事比答問〉裡提及「四裔之外逆亂，非守土之臣所告」外夷逆亂的情況時，王者無需對這一類的事務加以過問，原因就在於「問之則必加兵」。龔自珍認爲當外夷爲亂之時，施行軍事行動對於中國本身毫無益處。在中國國勢強盛的情況下，若「因夷狄之亂以收其土地」，則缺少天子之仁心；但當中國國力衰微、兵力衰微的情況下，若貿然採取軍事行動，則事實上不僅消耗兵力、糧餉、割地，也會招致中國政治與軍事威信的衰落，「智者弗爲」。

〈春秋決事比〉的撰述年份未能確定，但龔自珍在道光十三年（1833）四

〔註155〕《龔自珍全集》，頁21，〈古史鉤沉論〉。
〔註156〕《龔自珍全集》，頁58，〈春秋決事比答問・第二〉。

十二歲時，一連寫了〈左氏春秋服杜補義〉、〈左氏決疣〉、〈兩漢君臣稱春秋之義考〉、〈六經正名〉、〈六經正名答問〉等與《春秋》學有關的論著，〔註157〕因此〈春秋決事比〉很可能也寫於這個時期。1833年，鴉片戰爭在七年之後才發生，當時的中國，雖然有財政上白銀外流的問題，而中西之間的文化、經濟衝突也與日俱增，但無論政治或文化上，當時的中國「天朝」地位依然鞏固，因此道光皇帝仍舊嚴格地限制天主教傳教與通商及西洋夷人活動區域。龔自珍〈春秋決事比〉裡，卻已表現出一種對夷人之「逆亂」傾向於抱持忽視不理的心態。這一種華夷心態，事實上已與其師──常州春秋公羊學者劉逢祿的夷夏論述有所不同。

　　基本上，常州春秋公羊學者在探討華夷問題時，都以《春秋公羊傳》「內諸夏而外夷狄」的「異內外」義例爲論述核心，但，劉逢祿與龔自珍在「華／夷」問題上是否該「用夏變夷」的態度，卻明顯有別。劉逢祿將「諸夏／夷狄」指爲政治與文化上的差異，同時他也認爲「華／夷」之間可因政治表現的消長而「進黜」。「進黜」的最終的目的，就在於「用夏變夷」。劉逢祿《春秋公羊何氏釋例》中〈秦楚吳進黜表〉對《春秋》秦、楚、吳之間歷史評價的進黜，就反映出這種以華夏的文化標準來衡量夷狄之「進黜」的華夷論路向。〔註158〕劉逢祿《春秋公羊何氏釋例》中「用夏變夷」的夷夏論述以及「大一統」政治觀點，事實上是乾嘉時期清官方與士人間的「天朝」意識氛圍的反映，同時也顯示出乾嘉時期滿漢文化差異漸漸消失，而導致原本清初以來以「漢／滿」之別爲主要內容的「華／夷」之辨文化論述架構變化的現象。

　　但龔自珍與其師劉逢祿相較，顯然少了這種「用夏變夷」的企圖。他針對楚子誘戎蠻子（夷狄相誘）、楚世子商臣弒其君髡（夷狄弒父弒君）兩個事件，引述《春秋公羊傳》「夷狄相誘，君子不疾」之說，並以「四裔之外逆亂，非守土之臣所告，宜勿問」來評論，認爲中國不應介入外夷事務。顯然，龔自珍已不再企圖「用夏變夷」，並認爲不必干涉外夷事務以損天朝威權，正是《春秋》家法「異內外之大科」：「勿問者，《春秋》之家法，異內外之大科也」。〔註159〕

　　龔自珍夷夏論中另　項與劉逢祿不同之處在於，劉、龔兩人春秋公羊學

〔註157〕樊克正《龔自珍年譜考略》，頁370～371。
〔註158〕劉逢祿《春秋公羊何氏釋例》，《皇清經解》，卷1286，〈秦楚吳進黜表〉。
〔註159〕《龔自珍全集》，頁58，〈春秋決事比答問・第二〉。

中「華／夷」對象的設定。劉逢祿雖然主張華夷之別在於文化，也認為華夷之身分可透過「漢化」而翻轉，但他的春秋公羊學中所論的「華／夷」，基本上卻仍是以「漢／滿」為思考架構的華夷；而龔自珍〈春秋決事比〉中所指涉之「華／夷」，卻是「中國」與「四裔之外」的「華／夷」。

如果說龔自珍在〈春秋決事比〉中揚棄清初以來的《春秋》學以「漢／滿」概念為「華／夷」架構核心的觀點，轉而將《春秋》的「華／夷」論述指向「中國／外夷」，那麼，他是否全然放棄了關於「漢／滿」議題的討論？然而，我們但從龔自珍的史論中可以看出，龔自珍事實上並未揚棄清初以來的滿漢議題，只是他不再將「漢／滿」關係視為「華／夷」關係，而是轉以「主／賓」的架構來解讀。〈古史鉤沉論·四〉指出：

> 王者正朔用三代，樂備六代，禮備四代，書體載籍備百代，夫是以賓賓。賓也者，三代共尊之而不遺也。夫五行不再當令，一姓不再產聖。興王聖智矣，其開國同姓魁傑壽耆，易盡也。賓也者，異姓之聖智魁傑壽耆也。其言曰：臣之籍，外臣也；燕私之游不從，宮庫之藏不問，世及之恩不預，同姓之獄不鞠……質家尊賢先異姓，文家親親先同姓。古者開國之年，異姓未附，據亂而作，故外臣之未可以共天位也。在人主則不暇，在賓則當避疑忌，是故箕子朝授武王書，而夕投袂於東海之外。易世而升平矣，又易世而太平矣，賓且進而與人主之骨肉齒。……夫異姓之卿，固賓籍也。……禮樂三而遷，文質再而復。……故賓也者，生乎本朝，仕乎本朝，上天有不專為其本朝而生是人者在也。〔註160〕

從龔自珍的〈古史鉤沉論〉看來，他依舊關注於清代士人所重視的滿漢問題，但在態度上卻已有所變化。他不再將「漢／滿」問題套入傳統《春秋》學的「華／夷」架構，而是轉而以「主／賓」來解釋清代的滿漢問題。「華／夷」概念，帶有族群、文化的民族意涵；而「主／賓」這樣的詞彙，儼然純粹從政權的角度而言，不再帶有民族認同的意涵。顯然，龔自珍對滿／漢之間的態度已轉變。他甚至不認為滿漢之間的差異是文化差異（而滿漢之間存在著文化差異這一點，是清初以來士人一貫的共識），而只是政治上開國之執政者與其他「異姓」之間的區別。也就是說，他認為滿漢之差異在於「政權上」，而非「文化」上，更非民族上。他以「開國之同姓」與「異姓」來釋清代的

〔註160〕《龔自珍全集》，頁27，〈古史鉤沈論四〉。

滿漢問題，並認爲開國之時「異姓未附」，因此「未可以共天位」，是很自然的。等到太平之世，則「賓且進而與人主之骨肉齒」。

龔自珍太平之世「主」、「賓」不應再有隔閡的思想，其實是對常州春秋公羊學「大一統」思想的進一步延伸。〈五經大義終始大問·七〉提及：

> 問：太平大一統，何謂也？答：宋、明山林偏僻士，多言夷、夏之防，比附《春秋》，不知《春秋》者也。《春秋》至所見世，吳、楚進矣。伐我不言鄙，我無外矣。《詩》曰：「無此疆爾界，陳常于時夏。」聖無外，天亦無外者也。然則何以三科之文，內外有異？答：據亂則然，升平則然，太平則不然。〔註161〕

龔自珍認爲，「聖無外，天亦無外」，因此「夷夏之防」是無需提及的。但「夷夏之防」之所以不需被提及，是以「太平大一統」爲前提。在太平之前，仍有「別內外」之必要。因此，他並不否定公羊「異內外」之說，也不否定「華／夷」民族之別的存在，這一點從他在〈春秋決事比答問〉中肯定「中國」與「夷狄」不同可以看出。但，他同時也認爲，「《春秋》之家法，異內外之大科也」，〔註162〕分別「中國」與「夷狄」的「異內外」之旨，是《春秋》之家法。

只是在滿漢問題上，龔自珍不再以「華／夷」架構來解釋漢／滿之間的問題，轉而以「主／賓」來解釋。這樣的論述方式，是將「滿／漢」問題從「華／夷」架構中分離出來，也就是說，他將滿、漢都同樣視爲「中國」，因此漢／滿之間不再是華／夷的民族問題。龔自珍的「賓賓」思想，不再強調滿、漢在「民族」上的差異性、和滿漢之間的文化衝突，而表現一種相容的情態。這種將「滿／漢」同視爲「華」的民族論述，事實上和乾隆在《御纂春秋直解》的民族論述觀點十分類似。龔自珍將「滿／漢」視爲「主／賓」而非「華／夷」的觀點，固然由於對當時的中國漢人社會而言，出現了一個比滿洲更陌生、文化差異更大的「他者」──「西洋」，而扭轉了滿／漢人的華夷觀念；但除此之外，清入關以來官方一貫的民族政策也漸漸影響了漢人的華夷觀。康、雍兩朝官方《春秋》學夷夏論述中刻意將「華夷」解讀爲文化論述，淡化《春秋》「華夷」論述中的民族色彩；而乾、嘉時期則儼然一反康、雍兩朝的華夷論姿態，轉而多次在官方論述中以「中華」自居，在外交政策上宣揚「天朝」，在官方《春秋》學論著如《御纂春秋直解》中強調「攘

〔註161〕《龔自珍全集》，頁48，〈五經大義終始答問·七〉。
〔註162〕《龔自珍全集》，頁58，〈春秋決事比答問·第二〉。

夷」（但「攘夷」的前提是爲了「尊王」），積極營造滿洲亦爲「中華」的形象。
龔自珍將滿／漢視爲「主／賓」，而不再將滿漢問題放在「華／夷」論的格局
裡來談，事實上反映出乾嘉以來官方宣導的「中華」、「天朝」論述，確實已
達到了它對士人的影響力。

二、魏　源

　　活躍於道光、咸豐年間的魏源（乾隆 59 年～咸豐七年，1794～1857），
是清中後期常州公羊學派與龔自珍齊名的學者。魏源爲湖陽邵陽人，嘉慶十
八年（1813）時始爲拔貢，隔年入京，從學於劉逢祿學習春秋公羊學，與龔
自珍交游，切磋古文。〔註163〕

　　在莊存與、劉逢祿時期，常州學派已有著「以經議政」的詮釋偏好。莊存
與的《春秋》學，便以「說經皆非空言，可以推見時事」〔註164〕著稱，藉由解
經申議時事，具有強烈的政治意識。但，常州公羊學派在道光年間龔自珍、魏
源崛起之前，他們的學術基本上仍較傾向於正統經學。自梁啓超提出龔、魏「喜
以經術作政論」、扭轉經學風氣：「雖言經學，而其精神與正統派之爲經學而治
經學者既有以異」〔註165〕的意見以來，學者大體上都肯定龔、魏兩人爲清代春
秋公羊學發展的重大分野，如孫春在《清末的公羊思想》〔註166〕、董鐵松〈論
清代今文經學的歷史作用〉〔註167〕等，都認爲龔、魏的出現改變了今文學風，

〔註163〕王家儉：《魏源年譜》（臺北：中央研究院近代史研究所，1967 年），頁 1、頁
　　　　7～9。
〔註164〕譚廷獻《復堂類集·復堂日記》（叢書彙編第一編之七，《半厂叢書》，臺北：
　　　　華文書局，1970 年），卷七，頁 2419。
「宗伯說經皆非空言，可以推見時事」。
〔註165〕梁啓超：《中國近三百年學術史》（臺北：里仁，1995 年）附《清代學術概論》，
　　　　頁 66：「今文學之健者，必推龔、魏。龔魏之時，清政既漸陵夷衰微矣；舉
　　　　國方沉酣太平，而彼輩若不勝其憂危；恆相與指天畫地，規天下大計。考證
　　　　之學，本非其所好也，而因眾所共習，則亦能之；能之而頗欲用以別闢國土；
　　　　故雖言經學，而其精神與正統派之爲經學而治經學者則既有以異。自珍、源
　　　　皆好作經濟談，而最注意邊事。自珍作《西域置行省議》，至光緒間實行，則
　　　　今新疆也；又著《蒙古圖志》，研究蒙古政俗而附以論議（未刻）。源有《元
　　　　史》，有《海國圖志》，治域外地理者，源實爲先驅。故後之治今文學者，喜
　　　　以經術作政論，則龔、魏之遺風也。」
〔註166〕孫春在《清末的公羊思想》（臺北：臺灣商務，1985 年），〈第二章　兩漢至
　　　　清中葉的公羊思想〉，頁 52。
〔註167〕董鐵松〈論清代今文經學的歷史作用〉（東北師大學報（哲學社會科學版），

使今文經學自此成為社會救弊改制思潮中，很重要的組成部分。〔註168〕

魏源的經學治學偏好，可以從〈劉禮部遺書序〉中一窺端倪：「由董生《春秋》以窺六藝條貫，由六藝以求聖人統紀」。〔註169〕他對於經學，有著「貫經術政事文章於一」〔註170〕的企圖，經學必須是經世的。魏源與常州學派春秋公羊學的經學淵源，使得經學成為他政治論述中相當重要的思想背景與經典論據：「以《周易》決疑、以〈洪範〉占變、以《春秋》斷事、以禮樂服制興教化，以《周官》致太平。」〔註171〕經學對魏源而言，不僅是以「經世」為目的，同時也是魏源政事、文論等經世思想的理論支撐。比起清初官方隱諱地藉由經學傳達其民族政治意圖，以及莊存與、劉逢祿等人以經學「推見時事」的表述方式，魏源的經學詮釋顯然更直接、更具體的評判政治、反映時事。但，經學同時也是魏源政治思想的理論基礎，這就使他的政治思想理論畢竟將依舊受到經典文本本身的制約。道光年間，最大的政治與社會問題，是中國與尚稱陌生的「西洋」，在文化、政治、經濟、軍事上的衝突問題。要探究魏源如何面對這個中西衝突的時代？魏源又是如何理解中國與陌生的西方？這或許還是要回歸到魏源的《春秋》學上。

魏源〈公羊春秋論・下〉〔註172〕指出：

內其國而外諸夏，內諸夏而外夷狄，非天子之尊內重本耶？〔註173〕

「諸夏／夷狄」概念，指涉民族、文化、政治上的差異，而這種差異原本並不存在著「本末」的關係。但，魏源在〈公羊春秋論〉裡，卻不強調《春秋公羊傳》「異內外」義例中原有的夷夏意涵，亦即不強調夷夏的文化差異，反

189 期，2001 年第 1 期），頁 34～35。

〔註168〕董鐵松〈論清代今文經學的歷史作用〉，頁 34～35。

〔註169〕魏源《魏源集》，上冊，〈劉禮部遺書序〉，頁 242：「有潛心大業之士，矻矻然，竺竺然，由董生《春秋》以窺六藝條貫，由六藝以求聖人統紀，旁搜遠紹，溫故知新，任重道遠，死而後已。」

〔註170〕魏源《魏源集》，上冊，〈劉禮部遺書序〉，頁 242：「由典章制度以進于西漢微大義，貫經術、政事、文章于一，此魯一變至道也。」

〔註171〕魏源《古微堂內集》（收於《魏源全集》，濟南：岳麓書社，2004 年），卷二，頁 23。

〔註172〕魏源〈公羊春秋論〉收於北京中華書局所刊行之《魏源集》，而中華書局則摘自魏源《古微堂文稿》。但據劉蘭肖〈魏源集公羊春秋論作者補證〉（近代史研究，2003 年 4 期）的考證，這篇文章與劉逢祿《劉禮部集》中〈春秋論〉對照，則除了文字上稍有出入外，思想內容大體上是一致的。

〔註173〕魏源《魏源集》，上冊，頁 134，〈公羊春秋論・下〉。

而將《春秋》「異內外」之義例詮釋爲「天子尊內重本」。這種看似毫無特殊意涵的詮釋，事實上卻意味著魏源對夷夏關係的態度，不再強調華夷的文化差異，而是走向以「諸夏」爲「本」的新華夷觀框架。「尊內重本」，以華爲本、以夷爲末的思維方式，間接地向「西學中源」、「中體西用」的概念延伸。這使得他在論述外交、政治事務時，得以用《春秋》「內諸夏而外夷狄」爲「尊內重本」的思維架構來詮釋中西文化衝突的問題，及中學與西學間的關係。

魏源〈公羊春秋論〉「內諸夏而外夷狄，非天子之尊內重本耶？」的詮釋，讓道光年間鴉片戰爭結束後逐漸興起的「西學中源」思想，找到一個與《春秋》華夷觀銜接的文本，也使《春秋》「內諸夏而外夷狄」之異內外義例得以透過「尊內重本」的詮釋，而成爲「師夷長技」文化主張的理論依據。

以「尊內重本」爲核心的「內諸夏而外夷狄」架構，不僅反映在他「師夷長技以制夷」〔註174〕的文化主張裡。在他對外交事件的政治評論中，也時時可以發現《春秋》「內諸夏而外夷狄」思想的影子。如〈道光洋艘征撫記・上〉：

> 《春秋》之義，治內詳，安外略。外洋流毒，歷載養癰。林公（林則徐）處橫流潰決之餘，奮然欲除中國之積患，而卒激沿海之大患。其耳食者爭咎於勒敵繳煙；其深悉詳情者，則知其不由繳煙而由于閉市。其閉市之故，一由不肯具結，二由不繳洋犯。然貨船入官之結，懸賞購犯之示，請待國王諭至之稟，亦足以明其無悖心。且國家律例，蒙古化外人犯法，准其罰年以贖，而必以化內之法繩之，其求之也過詳矣。〔註175〕

正因《春秋》「尊內重本」，因此「《春秋》之義，治內詳，安外略」。鴉片戰爭，1840 年因禁煙而掀起的這次波瀾，由中國的觀點來解讀，表面上看來是爲了「繳煙」，但事實上，英人抗爭的焦點，則在於「閉市」。導致閉市的原因之一，在於英方「不繳洋犯」。對於繳洋犯一事，魏源以「化內之法」、不適用於「化外之人」的角度來解釋，認爲不須以「化內之法」強加在「化外之人」上，中國與西方之間，是「化內」與「化外」的關係。用「化內」、「化外」的角度來看待中國與西洋，這事實上也是常州春秋公羊學「異內外」義例思想的變形。

〔註174〕魏源：《魏源集》，上冊，頁 207，〈海國圖志敘〉：「是書何以作？曰：爲以夷攻夷而作，爲師夷長技以制夷而作。」
〔註175〕魏源：《魏源集》，上冊，頁 185。

從魏源的政治論述來看，他傾向於將《春秋》裡華夷「異內外」論述來申說中／西關係而非漢／滿關係。但，對於清初以來一直被放在《春秋》「華／夷」架構裡討論的「漢／滿」問題方面，魏源在政治論述中提及《春秋》「內外」、「華夷」時，並沒有將滿漢問題視為華夷問題的傾向。也就是說，魏源對清代社會滿／漢問題的態度，似乎已不再將「滿／漢」視為文化或民族問題。這一點和龔自珍以「主／賓」而不以「華／夷」來論述「漢／滿」的心態十分類似。

三、張應昌

張應昌是道光年間精治《春秋》的浙江學者。他生於乾隆 55 年（1790）年，嘉慶十六年（1810）二十一歲時，因優取貢生而入內閣中書，因而展開他的仕宦生涯，直至光緒前一年——同治 13 年（1874）辭世。

張應昌的一生，見證了清王朝由極盛走向衰頹的過程。他的《春秋屬辭辨例編》六十卷，是他窮盡三十年之力、搜羅四百餘家之書所寫就的作品。據清末王之春《椒生隨筆》所云，此書：「庚午（同治八年，1870）十月，夏公（夏同善）等進呈《春秋屬辭辨例》八十卷，為浙江前內閣中書張應昌所著。奉旨留覽。」〔註176〕《春秋屬辭》原是元趙汸之作，張應昌的《春秋屬辭辨例編》，則以透過析論《春秋》所記的歷史事件探討聖人之褒貶，並發揚其中的聖人微言大義為主要論述目的。因此王之春評此書「屬辭辨例三者，所以數其事，顯其文，因以著其義也。」〔註177〕

正如王之春所評述，《春秋屬辭辨例編》並不是一部以考據或搜羅舊注為主的經學作品。張應昌窮盡畢生精力所作的這部書，目的在於「著其義」。它呼應了嘉、道以來逐漸蔚為風潮的常州公羊學重經世、以經議政的經學風格，走向了藉經義以抒時論的詮釋路向。而道光年間最重要的政治問題，事實上正在於中西文化、政治、軍事衝突，以及中西之間的外交會盟上。張應昌的《春秋屬

〔註176〕王之春《椒生隨筆》(《近代中國史料叢刊》第二十九輯，臺北：文海出版社，1968 年)，卷八，頁 285，〈春秋屬辭辨例〉條：「庚午（同治八年，1870）十月，夏公（夏同善）等進呈《春秋屬辭辨例》八十卷，為浙江前內閣中書張應昌所著。奉旨留覽。《春秋》大旨，曰事，曰文，曰義。屬辭辨例二者，所以數其事，顯其文，因以著其義也。蓋不必立例而義自見，屬辭可賅，比事原本宋儒，兼及眾說，間附按語，搜羅四百餘家之多，研求數十餘年之久，而始成是書也。中翰舉嘉慶庚午鄉科，前歲例得重宴鹿鳴，年已八十又八矣。」
〔註177〕王之春《椒生隨筆》，卷八，頁 285。

辭辨例編》對於《春秋》夷夏論之詮釋篇幅甚多，除此之外，在《春秋》夷夏
相關事件如夷夏進黜、會盟等議題的詮釋與評述上，往往也帶有相當強烈的時
代色彩。以隱公二年「秋八月，庚辰，公及戎盟于唐」爲例，他說：

> 《左》：秋復請盟，盟于唐。書會又書盟，甚之也。與之會，且不可，
> 況盟乎！（湛若水《正傳》）〈費誓〉言：「徐戎並興，東郊不開」，
> 則魯之有戎患，蓋始于伯禽，伯禽之賢，不免設甲冑、備弓矢、植
> 板幹、峙糗茭而後能禦之。隱公不能制戎，既與會，又與盟。會，
> 相見而已；盟則以事相要矣。歃血要言，非特不能制戎，又將受制
> 於戎矣。（趙鵬飛《經筌》參李明復《集義》謝湜說）以中國禮義之
> 鄉，與戎割牲歃血，責之也。七年，王使來，戎敢無禮，則魯與戎
> 好，適貽王室之患耳。《春秋》所罪也。（高閌《集註》）〔註178〕

這部書雖是廣徵博引各家《春秋》之說，但張應昌並非單純引述，而是有系
統地以己意綰合，並藉以論證自己的觀點。從他對隱公二年秋八月，魯隱公
與戎會盟于唐一事的評論來看，他對中國「禮義之鄉」與蠻夷之「戎」「割牲
歃血」的態度頗不認同。張應昌認爲中國與夷狄之間，不僅不可「與盟」，甚
至夷夏之間連「相見」之「會」也不宜。主要原因即在於夷夏彼此對立，「戎」
是中國政治、軍事與文化的威脅，因此他引述〈費誓〉：「徐戎並興，東郊不
開」之說，認爲一旦開啓夷夏交流的管道，則「戎患」終將會無法遏抑。至
於「盟」，更是夷夏這兩股對立的民族、文化勢力之間彼此「以事相要」。「盟」
的性質本來就充滿政治勢力角力的緊張意味，一旦中國國力「不能制戎」時，
夷夏之間「既與會，又與盟」的外交活動勢必導致中國「受制於戎」。因此，
對於盟會之事，張應昌是採取極力批判的態度。

　　類似的詮釋觀點，也出現在他對隱公二年《經》「春，公會戎於潛」一事
的評議上，張應昌《春秋屬辭辨例編》云：

> 《左》：「修惠公之好也。戎請盟，公辭。」戎者，徐戎；潛，魯地。
> 戎來而我會之，修世好，息外患也。然待戎狄之法，驅之而已。〈費
> 誓〉所以錄於書也。不能攘而會之，降國君之尊，失中國之重，譏
> 也。張洽《集註》：「諸侯私會然且不可，況會戎乎！」會而不已，
> 必有盟；盟而不已，必且肆其暴。有潛之會，然後有唐之盟（筆者

〔註178〕見《清儒春秋彙解》（臺北：鼎文出版社，1972年），上冊，頁45，隱公二年
　　　　「公及戎盟于唐」條引張氏應昌《春秋屬辭辨例編》。

按：指同年《經》「秋八月，庚辰，公及戎盟于唐」之事）；有唐之
盟，然後有伐。凡伯之事，故春秋惡之。〔註179〕

張應昌認爲，對待外夷之態度，不可以「盟」的方式，而應「驅之」。他從中
華的政治定位上來看，認爲與戎狄之盟將會「降國君之尊」、「失中國之重」，
會失去華夏的尊嚴。從這個角度來看，張應昌的華夷觀，基本上還是在「天
朝」世界觀的基礎上建立的。

　　在詮釋夷夏會盟時，張應昌對中國與夷狄間的外交會盟事件抱持強烈的
否定觀點，這一點，與乾隆晚期的《春秋》學詮釋觀點極不相同。莊存與《春
秋正辭》對同一事件的解讀，顯然大相逕庭：

何以不諱其與之盟？居有近遠，交有新故，患有小大，差以別之，
制御之道在其中矣。修政如文王，則事昆夷爲仁人之保天下，盟又
何病？〔註180〕

顯然，莊存與認爲若修政如文王，與夷狄盟亦制御之道，因此不諱言與戎之
盟。對於中國與夷狄的外交會盟事件，傾向於肯定。

　　除此之外，張應昌在成公二年冬《經》「楚師、鄭師侵衛」條中，也對夷
狄「以兵加我」之事的提出看法：

「不書侵我，諱國辱也。」（毛奇齡《傳》）愚按：毛說是也。蓋至
《春秋》之終，方書吳伐我。若楚以兵加我，則終始未嘗筆於《經》。
「尊魯」、「外夷」之義可見。此正與不言「戎來」義同。杜注云「公
略之而退，故不書侵伐。」是不知內諱之義。〔註181〕

在張應昌《春秋屬辭辨例編》之前，對成公二年冬「楚師、鄭師侵衛」之事，
除了毛奇齡的《春秋毛氏傳》之外，〔註182〕治《春秋》學者，多不以「諱國

〔註179〕見《清儒春秋彙解》，上冊，頁 37，隱公二年「公會戎於潛」條，引張氏應
　　　　昌《春秋屬辭辨例編》。
〔註180〕見《清儒春秋彙解》，上冊，頁 45，隱公二年「秋八月，公及戎盟于唐」條，
　　　　引莊氏存與《春秋正辭》。
〔註181〕見《清儒春秋彙解》，下冊，頁 537，成公二年「楚師、鄭師侵衛」條，引張
　　　　氏應昌《春秋屬辭辨例編》。
〔註182〕毛奇齡《春秋毛氏傳》，收於《皇清經解春秋類彙編》（臺北：藝文印書館，
　　　　1986 年），卷一百四十一，頁 207，《經》「冬，楚師、鄭師侵衛」條下注：「宣
　　　　公之世，楚強而晉弱，故宣公使大夫求好于楚，而楚莊既卒，宣公亦薨，值
　　　　晉景嗣興，卻克秉政之際，遂藉晉敗齊而紓我齊患，此非背楚，實勢使然也。
　　　　乃楚復責好魯、衛，以宋、鄭、陳三國已事，移之魯、衛，則以宗邦望國而
　　　　奔命，大辱之甚矣！然而罪在晉楚，仍不在我者，以我固無如何也。時楚師

辱」的角度來詮釋。如杜預《春秋左氏集解》便因此事後為孟孫氏請賂而退楚師，既「賂之而退」，所以「不書侵伐」。但張應昌顯然對楚師侵魯有感而發，大書此處「諱國辱」之義，強調《春秋》「尊魯」、「外夷」的筆法，並藉以暗喻《春秋》「嚴內外之辨」的思想。

時代政治議題刻劃在詮釋者的意識裡，主導了詮釋者的詮釋視野與詮釋路向。從張應昌、莊存與兩人對同一件夷夏會盟事件的不同詮釋觀點來看，正鮮明的反映出這一點。乾隆時期正是清政權政治、外交勢力的顛峰時期，在外交關係上，中國基本上以「天朝」的角度，觀照與中國有外交往來的「藩屬」，因此傾向「懷柔遠人」。在天朝思維之下，身處乾隆年間的莊存與以「居有近遠，交有新故」、「制御之道在其中」來詮釋隱公與戎之間的夷夏會盟。道光二十二年鴉片戰爭落幕後，「天朝」體系逐漸開始被檢視，面對「西洋」這新崛起的「夷狄」，中國與「夷狄」間的軍事力量與勢力關係也必須重新評估。當「夷狄」成為足以威脅中國的勢力時，對張應昌及道光、咸豐之間的部分士人而言，夷夏之間的會盟不僅不是「制戎」之道，甚至是「戎患」的開端。因此張應昌對《春秋》隱公二年魯隱公「及戎盟于唐」中對夷夏之盟的嚴厲批判，事實上和鴉片戰後士人對中西外交盟約上的反感是一致的。

第三節　小　結

面對時代的困局與變局，龔自珍、魏源及張應昌等人，在《春秋》學的夷夏論述方面，開創了與乾嘉時期截然不同的新局面。大抵而言，這一時期《春秋》學夷夏論述的發展，可約略歸納為以下幾點：

一、核心問題的再次轉化：從「尊王」回歸「攘夷」

乾隆至嘉慶兩朝的近百年時光，在歷經了順、康、雍三朝多次「滿漢一體」的政策呼籲，以及社會上滿人的漢化、滿語及滿洲文化慣習的失落之後，使得滿漢之間的文化差異正迅速消失。另一方面，這一時期也是清政權皇權發展臻於顛峰的時期。乾隆時期皇權的發展，與乾隆個人的態度息息相關。

救齊，以魯、衛皆在晉軍，遂移師侵衛，并侵我。及陽橋，孟孫請賂之，乃以執築、執針、織紝，皆百人，并公衡為質。楚人許平。其不書『侵我并納質』，諱國辱也。此文例也」

乾隆透過官方經學對《尚書》「皇極」與《春秋》「尊王」之義的詮釋與強調，為皇權發展尋繹並塑造經典文本的理據。同時，「尊王」意識也由內政向外交上展延，具體的表現即是乾隆、嘉慶兩朝對「天朝」形象的刻意維護，及對賜名、觀見儀節的重視上。乾嘉時期滿漢文化界限的淡化，以及皇權的高度發展，不僅影響了政治，也影響了士人的經學。士人《春秋》學的核心議題，如莊存與、趙翼、劉逢祿等人的《春秋》學，也在大一統與皇權思想的社會氛圍下，由清初的「攘夷」走向「尊王」、「大一統」。

　　然而，道光時期的《春秋》學卻顯然與乾嘉時期的《春秋》學有著截然不同的情態。乾嘉年間曾經蔚為風潮的「尊王」思想，放置在天朝地位逐漸崩落、「西洋」外患威脅中國的道光時期，看起來竟是如此不合時宜。從道光時期的社會情勢而言，當時已非皇權臻於顛峰，而社會氛圍以傾向於面對積極介入中國的英吉利、佛蘭西等「夷人」，「攘夷」成為這一時期主要的社會問題，而這種社會氛圍，也隱約的表現在他們的經說裡。特別是清初以來的《春秋》學華夷詮釋，本就有著藉《春秋》華夷問題之解經、以陳述當世社會上的民族文化衝突的社會性格。因此，道光時期的《春秋》學者，無論龔自珍、魏源，抑或張應昌，他們的《春秋》學核心問題意識，都紛紛由乾嘉年間的皇權問題向道光時期迫切面對的華夷問題轉移。此一時期固然或許仍有部分《春秋》學著作沿續著前一時期的學術問題，但整體而言，《春秋》學核心問題意識的發展趨勢，已由「尊王」漸漸走向「攘夷」。而這也意味著，對於「華／夷」之別的界定，以及相關的民族、文化問題之討論，又再一次成為士人的思考重心。

二、「華／夷」主體的轉變：從「滿漢」到「中西」

　　在滿洲初入關的清初順、康、雍階段，「華／夷」概念的內涵事實上即是「漢／滿」民族問題。清初的「華／夷」架構往往也意味著「漢／滿」關係。清初順、康、雍三朝的官方《春秋》學及官方文書裡，滿洲顯然以「夷」來自我定位，且在面對《春秋》「華夷」論述時始終顯得有些心虛，必須不斷以「華夷之分，聖人原不在地上論」〔註183〕、「《春秋》大義」在君臣而非攘夷之類的論調，來論證「本朝之得統，全是仁義」，〔註184〕以建立滿洲統治漢人

〔註183〕《大義覺迷錄》，卷二，頁303，引曾靜口供。
〔註184〕《大義覺迷錄》，卷二，頁303，引曾靜口供。

合理化的論述。

但清官方以「夷」自我定位的情況，到了乾隆朝，漸漸發生微妙的轉變。滿洲官方開始漸漸不再以「夷」自我定位。在乾隆、嘉慶朝的外交文獻上，清廷將自我定位爲「天朝上國」、爲「我中華」，開始以「中華」自稱，這是康、雍兩朝並未特別強調的。從乾隆朝開始，滿洲官方漸漸對「中華」產生自我認同。到了道光時期，「中華」便不再只是滿洲的自我認同，甚至漢人學者如龔自珍、魏源等在面對華夷問題時，也主動開始「接受」滿洲的「中華」身分。

乾隆、嘉慶、道光年間，在社會上滿漢氛圍逐漸轉變、以及官方有意識地宣導之下，「中華」概念漸漸擴大。嘉慶、道光兩朝，「西洋」這個與漢文化異質性更高的異文化的出現，更加速了滿漢對「中華」這一個集體概念的認同過程。這使得原本清初時期用以表述「漢／滿」的「華／夷」架構勢必產生變化。華／夷概念的主體，由原本的漢／滿，蛻變爲「中／西」。在這一時期，「華」的概念在擴大爲兼指清廷統治下的滿、漢族群，而「夷」則轉而指涉西洋等萬國。而龔、魏等人《春秋》學「華／夷」概念對應的主體，也由清初《春秋》學的「漢／滿」轉而用於指涉「中／西」問題上。

三、「華／夷」文化價值觀的轉變：從「用夏變夷」到「師夷長技」

道光二十二年（1842）鴉片戰敗後，「天朝」的威勢一夕變色，人們對「天朝」體系的信任也逐漸崩落。在這樣的情況下，固然有不少士人在排他情緒下，對西洋產生「攘夷」的鮮明排拒立場。但，卻也有部分學者在經歷鴉片戰爭的挫敗之後，開始重新思索中國與西洋之間的文化問題。

「用夏變夷」，〔註185〕是《春秋》學夷夏論的基本目的。但，「用夏變夷」的理論卻必須建構在華夏在文明位階上勝過夷狄的前提之下。對東亞儒學文化圈的中、日、朝、越諸國而言，「諸夏在文明上高於夷狄」這個觀點，在道光以前並未受到太大的質疑與挑戰。這很可能也是乾隆之所以要刻意強調自身的「天朝體制」、「中華」地位、洗刷清廷「胡種」、「蠻夷」印象的重要原因。事實上，在清代之前，中國的外交型態及其周邊鄰國屬國，在文明發展

〔註185〕胡安國《胡氏春秋傳・序》（景印文淵閣四庫全書本，臺北：臺灣商務印書館，1983 年）：「雖微辭奧義，或未貫通，尊君父、討亂賊、辟邪說、正人心，用夏變夷，大法略具。庶幾，聖王經世之志，少有補云。」

與文化影響力方面，並未有過凌越於中國的其他異文化出現。這也是不對等的「天朝」外交體系，之所以能在東亞儒學文化圈的中國及其藩屬國屹立不搖的主要原因。因此，在清中葉以前的《春秋》學夷夏論述裡，「用夏變夷」之說基本上是詮釋者的共識。

　　但，鴉片戰敗卻使得士人不得不改寫這一切。

　　當夷狄的科技文明勝於諸夏，在《春秋》「用夏變夷」觀點教育下的士人應該如何自處？面對現實情勢，開始主張「師夷長技」的士人，要如何解釋《春秋》的夷夏觀點？對此，道光時期的學者再次改變了《春秋公羊傳》「異內外」的詮釋義例。在乾嘉時期，「異內外」義例的詮釋偏向，是以「內中國」、「外夷狄」，將華夷論述轉為中外論述。但在道、咸時期，由於社會氛圍的轉變，士人《春秋》學中對「異內外」義例再次重新解讀，並轉而以「天子尊內重本」的詮釋方式，走向以「諸夏」文明為「本」，「夷狄」文明為「末」的思維，將《春秋》的「華／夷」架構轉而為思想、文明上的「本／末」，因而延伸出「西學中源」的華夷文明價值論述。

　　「西學中源」、「夷人特稍變其法」〔註186〕的觀點，在百餘年後的今日，看來顯得有些自欺欺人。但「西學中源」的說法在當時的確有效地緩和了士人在面對西方文化衝擊之後，華夏文明價值觀崩落的問題，因此在當時廣為士人所接受。不過即使如此，對當時早已習慣於乾隆以來所刻意樹立的「天威」的諸多士人而言，在西洋諸國的軍事力量之下，許多士人仍是緬懷乾隆時天朝「上國」〔註187〕的榮景，即使處於道、咸時期，不得不尋思制夷之法時，仍要提及「乾隆中，天威遠播」〔註188〕的昔日光景。可知在這樣的氛圍下，士人們要面對「師夷」、承認「夏不如夷」是何等艱難，等同於承認華夏文明價值觀的徹底崩落。為此，必須重新尋繹一個經典理論上的支點。而「尊內重本」詮釋「內諸夏而外夷狄」的詮釋方式，便將「師夷長技」與《春秋》學夷夏論述衛接起來，使得《春秋》學得以作為「西學中源」、「中體西用」概念的理論依據與經典文本。

〔註186〕《鴉片戰爭檔案史料》，第六冊，頁106～109。
〔註187〕如曾國藩《曾文正公全集》，書札，卷六，頁13507，〈致左季高〉。
〔註188〕陳澧《東塾集》，卷二，頁132，〈讀海國圖志後呈張南山先生〉：「俄羅斯本非朝貢之國，乾隆中天威遠播，令其縛獻阿睦爾撒納。」

第七章 結 論

　　從順治到光緒，民族問題始終是纏繞著清代近三百年裡無法擺脫的社會問題。自清軍入關開始，滿洲作為一個異族統治者統治中原，又在十九世紀遭逢帝國主義的崛起與歐洲勢力向遠東地區的伸展，就註定了這兩百餘年之間中原地區民族衝突紛爭不息的命運。

　　那麼，什麼是「異族」？什麼是「異文化」？民族意識，是一種聯繫社會群體、塑造集體心理的重要價值和感情因素。但，「民族」既然是一種社會族群的概念，也就必然是一個相對的概念。「民族」之所以能被感受、被意識、被定義，事實上是在我們感受到一個與「我們」有所不同的「他者」出現時，才得以出現區隔「我族」與「異族」的條件。也就是說，我們是在與「異族」對立的基礎上，建構出「我族」概念的。只有在與「異族」相對的語境之下，民族意識方能於焉而生。

　　然而「民族」畢竟是一個在晚清才開始被廣泛討論的詞彙，而民族意識蔚然成風更是一種近代現象。在清中葉以前，「民族」意識及與之相關的外緣問題，往往放置在「華／夷」論述的框架裡討論。「華／夷」概念本身，它所指涉的意涵，雖然隨著時空條件的變化，時而擴大、時而緊縮，但基本上，「華／夷之別」是兼攝文化、血緣與地域的概念，而這個概念又以《春秋》「尊王攘夷」論述為主要文本。因此也就導致了傳統中國思想對於華夷概念的相關論述，往往附著在以「尊王攘夷」為核心內容的《春秋》學夷夏問題的討論上。這使得傳統《春秋》學對於夷夏問題的詮釋，往往並不單純是經義、訓詁的探討，而同時涵蘊了詮釋者對「華／夷」民族概念的意見。

　　清代《春秋》學詮釋中的華夷論述，反映了清代民族意識的變化。大體

而言，可以歸納爲以下幾點：

一、從「滿漢」、「中外」到「中西」：《春秋》學「華／夷」論述主體的轉變

清初的順治、康熙時期，對漢人遺民士人而言，他們面臨異民族統治的情境，歷經民族文化覆亡或被改造的危機，因而必須透過對「華夷之大別」的闡述，藉由民族主義的論述，來凝聚漢人共同的「排滿」意識與集體的文化危機感；另一方面，對滿洲統治階級而言，他們雖然以統治者的姿態治理中國，卻必須面對人數遠多於統治者的的「異族（漢人）」，因此，滿洲統治者同樣地必須著力於建構一種可以讓漢人接受的民族論述，以建立起滿洲統治中原的合理性，並應對清初漢人遺民藉著宣傳《春秋》「尊周攘夷」之說而掀起的「排滿」風潮。

在這樣的社會氛圍之下，這一時期的華夷論題，實質上是圍繞著「滿／漢」文化衝突而展開，因此乾嘉《春秋》學詮釋中「夷／夏」論述的主體，事實上是以「滿／漢」爲特定指涉對象而進行的討論。無論是清初的明遺民士人，抑或是清初的統治者，他們不約而同地採取詮釋《春秋》「華夷」論述的方式，申抒符合於自己立場的民族觀點。

到了乾、嘉時期，歷經官方順、康、雍三朝「滿漢一體」的政策呼籲，以及社會上普遍出現滿人漢化的情況，使得滿、漢之間雖然依舊存在著社會地位上的階級差異，〔註1〕也依然有「旗籍」與一般民籍之別。不過由於社會風氣丕變，乾嘉時期的滿漢差異已發生了質變。乾嘉時期滿漢實質文化差異正逐漸消失，而社會上的民族氛圍，也與清初截然不同。滿人急遽漢化，不僅表現在文化習慣的表現上，同時也導致滿語逐漸消失，大量滿人改漢姓、

〔註1〕乾嘉時期雖然滿漢間依舊存在著階級差異，而這種差異不僅反映在「旗籍」與一般民籍上，在仕宦上也存在著不成文的滿漢地位偏見。馬戛爾尼《1793乾隆英使覲見記》（馬戛爾尼著，劉半農譯《一七九三乾隆英使覲見記》，天津：天津人民出版社，2006年5月）頁82，便曾記述即便是同一官銜職等，漢官仍然會在行事、意見上禮讓滿官：「……入夜，一韃靼大員，統領此間兵隊者，至行宮中拜見。帶來水果、糖物各少許，以爲贈品。此人舉止動作頗彬彬有禮，有君子人氣概且極有見解，深信英吉利國爲歐洲強大文明之國，與他人鄙視吾英爲蠻夷戎狄者不同，然此人殊傲慢自大。樊大人（漢人官員）雖亦戴一頂紅頂子，且武職與此人相若，然當此人之前，樊大人惶恐不敢就坐，則韃靼官員之氣焰，必有令中國官員不寒而慄者在也。」

與漢人聯姻，使得滿洲文化出現了被漢文化同化的危機。這個現象，迫使乾隆、嘉慶不得不對旗人宣導「國語騎射」，〔註2〕並展開「禁改漢姓」〔註3〕、禁止宗室覺羅（而非所有滿人）與漢人聯姻。〔註4〕滿漢之間的差異與其說在於民族、文化上，毋寧說是在於社會地位上的差異。

　　乾嘉時期社會上滿漢民族氛圍的轉變，勢必同時影響滿漢雙方的民族認同與華夷思想。雖然傳統華夷思想中「自我」與「他者」對立的認同本質不變，但一方面由於滿人的漢化，導致作爲漢文化的「他者」的滿文化逐漸湮微，另一方面，則因清政權已趨穩定，漢人對清廷由原本的政治認同擴散至民族認同，致使清初以來《春秋》學「華／夷」概念的主體漸漸隨著時代與政治上的變化，而逐漸從原本清初《春秋》學以「華／夷」指涉「漢／滿」的論述架構中抽離出來。這種情況也表現在乾嘉時期「中華」概念的擴大上，而滿洲統治者也一改原本以「夷」身分統治中原的姿態，轉而開始以「我中華」、「天朝上國」自居。

　　道光年間，一個對中國而言更爲陌生的「異文化」出現，挾著經濟與軍事甚至「文明」優勢，致使民族危機感再次萌生。這使得傳統的「華／夷」版圖再次挪移。傳統的華／夷論述，建立在「華」的文化優越性上，「華」的文化位階高於「夷」。這個論點，數千年來從未受到挑戰、也不曾有人質疑（或

〔註2〕　乾隆、嘉慶兩朝都分別多次申諭嚴禁旗人沾染漢習、改漢姓，並不得不公開申諭滿洲年輕子弟勿忘「清語騎射」。在嘉慶五年（1800）時，正黃旗滿洲世襲恩騎尉常安，便因不諳國語（滿語），問不能答，而被下旨申飭：「清語騎射爲滿洲根本，年輕之人，理應專心學習，以期不廢本業。」（《仁宗實錄》，嘉慶五年四月十六日戊戌條）

〔註3〕　《高宗實錄》，乾隆四十三年六月二十三日辛亥條，下旨訓諭八旗及各省駐防旗人不得沾染漢習，亦不可忘滿洲姓氏，並嚴命「嗣後滿洲命名，斷不可數代俱用一字起頭」。乾嘉時期，官方有意識的去維繫、「建構」這種滿洲文化習慣。順治朝並無強調「清語騎射」的政策，但自康、雍以降，清政府都極力勸諭滿人勿忘「國語騎射」。特別是在乾、嘉兩朝，這樣的政策呼籲時時出現。主要原因即在於清入關初期，滿洲人多保持原有的關外生活文化習慣，無需特意強調。從乾隆、嘉慶兩朝對「國語騎射」的呼籲，可以看出當時關內外滿人在滿洲語言與文化上的失落，已十分嚴重。

〔註4〕　乾嘉時期滿漢聯姻的現象十分普遍，甚至連滿洲宗室、覺羅都有與漢人聯姻的情形。嘉慶十八年（1813），嘉慶開始對宗室覺羅（而非所有滿人）滿漢聯姻的現象進行管制，但這樣的禁制也並不溯及既往，對於已經存在的滿漢聯姻關係依舊准許維持，只是「自此日始，申明定制，嚴行飭禁」。事見《仁宗實錄》，嘉慶十八年六月初九甲辰條。

者說，在東亞鄰國周遭，並未出現一個足以與中國文明表現對等的文化，可以與中國對等對話，因此「華」在文化上優於「夷」的觀點，也沒有被質疑的必要)。「華／夷」這個詞彙，事實上蘊涵了文明高低的價值評判意味。

一旦異文化的「文明」表現高於漢文化的時候呢？

鴉片戰後，「天朝」外交體系走向崩潰，以「夷」來指稱新崛起的「西洋」，漸漸招致西洋各國的不滿。英國船主胡夏米，便曾對中國官方以「夷」稱英人的行為提出抗議。〔註5〕傳統用以指涉民族與文化意涵的「華／夷」的詞彙，在這一時期受到異文化的挑戰。另一方面，原本《春秋》學華夷論述隱攝著「諸夏在文明表現上高於夷狄」的華夏文明優越性的意涵，因此是以「用夏變夷」〔註6〕為《春秋》夷夏論的基本目的。鴉片戰爭的挫敗，打擊了華夏文化的優越性，也使得士人不得不重新思索「華／夷」關係，以及中國與西洋之間的文化問題。對華夷論述的反思，也反映在道光時期士人的《春秋》學詮釋上，使清初以來《春秋》學夷夏論述的主體，逐漸由「滿／漢」走向「中西」。

二、文化的抑或種族的：清代《春秋》學華／夷詮釋性質的轉變

「華夷」一詞的定義，有其語義上的曖昧性。它既類似於民族概念，又有別於民族概念。宋元以來的《春秋》學詮釋，在對於「華夷之大別」的探討上，多傾向於以文化（或文明程度）來作為「華／夷」的界分標準。胡安國《胡氏春秋傳》便援引二程、韓愈之說，以指出夷夏之分野並非血緣、地域，而在於「禮」等文化行為。除此之外，他們也傾向於將「華／夷」的身分定義為一種文化身分，「中國而夷狄則夷之，夷狄華夏則膺之」，二者之間可以透過文化行為的改變而有所更動。〔註7〕

〔註5〕 鴉片戰後，英人開始向中國表達對以「夷狄」這個詞彙指稱「西洋」的不滿。許地山《達衷集》（鴉片戰爭前中英交涉史料）（臺北：文海，1974）頁52便記載英國船主胡夏米寫了一封信給蘇松太道抗議以大英國人為「夷狄」有辱體面：「蘇東坡曰：『夷狄不可以中國之法治也，譬若禽獸然。』由此觀之，稱夷狄者，蠻貊而已矣。倘以大英國人為夷狄，正是凌侮本國的體面，觸犯民人、結怨成仇。」

〔註6〕 胡安國《胡氏春秋傳·序》：「雖微辭奧義，或未貫通，尊君父、討亂賊、辟邪說、正人心，用夏變夷，大法略具。庶幾，聖王經世之志，少有補云。」

〔註7〕 《胡氏春秋傳·大綱》引述程頤之說：「《春秋》之法極謹嚴，中國而用夷禮則夷之。」又引韓愈〈原道〉：「孔子之作《春秋》也，諸侯用夷禮則夷之，進於中國則中國之。」

　　不過清代《春秋》學對於「華／夷」概念的詮釋，大致而言，有著兩種截然不同的趨勢，部分士人將「華夷」定位爲純粹的文化論述，而部分的士人，則傾向於從民族論述的角度來詮釋《春秋》學中的「華／夷」問題。

　　基本上清初遺民士人之《春秋》學多半傾向於將「華／夷之別」定位爲血緣與地域之別，亦即以民族論述的角度來詮釋《春秋》學中的華夷問題。王夫之在《春秋家說》便認爲「狄之於我非類也」，〔註 8〕並藉此推論夷夏不宜襍居。〔註 9〕顧炎武《日知錄》便抱持夷狄不宜居中夏的「戎夏不襍」、「戎狄入居必生事變」的論調，〔註 10〕而遺民士人也在這樣的基礎上，指出夷夏不宜互治（「夷、夏分以其疆」），〔註 11〕並藉以否定滿洲統治中原的合理性，如王夫之《春秋世論》，便主張：「王者不治夷狄，謂夫非所治者也。」〔註 12〕遺民以血緣與地域作爲「華／夷」之分判標準，這使得清初遺民的《春秋》學夷夏論述富蘊種族主義色彩。

　　但，清初康、雍兩朝的《春秋》學與官方經學則極力扭轉此一觀點。他們將儒學經典中的夷夏論定位爲文化論述而非種族論述，強調「華夷之分，聖人原不在地上論」，〔註 13〕並透過詮釋用語的置換，以「中外」取代「華夷」，來淡化華夷之分，將「華／夷」由種族論述，轉化爲文化論述。康雍兩朝的官方《春秋》學將「華／夷」概念定位爲文化論述，對乾嘉時期士人《春秋》學產生了影響。乾嘉士人在論述《春秋》學夷夏問題時，多半接受將「華／夷」定位爲文化問題這樣的論點，同時也認爲「華／夷」之間的身分，可以透過文化行爲而更換，劉逢祿《春秋公羊何氏釋例》〈秦楚吳進黜表〉，便認爲「諸夏」、「中國」若因政治紛亂與禮義等文教風習的衰落，也有被貶爲「新夷狄」的可能。〔註 14〕從乾嘉士人的《春秋》學看來，地域與血緣都不再是

〔註 8〕　王夫之《春秋家說》，卷上，頁 190，〈僖公〉。

〔註 9〕　王夫之《春秋世論》（收於《船山全書》，第五冊，長沙：嶽麓書社，1993 年），卷一，頁 390。

〔註 10〕顧炎武《日知錄》（臺北：明倫出版社，1970 年），卷 29，〈徙戎〉條，頁 850～851。

〔註 11〕王夫之《讀通鑑論（《宋論》合刊）》（臺北：里仁書局，1985 年），卷十四，〈晉哀帝〉，頁 432。

〔註 12〕王夫之《春秋世論》（收於《船山全書》第五冊（長沙：嶽麓書社，1993 年 1月）），卷一，頁 390。

〔註 13〕《大義覺迷錄》，卷二，頁 303，引曾靜口供。

〔註 14〕劉逢祿《春秋公羊何氏釋例》，《皇清經解》，卷 1286。

區別「華／夷」的條件。「華／夷」概念的性質，已由清初遺民士人的種族論述，轉而爲文化概念。

三、「中華」：想像共同體的形成

「民族」的本質，是一種集體認同的想像。班納迪克・安德森（Benedict Anderson）認爲，「民族」的本質，事實上是一個被想像出來的政治共同體，他是一種集體認同的「認知 cognitive」面相，是人類意識在步入現代性（modernity）過程當中的一次深刻變化。﹝註15﹞

嚴格說起來，「華／夷」並不能說是一個明確的「民族」概念。《春秋》學中「華／夷」概念，它的詮釋內容是游移的。它的性質可以是純粹的文化價值概念，卻也可以是兼攝種族、地域、文化行爲的概念。甚至，連「華／夷」概念所指涉的主體也是游移的。春秋時期，以晉、宋爲諸夏，以吳、楚爲夷狄；而到了王夫之寫作《春秋世論》的明末清初，華夷的界域，已擴展到「代之北，粵之南，海之東，磧之西」﹝註16﹞了。

從整個中國歷史的華／夷論述來看，對「華」的文化認同，是一個不斷擴大的過程。清代滿漢襍處的型態，透過清初順、康、雍時期「滿漢一體」的政治性呼籲，加上滿人漢化、滿漢之間文化差異逐漸消失的影響，使得乾隆、嘉慶時期的滿漢由民族文化差異漸漸轉化爲純粹政治地位上的階級差異。

另一方面，乾、嘉時期官方極力宣揚的「天朝」和融合滿漢的「中華」觀點，不僅改變了滿人自身對「中華」的認同，也逐漸在漢人社會間塑造滿漢皆爲「中華」的民族認同想像。透過「天朝」與「中華」的建構，在士民間凝聚一個超越於滿漢之上新的集體記憶、一個新的民族想像共同體。

誠如前文所言，「民族」既然是一種社會族群的概念，也就必然是一個相對的概念，它是在一個與自身不同的「他者」出現時，與那個被異化的「他者」對照，而因而觀照出的自我。「民族」的自覺源自於「他者」。唯有在「他者」出現時，才得以對應出自我的民族認同歸屬，區隔出「異族」與「我族」自身。乾嘉時期出現的「中華」想像共同體，在道、咸時期鴉片戰爭的觸發後，由於

﹝註15﹞班納迪克・安德森（Benedict Anderson）著，吳叡人譯《想像的共同體：民族主義的起源與散布 Imagined Communities: Reflections on the Origin and Spread of Nationalism》（臺北：時報文化，1999），〈第一章　導論〉。

﹝註16﹞王夫之《春秋世論》（收於《船山全書》第五冊（長沙：嶽麓書社，1993 年 1月）），卷一，頁 390。

一個更陌生的異文化——「西洋」走入中國近代史舞台，使得「中華」這個新的想像共同體出現了一個明確的「他者」。異文化對清人所帶來的政治與文化脅迫感，在國家政治與經濟外患以及「見賢思齊」知識危機感之下，進一步引發共同的危機意識，凝塑出滿漢共同的集體意識，並從而更強化了這種「中華」想像共同體。因此，道光時期的《春秋》學者，漸漸不再以華／夷架構來解釋滿漢，而將滿漢同視爲「中華」。如龔自珍「尊賓」之說，以「開國之同姓」與「異姓」的「主／賓」架構，來申論清代的滿漢問題。〔註17〕道光之際的龔自珍、魏源，他們的《春秋》學論述中，「夷／夏」概念主體都與清初的「滿／漢」架構有了變化，轉而走向於「西洋／中華」的架構。事實上，道光時期《春秋》學華夷論述主體的變化，也意味著清代乾嘉以降「華」概念的擴大，以及「中華」想像共同體的成型。

四、「尊王」與「攘夷」之間：清代《春秋》學問題意識的轉化

　　「《春秋》大義」在「尊王攘夷」，是傳統《春秋》學詮釋的基本設定。歷來《春秋》學者對這樣的概念，並未曾提出太多質疑。但在清代，學者對於「《春秋》大義」的探討，卻出現了分歧。

　　清初遺民士人的《春秋》學詮釋裡，無論王夫之或顧炎武，都有強調「攘夷」的傾向，王夫之甚至認爲「攘夷」是「尊王」的前提，「夷不攘，則王不可得而尊」，〔註18〕雍正年間的曾靜，也認爲「華之與夷，乃人與物之分界，爲域中第一義」。〔註19〕他們都著力於重新解讀「《春秋》大義」，並將「《春秋》大義」指向「攘夷」，並藉此以渲染社會上的「排滿」情緒。而康熙、雍正兩朝的官方《春秋》學，則極力排拒這樣的觀點，並重新將「《春秋》大義」轉移到「尊王」上來。無論《欽定春秋傳說彙纂》、《日講春秋解義》，都有以「嚴君臣之大分」〔註20〕的「尊王」思想爲「《春秋》大義」的傾向。

　　「何爲《春秋》大義？」這樣的問題意識，在乾嘉時期由於皇權的提升而逐漸消失。乾嘉時期，無論官方的《春秋》學著作——《御纂春秋直解》—

〔註17〕　《龔自珍全集》，頁27，〈古史鉤沈論四〉。
〔註18〕　王夫之《讀通鑑論（《宋論》合刊）》（臺北：里仁書局，1985年2月），下冊，《宋論》卷十〈高宗〉，頁184。
〔註19〕　《大義覺迷錄》，卷二，頁302，引曾靜《知新錄》。
〔註20〕　《欽定春秋傳說彙纂》，卷六，頁211、212，桓公十五年「五月，鄭伯突出奔蔡」條。

一或者士人的《春秋》學論述中，「《春秋》大義」基本上都在於「尊王」、在於「大一統」，在於維繫皇權的至高性。因此，由清初至清中期，士人《春秋》學的核心問題意識呈現一種由「攘夷」向「尊王」過渡的變化現象。

而道光時期的《春秋》學，卻在天朝地位逐漸崩落、「西洋」外患威脅中國的時代背景下，「攘夷」遠比「尊王」更符合於當時的社會情勢，因此，治《春秋》學者關注的議題，又再一次由「尊王」向「攘夷」回溯。雖然少數學者如劉文淇《春秋左氏傳舊注疏證》在治學方法與問題意識上仍不出乾嘉經學的矩度，依舊以「尊王」思想爲《春秋》學詮釋的核心。但，多數的學者（特別是常州春秋公羊學派）如龔自珍、魏源、張應昌等人，他們的《春秋》學核心問題意識，都紛紛由乾嘉年間的皇權問題（「尊王」）向道光時期迫切面對的華夷問題（「攘夷」）轉移。

五、文化價值觀的轉化：從「用夏變夷」到「西學中源」、「師夷長技」

傳統《春秋》的華夷論述，向來是以「用夏變夷」爲預設基礎。如胡安國《春秋胡氏傳‧序》便直陳其傳《春秋》，目的在於：「然尊君父、討亂賊、辟邪說、正人心，用夏變夷，大法略具。庶幾聖王經世之志，小有補云。」〔註21〕乾嘉時期，士人《春秋》學在詮釋華夷時，往往也預設著「用夏變夷」的期待。如莊存與《春秋正辭‧外辭》提出「以中國之法爲家法」之說〔註22〕、劉逢祿的《春秋公羊何氏釋例》〈秦、楚、吳進黜表弟十九〉中之進黜標準，事實上也是以「周法」、文化而論秦、吳、楚三國之間的進黜。〔註23〕

《春秋》學「用夏變夷」的觀點，在道光以前極少受到挑戰。不過，「用夏變夷」的理論卻必須建構在華夏的文化表現高於其他異文明的前提下，方得以成立。對東亞儒學文化圈的中、日、朝、越諸國而言，這樣的論點是成

〔註21〕 胡安國《春秋傳‧序》（上海涵芬樓影印常熟瞿氏鐵琴銅劍樓藏宋刊本，四部叢刊本，臺北：臺灣商務印書館，1966 年），頁 2。

〔註22〕 莊存與，《春秋正辭》（收於《皇清經解春秋類彙編》，臺北：藝文印書館，1986年），〈外辭第六〉，卷三百八十二，「楚子、蔡侯次于厥貉」條，《皇清經解春秋類彙編》，頁 694。

〔註23〕 劉逢祿《春秋公羊何氏釋例》（收於《皇清經解春秋類彙編》，臺北：藝文印書館，1986 年），卷一千二百八十六，《皇清經解》，頁 1802，〈秦、楚、吳進黜表弟十九〉。

立的。但，在道光二十二年（1842）鴉片戰敗後，「天朝」體系一蹶不振，附著在天朝體系上的「中外」、「華夷」等論述，也隨著「天朝」威信的不再而崩落。部分士人不得不在經歷鴉片戰爭的挫敗之後，重新思索中國與西洋之間的文化定位，這必然就會涉及傳統《春秋》學中「用夏變夷」的概念。對道、咸間的士人們而言，《春秋》「用夏變夷」觀點教育下的士人應如何自處？雖然在面對軍事力量強大的西洋，他們不得不尋思出「師夷長技」、「以夷制夷」等方法，如本文第六章所述的魏源、徐繼畬。

然而一旦承認「師夷長技」，則意味著對傳統華夷秩序的顛覆，以及《春秋》學「用夏變夷」說的崩落。為了維繫傳統的華夷思想與「用夏變夷」說所隱涵的華夏文明優越性，他們不得不再《春秋》華夷論述裡尋繹自我解釋的方式。於是，乾嘉時期《春秋》公羊學的「異內外」義例，便成為他們藉以抒解「用夏變夷」到「師夷長技」之間華夷文明價值觀變化的方式。道光、咸豐時期的學者們，對「異內外」義例重新解讀，以「天子尊內重本」〔註24〕來解釋《春秋》中諸夏與夷狄間的「內／外」關係，並延展出以「諸夏」文明為「本」，「夷狄」文明為「末」的思維，使「師夷長技」的論述，轉化為「西學中源」之說。對部分難以接受「夷勝於華」的道光、咸豐、同治士人們而言，這樣的「中源」、「中體」之說，成為他們接受西方學術與科技的思想基礎。「尊內重本」、「內諸夏而外夷狄」之說也成為《春秋》學與道咸年間「師夷長技」之說的思想聯繫。

無論是清初的滿、漢文化衝突，抑或晚清的中、西衝突，漢文化與異文化的衝突，是貫徹整個清代歷史的重要社會問題。清王朝的兩百餘年之間，事實上，正鮮明地反映出漢文化與異文化對話的歷史。透過多種文化之間的對話，民族意識也於焉成型，由傳統的「華／夷」論述，走向「中／西」。清代的民族文化認同問題，是如何從傳統的「華／夷」概念蛻變為近現代的「中／西」？釐清自清初至清末由「華／夷」到「中／西」民族認同變化的環結，對於我們認識中國近代民族意識的發展、以及對「中華」概念的形成過程的理解，有著極為重要的意義。

但，清代士人與官方華／夷思想與民族意識的變化，卻往往反映在他們的《春秋》學詮釋裡。在中國學術思想發展的歷史裡，經學從來都不只是單

〔註24〕魏源《魏源集》（北京：中華書局，1983年），上冊，頁134，〈公羊春秋論·下〉。

純的訓詁詮釋。經典文本，成為詮釋者藉以各自表述自我思想立場的場域。而官方的經學論著，由於官學的頒佈，使得這些官方經學著作除了訓釋、詮釋者表述思想立場之外，更具有「教化」的政治意味。因此，透過對官方與士人不同詮釋者立場的《春秋》學「夷／夏」論述的解讀，我們得以對清代華／夷觀與民族認同發展的脈絡，有一點比較清楚的認識。透過清代康、雍、乾三朝官方《春秋》學著作——《欽定春秋傳說彙纂》、《日講春秋解義》及《御纂春秋直解》——夷夏論述內涵的轉變，一個作為「異文化」的中原統治者民族認同變化的過程，甚至是「中華」民族意識建構的歷程，躍然紙上。其中的詮釋觀點，也與清代的民族政策相呼應。另一方面，從清代士人的《春秋》學夷夏論述裡，我們看到漢文化與異文化對話的歷程，以及近代中國由「天下」走向「世界」的軌跡。

綜觀整個清代，它由漢文化與「滿洲」這個異文化的衝突與對話中開始，又由「中華」文化與「西洋」這個異文化的衝突與對話中結束。就在這文化不斷衝突與對話的過程裡，中國從前近代走向了現代，「中華」概念也於焉形成。作為傳統「華／夷」觀的重要經典文本——《春秋》，曾經在這一段中國走向近現代、重塑民族認同的歷史裡，扮演極為重要的角色。然而清代《春秋》夷夏論述變化的軌跡在中國近現代民族認同中的重要性，卻在晚清至民國以後受到西方學說影響下諸說蠭起的民族論述裡逐漸為人們所遺忘。本文以清代的《春秋》學為主要研究文本，而以其中的「華／夷」論述作為主要的觀看對象，希望能透過清代《春秋》學華夷觀的演變，尋繹傳統中國民族論述在近代化過程與「天朝」世界觀的崩落之下，如何由「華／夷」走向「民族」的發展脈絡，以及「中華」意識形成的過程。或許，透過對清代《春秋》學夷夏論述的重新拾掇，我們可以進而找到一個不同於西方民族論的視野，觀看這一段漢文化與異文化對話、「中華」概念建立，與中國走向近現代化的過程。

參考書目

一、古籍原典

（一）經學類

1. 杜預集解、孔穎達正義：《春秋左傳注疏》，嘉慶二十年阮元十三經注疏本，臺北：藝文印書館，1981 年。
2. 胡安國：《春秋胡氏傳》，上海涵芬樓影印常熟瞿氏鐵琴銅劍樓藏宋刊本，四部叢刊本，臺北：臺灣商務印書館，1966 年。
3. 胡安國：《胡氏春秋傳》，景印文淵閣四庫全書本，臺北：臺灣商務印書館，1983 年。
4. 何休注、徐彥疏，《春秋公羊傳注疏》，嘉慶二十年阮元十三經注疏本，臺北：藝文印書館，1981 年。
5. 顧炎武：《左傳杜解補正》，叢書集成初編本，北京：中華書局，1991 年。
6. 王夫之：《春秋世論》，收於《船山全書》第五冊，長沙：嶽麓書社，1993 年。
7. 王夫之：《春秋家說》，收於《船山全書》第五冊，長沙：嶽麓書社，1993 年。
8. 王夫之：《春秋稗疏》，收於《船山全書》第五冊，長沙：嶽麓書社，1993 年。
9. 毛奇齡：《春秋屬辭比事記，收於《皇清經解春秋類彙編》，臺北：藝文印書館，1986 年。
10. 《欽定春秋傳說彙纂》，景印文淵閣四庫全書本，臺北：臺灣商務印書館，1983 年。
11. 《日講四書解義·日講論語解義》，《景印文淵閣四庫全書》，臺北：商務

印書館，1983 年。

12. 張廷玉等奉敕修校：《日講春秋解義》，景印摛藻堂四庫全書薈要，臺北：世界書局，1986 年。

13. 惠士奇：《春秋說》，收於《皇清經解春秋類彙編》，臺北：藝文印書館，1986 年。

14. 惠棟：《左傳補注》，收於叢書集成，北京：中華書局，1991。

15. 傅恆奉敕撰：《御纂春秋直解》，景印文淵閣四庫全書，臺北：臺灣商務印書館，1983 年。

16. 莊存與：《春秋正辭》，收於《皇清經解春秋類彙編》，臺北：藝文印書館，1986 年。

17. 孔廣森：《春秋公羊通義》，收於《皇清經解春秋類彙編》，臺北：藝文印書館，1986 年。

18. 劉逢祿：《春秋公羊何氏釋例》，收於《皇清經解春秋類彙編》，臺北：藝文印書館，1986 年。

19. 劉逢祿：《公羊春秋何氏解詁箋》，收於皇清經解春秋類彙編，臺北：藝文印書館，1986 年。

20. 阮元：《皇清經解》，臺北：藝文印書館，1962 年。

21. 阮元：《皇清經解春秋類彙編》，臺北：藝文印書館，1986 年。

22. 張應昌：《春秋屬辭辨例編》，收於續修四庫全書，上海：上海古籍出版社，1995。

23. 劉文淇：《春秋左傳舊注疏證》，收於續修四庫全書，上海：上海古籍出版社，1995 年。

24. 抉經心室主人：《清儒春秋彙解》，臺北：鼎文書局，1972 年。

25. 康有為：《春秋董氏學》，臺北：臺灣商務印書館，1969 年。

26. 葛士濬：《皇朝經世文續編》

（二）史學類

1. 天都山臣：《女直考》，四部禁燬書叢刊本史部第三十六冊，據上海圖書館藏清鈔本景印，北京：北京出版社，2000 年。

2. 王夫之：《讀通鑑論（《宋論》合刊）》，臺北：里仁書局書局，1985 年。

3. 王夫之：《黃書》，收於《船山全書》第十二冊，長沙：嶽麓書社，1992 年。

4. 王夫之：《搔首問》，收於《船山全書》第十二冊，長沙：嶽麓書社，1992 年。

5. 多爾袞：《多爾袞攝政日記》，收於《歷代日記叢鈔》，第十冊，北京：學

苑出版社，2006 年。

6. 《南明史料（八種）》，南京：江蘇古籍出版社，1999 年。

7. 鄭亦鄒：《鄭成功傳》，收於《鄭成功史料合刊》），臺北：海東山房刊行。

8. 翁洲老民：《海東逸史》，收於《中國歷史研究資料叢書》，上海：上海書店，1982 年。

9. 溫睿臨：《南疆逸史》，收於《中國野史集成》第三十五冊，成都：巴蜀書社，1993 年。

10. 雍正：《大義覺迷錄》，四部禁燬書叢刊本，史部第二十二冊，據清雍正朝內府刻本景印，北京：北京出版社，2000 年。

11. 張廷玉：《明史》，臺北：鼎文書局，1991 年。

12. 馬戛爾尼：《1793 乾隆英使覲見記》，天津：天津人民出版社，2006 年。

13. 托津：《欽定大清會典事例（嘉慶朝）》，收於《近代中國史料叢刊三編》，第六十七輯，臺北：文海出版社，1992 年。

14. 沈之奇：《大清律輯注》，北京：法律出版社，2000 年。

15. 魏源：《魏源全集》，長沙：嶽麓書社，2004 年。

16. 魏源：《魏源集》，北京：中華書局，1983 年。

17. 《籌辦夷務始末》，臺北：國風出版社，1972 年。

18. 梁廷枏：《夷氛聞記》，臺北：文海出版社，1970 年。

19. 《朝鮮王朝實錄》，首爾：朝鮮國史編纂委員會。

20. 曾國藩：《曾文正公（國藩）全集》，收於《近代中國史料叢刊續集》，第一輯，臺北：文海出版社，1974 年。

21. 王之春：《清朝柔遠記》，北京：中華書局，2000 年。

22. 《清朝文獻通考》，杭州：浙江古籍出版社，1988 年。

23. 趙爾巽：《清史稿》，北京：中華書局，1997 年。

24. 許地山：《達衷集》（鴉片戰爭前中英交涉史料），臺北：文海出版社，1974 年。

25. 《清代文字獄檔》，上海：上海書店，2007 年。

26. 《清史列傳》，北京：中華書局，1987 年。

27. 潘喆、孫芳明、李鴻彬編：《清入關前史料選輯》，北京，中國人民大學出版社，1984 年。

（三）學案類

1. 江藩《漢學師承記》，上海：上海書店，1983 年。

2. 李元度：《國朝先正事略》，長沙：嶽麓書社，1991 年。

3. 徐世昌《清儒學案》，收於《儒藏》，成都：四川大學出版社，2005 年。

4. 楊向奎：《清儒學案新編》，濟南：齊魯書社，1985 年。

（四）文集、札記類

1. 歸莊：《歸莊集》，上海，上海古籍出版社，1982 年。

2. 顧炎武：《日知錄》，臺北：明倫出版社，1970 年。

3. 顧炎武：《顧亭林詩文集》，臺北：漢京文化，1984 年。

4. 黃宗羲：《黃宗羲全集》，杭州：浙江古籍出版社，2005 年。

5. 謝國楨等編：《全祖望集彙校集注》，上海，上海古籍出版社，2000 年。

6. 雍正：《世宗憲皇帝御製文集》，景印文淵閣四庫全書本，臺北：商務印書館，1986 年。

7. 蔣良騏：《東華錄》，濟南：齊魯書社，2005 年。

8. 趙翼：《陔餘叢考》，臺北：新文豐出版，1975 年。

9. 錢大昕《潛研堂文集》，上海：上海古籍出版社。

10. 昭槤：《嘯亭雜錄》，北京：中華書局，1997 年。

11. 劉逢祿《劉禮部集》，上海：上海古籍出版社，2002 年。

12. 龔自珍：《龔自珍全集》，上海，上海古籍出版社，1999 年。

13. 《清碑傳合集（碑傳集、續碑傳集、碑傳集補、碑傳集三編）》，上海：上海書店，1988 年。

14. 錢儀吉：《碑傳集》，北京：中華書局，1993 年。

15. 俞樾：《茶香室叢鈔》，北京：中華書局，2006 年。

16. 《清人考訂筆記（七種）》，北京：中華書局，2004 年。

17. 陳澧《東塾集》，收於陳雲龍編《近代中國史料叢書》，第四十七輯，臺北：文海出版社，1970 年。

18. 李慈銘：《越縵堂日記》，揚州：廣陵書社，2004 年。

19. 魏源：《魏源集》，北京：中華書局，1983 年。

20. 魏源《海國圖志》，收於《魏源全集》，長沙：嶽麓書社，2004 年。

21. 俞正燮：《癸巳類稿》，叢書集成續編，子部，第九十三冊，臺北：新文豐出版社，1989 年。

22. 葉德輝：《書林清話》，臺北：文史哲出版社，1998。

23. 譚廷獻：《復堂類集》，叢書彙編第一編之七，《半厂叢書》，臺北：華文書局，1970 年。

24. 王之春：《椒生隨筆》，《近代中國史料刊》，第二十九輯，臺北：文海出版社，1968 年。

25. 章太炎：《訄書：初刻本、重訂本》，北京：三聯書店，1998 年。

26. 徐珂：《清稗類鈔選》，北京：書目文獻出版社，1984 年。

二、後人研究（依姓名筆順排序）

（一）專　著

1. Benedict R. Anderson 著，吳叡人譯：《想像的共同體：民族主義的起源與散布 Imagined Communities: Reflections on the Origin and Spread of Nationalism》，臺北：時報，1999 年。

2. 艾爾曼（Benjamin A. Elman）：《從理學到樸學 —— 中華帝國晚期思想與社會變化面面觀》，南京：江蘇人民出版社，1997 年。

3. 艾爾曼（Benjamin Elman）：《經學、政治和宗教 —— 中華帝國晚期常州今文學派研究》，江蘇：人民出版社，1998 年。

4. Evelyn S. Rawski: The Last Emperors: A Social History of Qing Imperial Institutions, Berkeley: University of California Press, 1998 年。

5. Gil Delannoi 著，鄭文彬、洪暉譯：《民族與民族主義 Sociologie de la Nation》，北京：三聯書店，2005 年。

6. Mike Crang 著，王志弘、余佳玲、方淑惠譯，《文化地理學 Cultural Geography》，臺北：巨流圖書公司，2003 年。

7. 尼爾・史美舍 Neil J. Smelser 著，陳光中、秦文力、周愫嫻譯：《社會學 Sociology》，臺北：桂冠圖書公司圖書，1996 年。

8. Paul A. Cohen（柯文）著，杜繼東譯：《History in Three Keys: The Boxer as Event, Experience, and Myth 歷史三調：作爲事件、經歷和神話的義和團》，南京：江蘇人民出版社，2000 年。

9. R.J. Johnston：《地理學與地理學家》，北京：商務印書館，1999 年。

10. 艾柯等著：《詮釋與過度詮釋》，北京：三聯書店，1997 年。

11. 恩斯特・卡希勒著、甘陽譯：《人論》，臺北：桂冠圖書公司，1997 年

12. 史景遷：《追尋現代中國》，臺北：時報文化，2001 年。

13. 史景遷：《雍正王朝之大義覺迷》，臺北：時報，2002 年。

14. 丁守和主編：《中國近代啓蒙思潮》，北京：社會科學文獻，1999 年。

15. 丁原基：《清代康雍乾三朝禁書原因之研究》，臺北：華正書局，1983 年。

16. 文廷海：《清代春秋穀梁學研究》，成都：巴蜀書社，2006 年。

17. 王茂、蔣國保、余秉頤、陶清著：《清代哲學》，安徽：人民出版社，1990 年。

18. 王汎森：《中國近代思想與學術的系譜》，臺北：聯經出版公司，2003 年。

19. 王俊義：《清代學術探研錄》，北京：中國社會科學出版社，2002 年。

20. 王家儉：《晚清公羊學的演變與政治改革運動》，臺北：中央研究院，1986年。

21. 王爾敏：《中國近代思想史論》，北京：社會科學文獻，2003 年。

22. 王爾敏：《中國近代思想史論續集》，北京：社會科學文獻，2005 年。

23. 王爾敏：《明清時代庶民文化生活》，長沙：嶽麓書社，2003 年

24. 王鍾翰：《清史論集》，北京：中華書局。

25. 王鍾翰：《中國民族史概要》，太原：山西教育出版社，2004 年

26. 王鍾翰：《清史滿族史講義稿》，福州：鷺江出版社，2006 年。

27. 王明珂：《華夏邊緣——歷史記憶與族群認同》，臺北：允晨出版公司，2001 年。

28. 王開璽：《隔膜、衝突與趨同：清代外交禮儀之爭透析》，北京：北京師範大學出版社，1999 年。

29. 王健文：《奉天承運——古代中國的「國家」概念及其正當性基礎》，臺北：東大圖書公司，1995 年。

30. 王繼平：《近代中國與近代文化》，北京：中國社會科學出版社，2003 年。

31. 石元康：《從中國文化到現代性：典範轉移？》，北京：三聯書店，2000 年。

32. 方豪：《中西交通史》，臺北：中國文化大學出版部，1983 年。

33. 朱維錚：《晚清學術史論》，上海：上海古籍出版社，1996 年。

34. 朱雲影：《中國文化對日韓越的影響》，桂林：廣西師範大學，2007 年。

35. 向卿：《日本近代民族主義（1858～1895）》，北京：社會科學文獻出版社，2007 年。

36. 汪榮祖：《從傳統中求變：晚清思想史研究》，南昌：百花洲文藝出版社，2002 年。

37. 沈嘉榮：《顧炎武論考》，南京：江蘇人民出版社，1994 年。

38. 何信全：《晚清公羊學派的政治思想》，臺北：經世出版社，1984 年。

39. 何冠彪：《生與死：明季士大夫的抉擇》，臺北：聯經出版公司出版，1997 年。

40. 何冠彪：《戴名世研究》，臺北：稻鄉出版社，1988 年。

41. 余梓東：《清代民族政策研究》，瀋陽：遼寧民族出版社，2003 年。

42. 余英時：《方以智晚節考》，香港：香港新亞研究所，1972 年。

43. 余英時：《歷史與思想》，臺北：聯經出版公司，1983 年。

44. 余英時：《中國歷史轉型時期的知識份子》，臺北：聯經出版公司，1992

年。

45. 吳雁南：《清代經學史通論》，昆明：雲南大學出版社，2001 年。

46. 吳連堂：《清代穀梁學》，高雄：復文圖書，1998 年。

47. 周陽山、楊肅獻等編：《晚清思想》，臺北：時報文化，1970 年。

48. 周可眞：《顧炎武年譜》，蘇州：蘇州大學出版社，1998 年。

49. 胡楚生：《清代學術史研究續編》，臺北：學生書局，1994 年。

50. 林慶彰、張壽安：《乾嘉學者的義理學》，臺北：中央研究院文哲所，2003 年。

51. 林仁川：《明末清初中西文化衝突》，上海：華東師範大學，1999 年。

52. 林拓：《文化的地理過程分析》，上海：上海書店，2004 年。

53. 岡本さえ：《清代禁書の研究》，東京：東京大學出版社，1996 年。

54. 侯外廬：《近代中國思想學說史》，北京：三聯書店，1999 年。

55. 茅海建：《天朝的崩潰 —— 鴉片戰爭再研究》，北京：三聯書店，1995 年。

56. 孫春在：《清末的公羊思想》，臺北：商務印書館，1985 年

57. 孫廣德：《晚清傳統與西化的爭論》，臺北：臺灣商務印書館，1995 年。

58. 徐迅：《民族主義》，北京：中國社會科學出版社，2005 年。

59. 馬廉頗：《晚清帝國視野下的英國 —— 以嘉慶、道光兩朝爲中心》，北京：人民出版社，2003 年。

60. 馬積高：《清代學術思想的變遷與文學》，長沙：湖南人民，2002 年。

61. 陳其泰：《清代公羊學》，北京：東方出版社，1997 年。

62. 陳文豪：《廖平經學思想研究》，臺北：文津出版社，1995 年。

63. 陳捷先：《清史論集》，臺北：東大圖書公司，1997 年。

64. 陳捷先：《清史雜筆》，臺北：學海出版社，1988 年。

65. 陳捷先：《明清史》，臺北：三民書局，1991 年。

66. 陳登原：《國史舊聞》，北京：中華書局，2000 年。

67. 莊吉發：《清史論集（一）》，臺北：文史哲出版社，1997 年。

68. 莊吉發：《清代史料論述（一）》，臺北：文史哲出版社，1979 年。

69. 徐海松：《清初士人與西學》，北京：東方出版社，2000 年。

70. 梁啓超《近三百年學術史》，臺北：里仁書局，1995 年。

71. 馮天瑜：《明清文化史散論》，武昌：華中理工大學出版社，1998 年。

72. 陶東風編：《文化研究精粹讀本》，北京：中國人民大學出版社，2006 年。

73. 商衍鎏：《清代科舉考試述錄》，北京：三聯書店，1958。

74. 郭成康、林鐵鈞：《清朝文字獄》，北京：群眾出版社，1990 年。

75. 章中和：《清代考試制度資料》，臺北：文海出版社，1968 年。

76. 湯志鈞：《莊存與年譜》，臺北：學生書局，2000 年。

77. 湯志鈞：《近代經學與政治》，北京：中華書局，2000 年。

78. 張素卿：《清代漢學與左傳學：從「古義」到「新疏」的脈絡》，臺北：里仁書局，2007 年。

79. 張壽安：《龔自珍學術思想研究》，臺北：文史哲出版社，1997 年。

80. 張壽安：《以禮代理——凌廷堪與清中葉儒學思想之轉變》，臺北：中研究院近史所，1994 年。

81. 張廣慶：《武進劉逢祿年譜》，臺北：學生書局，1997 年。

82. 張學強：《明清多元文化教育研究》北京：民族出版社，2006 年。

83. 張錫勤著：《中國近代思想史》，臺北：萬卷樓圖書，1993 年。

84. 張忠利：《中西文化概論》，天津：天津大學出版社，2006 年。

85. 黃愛平：《十八世紀的中國與世界・思想與文化卷》，戴，瀋陽：遼瀋書社，1998 年。

86. 黃愛平：《四庫全書纂修研究》，北京：中國人民大學出版社，1989 年。

87. 黃愛平：《樸學與清代社會》，石家莊：河北人民出版社，2003 年。

88. 黃進興：《優入聖域：權力、信仰與正當性》，臺北：允晨出版公司，1994 年。

89. 黃枝連：《東亞的禮義世界——中國封建王朝與朝鮮半島關係型態論》，北京：中國人民大學出版社，1994 年。

90. 黃枝連：《朝鮮的儒化情境構造——朝鮮王朝與滿清王朝關係型態論》，北京：中國人民大學出版社，1995 年。

91. 喬治忠：《清朝官方史學研究》，臺北：文津出版社，1994 年。

92. 彭林編：《清代經學與文化》，北京：北京大學出版社，2005 年。

93. 彭明輝：《晚清的經世史學》，臺北：麥田出版社，2002 年。

94. 馮爾康：《清史史料學》，臺北：臺灣商務印書館，1993 年。

95. 葉高樹：《清朝前期的文化政策》，臺北：稻鄉出版社，2002 年。

96. 楊旭輝：《清代經學與文學：以常州文人群體為典範的研究》，南京：鳳凰出版社，2006 年。

97. 楊學琛：《清代民族史》，成都：四川民族出版社，1996 年。

98. 楊學琛：《清代民族關係史》，長春：吉林文史出版社，1991 年。

99. 費孝通：《中華民族的多元一體格局》，北京：中央民族學院，1989 年。

100. 趙伯雄：《春秋學史》，濟南：山東教育出版社，2004 年。

101. 趙園：《明清之際士大夫研究》，北京：北京大學出版社，2000 年。

102. 漆永祥：《乾嘉考據學研究》，北京：中國社會科學出版社，1998 年。

103. 葛榮晉、魏長寶，《一代儒宗顧亭林》，臺北：文津出版社，2000 年。

104. 樊克正：《龔自珍年譜考略》，北京：商務印書館，2004 年。

105. 鄭吉雄：《龔自珍「尊史」思想研究》，臺北：臺大中文所博士論文，1996年。

106. 蔣國保：《晚清哲學》，合肥：安徽人民出版社，2002 年。

107. 寧靖：《鴉片戰爭史論文專集續編》，北京：人民出版社，1984 年。

108. 劉學銚：《歷代胡族王朝之民族政策》，臺北：知書房，2005 年。

109. 劉小楓、陳少明主編：《經典與解釋的張力》，上海：三聯書店，2003 年。

110. 錢穆：《從中國歷史來看中國民族性及中國文化》，臺北：聯經出版公司，1981 年。

111. 羅炳良：《清代乾嘉歷史考證學研究》，北京：北京圖書館，2007 年。

112. 羅炳良：《清代乾嘉史學的理論與方法論》，蘭州：蘭州大學出版社，2004年。

113. 羅鋼、劉象愚編：《文化研究讀本》，北京：中國社會科學出版社，2000年。

114. 饒宗頤：《中國史學上之正統論——中國史學觀念探討之一》，香港：龍門書店，1977 年。

115. 顧衛民：《中國天主教編年史》，上海：上海書店，2003 年。

（二）期刊論文

1. Benjamin Elman：〈清代科舉與經學的關係〉，《故宮博物院院刊》，1996年 4 期，1996 年 11 月。

2. 艾爾曼（Benjamin Elman）著，王志弘譯：〈中國文化史的新方向：一些有待討論的意見〉，《臺灣社會研究季刊》，第 12 期，1992 年 5 月。

3. Stephen Durrant: A Comparison of the 1677 and 1756 Manchu Translations of Lun Yu The Sixth East Asian Altaistic Conference, Taipei: 1983 年

4. Martin Gimm：〈滿洲文學述略〉，收於閻崇年編《滿學研究》，第一輯，長春：吉林文史，1992 年。

5. Evelyn S. Rawski: Reenvisioning the Qing: The Significance of the Qing Period in Chinese History The Journal of Asian Studies, 55:4, 1996 年

6. Gertraude Roth: The Manchu-Chinese Relationship, 1618-1636 Jonathan D. Spence & John E. Wills, Jr. eds., ＂From Ming to Ch＇ing Conquest, Region, and Continuity in Seventeeth-Century China＂ New Haven and London: Yale University Press, 1979 年

7. 丁亞傑：〈皮錫瑞、康有爲、廖平公羊學解經方法〉，《元培學報》，6，1999年12月。

8. 王玉華：〈清代春秋公羊學異內外義例與大一統思想〉，《哲學與文化》，29卷3、4期，2002年3、4月。

9. 王立新：〈胡文定與王船山的春秋學説〉，《鵝湖月刊》，29卷10期，總346期。

10. 王鍾翰：〈康熙與理學〉，《歷史研究》，1994年第3期，1994年。

11. 王世光：〈「通經」、「致用」兩相離——論清代「通經致用」觀念的演變〉，《人文雜志》，2001年3期。

12. 王明珂：〈族群歷史之文本與情境——兼論歷史心性、文類與範式化情節〉，《陝西師範大學學報》，2005年6期。

13. 王明珂：〈歷史事實、歷史記憶與歷史心性〉，《歷史研究》，2001年5期。

14. 王晴佳：〈論民族主義史學的興起與缺失（上）（下）——從全球比較史學的角度考察〉，《河北學刊》，2004年4～5期。

15. 王晴佳、依格爾斯：〈中西史學思想之比較——以西方歷史哲學與儒學爲中心〉，《學術研究》，2004年5期。

16. 王星慧，〈康熙二年顧炎武在山西與曹溶、李因篤的交游考——兼論顧亭林的交游思想〉，《雁北師範學院學報》，第22卷第4期，2006年8月。

17. 王汎森：〈清末的歷史記憶與國家建構——以章太炎爲例〉，《思與言》，34卷3期，1995年9月。

18. 王開璽：〈試論中國跪拜禮儀的廢除〉，《史學集刊》，2004年2月。

19. 王瑞、張立勝：〈清末守舊派的外交思想芻議〉，《山東省農業管理幹部學院學報》，2006年5期。

20. 王進駒：〈從文字獄檔案材料看清代「盛世」中下層文人的病態心理〉，《北方論叢》，2002年6期。

21. 王俊義：〈雍正對曾靜、呂留良案的出奇料理與呂留良研究〉，《中國社會科學出版社院研究生院學報》，2001年第二期。

22. 王傑：〈文化的轉型、抉擇與發展——對中國17世紀以來文化演進歷程的回眸與思考〉，《中西文化研究》，2期，2006年12月。

23. 尹彤雲：〈康熙十七年博學鴻詞科略論〉，《寧夏社會科學》，1995年3期，1995年5月。

24. 文瑤、潘新輝：〈王夫之民族思想對曾國藩的影響〉，《船山學刊》，2002年2期。

25. 方曉：〈視角、概念、文化——評《歷代胡族王朝之民族策》〉《煙臺大學學報》（哲學社會科學版），19卷2期，2006年4月。

26. 古偉瀛：〈顧炎武對《春秋》及《左傳》的詮釋〉，《臺大歷史學報》，第 28 期，2001 年 12 月。

27. 孔定芳：〈明遺民的身份認同及其符號世界〉，《中國社會科學出版社院研究生院學報》，2005 年第 3 期。

28. 孔定芳：〈「博學鴻儒科」與晚年顧炎武〉，《學海》2006 年 3 期。

29. 孔定芳：〈論清聖祖的遺民策略──以「博學鴻儒科」爲考察中心〉，《江蘇社會科學》，2006 年 1 期。

30. 孔定芳：〈明遺民與「博學鴻儒科」〉，《浙江學刊》，2006 年 2 期。

31. 孔立：〈論清代的文字獄〉，《中國史研究》，1979 年第 3 期。

32. 白新良：〈乾隆朝文字獄述訐〉，《故宮博物院院刊》，1991 年 3 期，1991 年 9 月。

33. 甘懷真：〈中國中古時期「國家」的型態〉，《東吳大學歷史學報》，第 1 期，1995 年 4 月。

34. 甘懷真：〈中國中古時期士族與國家的關係〉，《新史學》，2-3 期，1991 年 9 月。

35. 史革新：〈陳壽祺與清嘉道年間閩省學風的演變〉，《福建論壇》（人文社會科學版），2002 年 6 期。

36. 安部健夫：〈清朝史のと構造その動因〉，收入安部健夫《清代史の研究》，東京：創文社，1981 年。

37. 何冠彪：〈清代前期君主對官私史學的影響〉，《漢學研究》，16 卷 1 期，1998 年 6 月。

38. 何冠彪：〈清高宗對南明歷史地位的處理〉，《新史學》，7 卷 1 期，1996 年 3 月。

39. 何冠彪：〈明史編纂雜考〉，《明代史研究》，27，1999 年 4 月。

40. 何冠彪：〈清朝官方的「明亡於萬曆」說〉，《國立編譯館館刊》，28 卷 1 期，1999 年 6 月。

41. 何炳棣：In Defense of Sinicization: A Rebuttal of Evelyn Rawski＇s ＇Reenvisioning the Qing＇ The Journal of Asian Studies, 57:1, 1998 年。

42. 何孝榮：〈論康熙提倡程朱理學〉，《史學集刊》，1996 年 2 期，1996 年 5 月。

43. 李憲堂：〈大一統秩序下的華夷之辨、天朝想象與海禁政策〉，《齊魯學刊》，2005 年 1 期。

44. 李尚英：〈公羊學派「大一統」理論與洪承疇評價〉，《中國社會科學出版社院研究生院學報》，2004 年 2 期。

45. 李健美：〈試析嘉道之際清代學術變向〉，《湖南財經高等專科學校學報》，

18 卷 2 期，2002 年 4 月。

46. 李凌：〈乾隆時期的文字獄〉，《炎黃春秋》，2001 年第 8 期。

47. 李海叶：〈漢士族與慕容氏政權〉，《內蒙古師範大學學報》（哲學社會科學版），第 30 卷 4 期，2001 年 8 月。

48. 李先國：〈王船山與曾國藩：不同文化沖突中的處世抉擇〉《衡陽師範學院學報》，2003 年 2 期。

49. 李朝津：〈論清末學術中經學與史學的交替 —— 章太炎民族史學的形成〉，《思與言》，第 36 卷 第 1 期，1998 年 3 月。

50. 金良年：〈清代武英殿刻書述略〉，《文史》，31，1989 年。

51. 金觀濤、劉青峰：〈從「天下」、「萬國」到「世界」 —— 晚清民族主義形成的中間環節〉，《二十一世紀雙月刊》，94 期，2006 年 4 月。

52. 林吉玲：〈常州學派與公羊三世說之變異〉，《學術交流》，總 97 期，2001 年 4 期，2001 年 7 月。

53. 林乾：〈滿族形成時期的二元文化特質與清的統一〉，《民族研究》，1996 年 3 期，1996 年 5 月。

54. 吳彰裕：〈王船山華夷思想〉，《空大行政學報》，1995 年。

55. 吳康：〈晚清今文經學及其代表康有為之思想〉，《孔孟學報》，11 期。

56. 吳康：〈晚清今文經學代表康有為之改制大同思想〉，《孔孟學報》，12 期。

57. 吳澤、陳鵬鳴：〈常州學派史學思想研究〉，《華東師範大學學報》（哲學社會科學版），1995 年 3 期。

58. 吳志鏗：〈清代前期薙髮易服令的施行〉，《臺師大歷史學報》，23，1995 年 6 月。

59. 吳志鏗：〈清代前期滿洲本位政策的擬訂與調整〉，《臺師大歷史學報》，22，1994 年。

60. 吳洪琳：〈試論雍正帝的民族思想 —— 《大義覺迷錄》新解讀〉，《西北農林科技大學學報》（社會科學版），4 卷 6 期，2004 年 11 月。

61. 邵東方：〈清世宗《大義覺迷錄》重要觀念之探討〉，《漢學研究》，17 卷 2 期，1999 年 12 月。

62. 周婉窈：〈歷史的統合與建構 —— 日本帝國圈內臺灣、朝鮮和滿洲的「國史」教育〉，《臺灣史研究》，10 卷 1 期，頁 33-83，2003 年 6 月。

63. 胡發貴：〈王夫之夷夏觀新論〉，《河海大學學報》（哲學社會科學版），6 卷 3 期，2004 年 9 月。

64. 孫衛國：〈從正朔看朝鮮王朝尊明反清的正統意識〉，《漢學研究》，第 22 卷第 1 期，2004 年 6 月。

65. 孫占元：〈晚清學術與經世思潮〉，《理論學刊》，2004 年 3 期，2004 年 3

月。

66. 孫文良：〈論清初滿漢民族政策的形成〉，《遼寧大學學報》，1991 年 1 期，1991 年 1 月。

67. 高翔：〈論清初理學的政治影響〉，《清史研究》，1993 年 3 期，1993 年 9 月。

68. 徐立望：〈清中期公羊學復興與經世之檢討〉，《浙江學刊》，2005 年 6 期。

69. 徐永斌：〈淺析清廷對洪承疇的評價變化〉，《安徽史學》，2005 年 1 期。

70. 徐光台：〈明末清初中國士人對四行說的反應〉，《漢學研究》，17 卷 2 期，1999 年 12 月。

71. 馬莉：〈歷史構建中的民族歷史和社會記憶〉，《甘肅理論學刊》，2005 年 5 期。

72. 郭成康：〈試析清王朝入關前對漢族的政策〉，《民族研究》，1983 年 3 期，1983 年 5 月。

73. 陳其泰：〈公羊三世說與龔自珍的古代社會史觀〉，《浙江學刊》，1997 年 3 期。

74. 陳其泰：〈今文公羊學說的獨具風格和歷史命運〉，《北京大學學報》（哲學社會科學版），1997 年 6 期。

75. 陳其泰：〈劉逢祿對公羊學說的出色建樹〉，《北京師範大學學報》（社會科學版），1997 年 5 期。

76. 陳其泰：〈晚清公羊學的發展軌迹〉，《歷史研究》。

77. 陳其泰：〈春秋公羊「三世說」：獨樹一幟的歷史哲學〉，《史學史研究》，2007 年 2 期。

78. 陳其泰：〈西學傳播與近代史學的演進〉，《北京師範大學學報》（社會科學版），2004 年 3 期。

79. 陳其泰：〈20 世紀初民族觀的歷史演進——兼論歷史文化認同在中國近代的發展〉，《北京師範大學學報》（社會科學版），2006 年 5 期。

80. 陳其泰：〈對清代多民族統一局面的及時總結〉，《西南師範大學學報》（社會科學版），2006 年 4 期。

81. 陳福濱：〈清代公羊學與晚清的變革〉，《哲學與文化》，32 卷 11 期，2005 年 11 月。

82. 陳居淵：〈清代的家學與經學 —— 兼論乾嘉漢學的成因〉，《漢學研究》，第 16 卷第 2 期，1998 年 12 月。

83. 陳生璽：〈剃髮令對清初的政治影響〉，《南開學報》（哲學社會科學版），1999 年第 4 期。

84. 梁宗華：〈論康有為公羊學及對儒學發展的意義〉，《寧夏黨校學報》，3

卷 1 期，2001 年 1 月。

85. 梁紹傑：〈龔自珍學術思想淵源新探〉，《大陸雜誌》，94 卷 6、7 期，1997年 6、7 月。

86. 莊吉發：〈漢文古籍滿文譯本的語文資料價值〉，《滿族文化》，12，1989年 6 月。

87. 莊吉發：〈清高宗乾隆時代的鄉試〉，《大陸雜誌》，52 卷 4 期，1976 年 4月。

88. 莊吉發：〈清高宗禁燬錢謙益著述考〉，《大陸雜誌》，47 卷 5 期，1973 年11 月。

89. 莊吉發：〈王錫侯字貫案初探〉，《史原》，4，1973 年 10 月。

90. 莊吉發：〈從數目名字的演變看清代滿族的漢化〉，《故宮文物月刊》，11卷 11 期，1994 年 2 月。

91. 莊吉發：〈清代前期對天主教從容教政策到禁教政策的轉變〉，收於莊吉發《清史論集（四）》，臺北：文史哲出版社，2000 年。

92. 郭成康：〈也談滿族漢化〉，《清史研究》，2000 年 2 期，2000 年 5 月。

93. 郭成康：〈帝王心理與文字獄〉，《尋根》，2003 年第 2 期。

94. 高日暉、洪雁：〈漢、宋春秋學與政治的關係〉，《大連大學學報》，27 卷1 期，2006 年 2 月。

95. 高翔：〈清初滿漢衝突與北方區域文化之變遷〉，《清史研究》，1994 年 2期，1994 年 2 月。

96. 祝春亭：〈明清時期中國人眼里的西方形象〉，《江西教育學院學報》，2004年 5 期。

97. 崔世平，〈崔芬墓誌與南北爭戰下的青州崔氏〉，《南京曉莊學院學報》，第 21 卷 1 期，2005 年 1 月。

98. 張學智：〈王夫之春秋學中的華夷之辨〉，《中國文化研究》，2005 年 2 期。

99. 張壽安：〈龔自珍與常州公羊學〉，《書目季刊》，13 卷 2 期，1979 年 11月。

100. 張素卿：〈惠棟的《春秋》學〉，《臺大文史哲學報》，57 期，2002 年 11月。

101. 張永儁：〈清代公羊學思想之形成、擴大與影響〉，《哲學與文化》，第 32卷 11 期，2005 年 11 月。

102. 張昭君：〈章太炎的《春秋左傳》研究〉，《史學史研究》，第 1 期，2000年。

103. 張杰：〈四庫全書與文字獄〉，《清史研究》，1997 年 1 期，1997 年 3 月。

104. 張火慶：〈清初學風與乾嘉考證之學〉，《中華文化復興月刊》，第 15 卷第

6 期，1982 年 6 月。

105. 張賽群：〈晚清中西文化沖突的哲學軌跡〉，《玉林師範學院學報》，2003年 1 期。

106. 張曉靈：〈晚清西書的流行與西學的傳播〉，《檔案與史學》，2004 年 1 期。

107. 張羽新：〈清代前期各民族統一觀念的歷史特徵〉，《清史研究》，1996 年2 期，1996 年 6 月。

108. 湯志鈞：〈從莊、劉到龔、魏：晚清啓蒙思想生發之軌跡〉，《學術月刊》，2007 年 2 期。

109. 黃開國：〈莊存與《春秋》學新論〉，《哲學研究》，2005 年 4 期。

110. 黃朴民：〈論何休的民族思想及其特色〉，《廣西民族學院學報》（哲學社會科學版），23 卷 1 期，2001 年 1 月。

111. 黃進興：〈清初政權意識形態之研究：政治化的「道統觀」〉，《中央研究院史語所集刊》，58 本第一分，1987 年 3 月。

112. 黃克武：〈理學與經世——清初切問齋文鈔學術立場之分析〉，《近代史研究所集刊》第 16 期，1987 年 6 月。

113. 黃愛平：〈明史纂修與清初史學——兼論萬斯同、王鴻緒在明史纂修中的作用〉，《清史研究》，1994 年 2 期，1994 年 6 月。

114. 黃一農：〈印象與眞相——清朝中英兩國的觀禮之爭〉，《中央研究院史語所集刊》，78 本 1 分，2007 年 3 月。

115. 黃美娥：〈差異／交混、對話／對譯——日治時期臺灣傳統文人的身體經驗與新國民想像（1895～1937）〉，《中國文哲研究集刊》，28，2006 年3 月。

116. 喬治忠：〈大清一統志的初修與方志學的興起〉，《齊魯學刊》，1997 年 1期，1997 年 2 月。

117. 喬治忠：〈清代國史館考述〉，《文史》，39，北京：中華書局，1994 年 3月。

118. 葉高樹：〈清初言論控制政策中的漢文化因素〉，《史耘》，第 2 期，頁 67～88，1996 年 9 月。

119. 葉高樹：〈滿文繙譯儒家典籍的探討〉，《輔仁歷史學報》，第 10 期，1999年 6 月。

120. 葉高樹：〈乾隆皇帝「稽古右文」的圖書編纂事業〉，《故宮學術季刊》，21 卷 2 期，2003 年 12 月。

121. 葉高樹：〈清入關前統御漢官的策略〉，《史耘》第 1 期，1995 年 9 月。

122. 葉高樹：〈乾隆時代官修史書的教化功能：兼論乾隆皇帝統御漢人的策略〉，《國立臺灣師範大學歷史學報》，第 22 期，1994 年 6 月。

123. 葉高樹：〈詩經滿文譯本比較研究——以周南、召南爲例〉，《臺師大歷史學報》，20，1992 年 6 月。

124. 葉建華：〈論清初明史館館臣的史學思想〉，《史學史研究》，1994 年 4 期，1994 年 12 月。

125. 楊向奎：〈清末今文經學三大師對《春秋》經傳的議論得失〉，《管子學刊》，1997 年 2 期、3 期。

126. 楊妍：〈畛域與融合——試析「夏夷之辨」政治心理對中國早期現代化之影響〉，雲南行政學院學報，2002 年 3 期。

127. 楊玉良：〈清代中央官纂圖書發行淺析〉，《故宮博物院院刊》，1993 年:4，1993 年 11 月。

128. 楊海英：〈康熙博學鴻儒考〉，《歷史檔案》，1996 年 1 期，1996 年 2 月。

129. 董鐵松：〈論清代今文經學的歷史作用〉，《東北師大學報》（哲學社會科學版），2001 年 1 期。

130. 賈小葉：〈晚清督撫西學觀念的演進——以沿江沿海督撫爲中心的考察〉，《中州學刊》，2003 年 5 期。

131. 趙毅、欒凡：〈文化邊緣地區與邊緣文化——明代女眞地區文化特徵探析〉，《史學月刊》，2000 年 2 期，2000 年 3 月。

132. 趙剛：〈康熙博學鴻詞科與清初政治變遷〉，《故宮博物院院刊》，1993 年 1 期，1993 年 2 月。

133. 趙志強：〈論清代的內翻書房〉，《清史研究》，1992 年 2 期，1992 年 6 月。

134. 趙沛：〈廖平的兼治三傳與晚清經學的時代特徵〉，《求索》，2006 年 9 期。

135. 路新生：〈今文經學與晚清民初的史學「轉型」〉，《孔孟學報》，83 期，2005 年 9 月。

136. 路新生：〈論龔自珍學風〉，《華東師範大學學報》（哲學社會科學版），1997 年 3 期。

137. 熊錫元：〈民族意識的過程：由「自在」到「自爲」〉，《黑龍江民族叢刊》，1999 年第 2 期。

138. 劉新春：〈王夫之「夷夏之說」的精神內核〉，《船山學刊》，2003 年 4 期。

139. 劉蘭肖：〈魏源集公羊春秋論作者補證〉，《近代史研究》，2003 年 4 期。

140. 劉原池：〈劉逢祿在春秋公羊學發展史上的地位〉，《哲學與文化》，第 32 卷 11 期，2005 年 11 月。

141. 劉家和：〈從清儒的臧否中看《左傳》杜注〉，《北京師範大學學報》（人文社會科學版），2001 年 5 期。

142. 劉蘭肖：〈《魏源集‧公羊春秋論》作者補證〉，《近代史研究》，2003 年 4 期。

143. 劉再華：〈今文經學與晚清文學革命〉，《中國文學研究》，2006 年 2 期。

144. 劉潞：〈康熙的文化政策〉，《故宮博物院院刊》，1984 年 1 期，1984 年 2 月。

145. 劉家駒：〈清高宗纂輯四庫全書與禁燬書籍〉，《大陸雜誌》，75 卷 2～3 期，1987 年 8～9 月。

146. 劉德鴻：〈滿漢學者通力合作的成果 —— 通志堂經解述論〉，《清史研究》，1995 年 2 期，1995 年 6 月。

147. 劉潞：〈康熙與西方傳教士〉，收於劉潞《清代皇權與中外文化 —— 滿漢融合與中西交流的時代》，香港：商務印書館，1998 年。

148. 管東貴：〈滿族入關前的文化發展對他們後來漢化的影響〉，《中央研究院史語所集刊》，40 本上冊，1968 年 10 月。

149. 管東貴：〈關於滿族漢化問題的意見的討論〉，《大陸雜誌》，40 卷 3 期，1970 年 2 月。

150. 管東貴：〈滿族的入關與漢化〉，《中央研究院史語所集刊》，43 本第三分，1971 年 11 月。

151. 樂愛國：〈從儒家文化的角度看「西學中源」說的形成〉，《自然辯證法研究》，18 卷 10 期，2002 年 10 月。

152. 鄧樂群：〈王船山民族思想的變異之音〉，《衡陽師範學院學報》，1998 年 1 期

153. 鄧樂群：〈黃書與辛亥革命〉，《南通師範學院學報》（哲學社會科學版），17 卷 4 期，2001 年 12 月

154. 鄭傳斌：〈從思想史角度論明清之際夷夏觀念的嬗變〉，河南大學學報（社會科學版），43 卷 6 期，2003 年 11 月。

155. 賴惠敏：〈論乾隆朝初期之滿黨與漢黨〉，收於《近世家族與政治比較歷史論文集》，下冊，臺北：中央研究院近史所，1992 年。

156. 盧明輝：〈康乾盛世：中原文化與北方民族文化間的交流發展〉，《內蒙古社會科學》，1990 年 1 期，1990 年 1 月。

157. 潛苗金：〈略論《春秋》大義及夷夏之辨〉，《紹興師專學報》，15 卷 3 期。

158. 盧明東：〈論《春秋左氏傳舊注疏證》中的尊王思想〉，《南京曉莊學院學報》，2006 年 3 期，2006 年 5 月。

159. 魏秀梅：〈清代之鄉試考官〉，《中央研究院近代史研究所集刊》，24 期上冊，臺北：中央研究院近代史研究所，1995 年。

160. 鍾玉發：〈阮元與清代今文經學〉，《史學月刊》，2004 年 9 期。

161. 謝正光：〈從明遺民史家對崇禎帝的評價看清初對君權的態度〉，《新亞學術集刊》，第 2 期，1979 年。

162. 謝正光：〈清初的遺民與貳臣——顧炎武、孫承澤、朱彝尊交遊考論〉，《漢學研究》，17 卷 2 期，1999 年 12 月。

163. 羅雄飛：〈俞樾公羊思想發微〉，《清史研究》，2004 年 3 期，2004 年 8 月。

164. 羅素英：〈中國文字獄述論〉，《求是學刊》，2002 年 6 期。

165. 羅麗達：〈清初江南地方行政上的滿漢政治衝突——張伯行、噶禮互參案研究〉，《新史學》，7 卷 3 期，1996 年 9 月。

166. 羅慶泗：〈皇太極與滿漢民族聯合政體〉，《福建師範大學學報》，1990 年 3 期，1990 年 7 月。

167. 嚴迪昌：〈從《南山集》到《蚓峰集》——文字獄案與清代文學生態舉証〉，《文學遺產》，2001 年第 5 期。

168. 嚴亞明：〈傳統民族意識與早期現代化論析〉，《安順師專學報》，3 卷 2 期，2001 年 6 月。

169. 顧眞：〈查嗣庭案緣由與性質〉，《故宮博物院院刊》，1984 年 1 期，1984 年 2 月。

（三）會議論文／論文集

1. T. S. Fisher（費思堂）：〈清代的文字迫害和「製造異己」模式〉，收於《清史國際學術討論會論文集》，瀋陽：遼寧人民，1990 年。

2. 王戎笙：〈科舉制度在清代從鼎盛走向衰亡〉，陳捷先、成崇德、李紀祥主編《清史論集》下冊，北京：人民出版社，2006 年。

3. 王丹：〈清初「旗民分居」政策對北京文化的影響〉，收於陳捷先、成崇德、李紀祥主編《清史論集》上冊，北京：人民出版社，2006 年。

4. 王爾敏：〈滿清入主華夏及其文化承緒之統一政術〉，收於《中國歷史上的分與合學術研討會論文集》，臺北：聯經出版公司，1995 年。

5. 王鍾翰：〈清代民族宗教政策〉，收於《王鍾翰學術論著自選集》，北京：中央民族大學，1999 年。

6. 王鍾翰：〈清代八旗中的滿漢民族成分問題〉，收於《王鍾翰學術論著自選集》，北京：中央民族大學，1999 年。

7. 《中央研究院國際漢學會議論文集·歷史考古組》，臺北：中央研究院，1981 年。

8. 古偉瀛：〈明末清初耶穌會士對中國經典的詮釋及其演變〉，收於李明輝編《中國經典詮釋傳統（二）儒學篇》，臺北：喜瑪拉雅研究發展基金會，2002 年。

9. 李紀祥：〈清史儒林傳纂修之學術史反思——由國朝漢學師承記到清代

學術概論〉，收於陳捷先、成崇德、李紀祥編《清史論集》，北京：人民
出版社，2006 年。

10. 《近世家族與政治比較歷史論文集》，臺北：中央研究院近史所，1992
年。

11. 杜家驥：〈滿族入主中原對清朝歷史之影響略談〉，收於朱誠如主編《清
史論集——慶賀王鍾翰教授九十華誕》，北京：紫禁城出版社，2003 年。

12. 村田雄二郎：〈王朝、国家、社会——近代中国の場合〉，收於溝口雄三、
濱下武志、平石直昭、宮嶋博史編《アジアから考える（四）：社會と国
家》，東京：東京大學出版会，1994 年。

13. 余梓東：〈論清朝對後金政權民族政策的繼承和發展〉，收於朱誠如主編
《清史論集——慶賀王鍾翰教授九十華誕》，北京：紫禁城出版社，2003
年。

14. 林慶彰：《清代經學研究論集》，臺北：中央研究院文哲所，2006 年。

15. 姜勝利：〈清代私家明史學的興衰及其背景〉，收於《第二屆明清史國際
學術討論會論文集》，天津：天津人民出版社，1993 年。

16. 屈六生：〈試論清代的翻譯科考試〉，收於《慶祝王鍾翰先生八十壽辰學
術論文集》，瀋陽：遼寧大學，1993 年。

17. 孫文良：《論清初統治的因革與變化》，收於《清史國際學術討論會論文
集》，瀋陽：遼寧人民，1990 年。

18. 《清代經學國際研討會論文集》，臺北：中央研究院文哲所，1994 年 6
月。

19. 陳鴻森：〈乾嘉學術小記〉，收於《張以仁先生七秩壽慶論文集》，臺北：
學生書局，1999 年。

20. 陳捷先：〈滿文譯書與中西文化交流〉，收於陳捷先《清史雜筆》，7，臺
北：學海，1988 年。

21. 陳捷先：〈從民族問題處理看清朝政權的建立〉，陳捷先《清史論集》，臺
北：東大圖書公司，1997 年 11 月，初版

22. 陳捷先：〈從清初中央建置看滿洲漢化〉，收於中央研究院近史所編，《近
代中國初期歷史研討會論文集》，臺北：中央研究院近史所，1989 年。

23. 陳其南：〈伝統中国の国家形態と民間社会〉，收於溝口雄三、濱下武志、
平石直昭、宮嶋博史編《アジアから考える（四）：社會と国家》，東京：
東京大學出版会，1994 年。

24. 溝口雄三：〈アジアにあける社会と国家形成〉，溝口雄三、濱下武志、
平石直昭、宮嶋博史編《アジアから考える（四）：社會と国家》，東京：
東京大學出版会，1994 年。

25. 莊吉發：〈清高宗敕譯《四書》的探討〉，收於莊吉發《清史論集（四）》，

臺北：文史哲出版社，2000 年。

26. 莊吉發：〈圖理琛著《異域錄》滿文本與漢文本的比較〉，收於莊吉發《清史論集（十）》，臺北：文史哲出版社，2002 年。

27. 葉高樹：〈習染既深，風俗難移：清初旗人「漸染漢習」之風〉，近世中國的社會與文化（960-1800）國際學術研討會》會議論文，臺北：國立臺灣師範大學歷史系主辦，2005 年 12 月。

28. 葉高樹：〈清雍乾時期的國語騎射政策〉，《第二屆中國邊疆史學術研討會論文集》，臺北：蒙藏委員會，1996 年。

29. 葉高樹：〈滿漢合璧《欽定繙譯五經四書》的文化意涵：從「因國書以通經義」到「因經義以通國書」〉，收於《經學研究論叢》，第 13 輯，共 40 頁，2006 年。

30. 葉高樹：〈滿洲統治中國的特徵：對「征服王朝」理論與「漢化」觀點的省思〉，《邁向 21 世紀的臺灣歷史學論文集》，臺北：稻鄉出版社，2002 年。

31. 楊國榮：〈乾嘉學派的治學方法〉，《經學研究論叢》，1，臺北：聖環出版社，1994 年。

32. 趙令志：〈清朝在東北地區實施的民族政策淺析〉，收於朱誠如主編《清史論集——慶賀王鍾翰教授九十華誕》，北京：紫禁城出版社，2003 年。

33. 蔡長林：〈清代經今文學派發展的兩條路向〉，《經學論叢》，第一輯，臺北：聖環出版社，1994 年。

34. 鄭欽仁、李明仁編譯：《征服王朝論文集》，臺北：稻鄉出版社，1999 年

35. 賴惠敏：〈論乾隆朝初期之滿黨與漢黨〉，收於《近世家族與政治比較歷史論文集》，下冊，臺北：中央研究院近史所，1992 年。

36. 聯合報文化基金會國學文獻館編《第二屆中國域外漢籍國際學術會議論文集》，臺北：聯合報文化基金會國學文獻館，1989 年。

37. 劉桂生：〈從莊存與生平看清初公羊學之起因〉，收於《周一良先生八十生日紀念文集》，北京：中國社會科學出版社，1993 年。

38. 鍾彩鈞：〈宋翔鳳學術及思想概述〉，中央研究院中國文哲研究所「清代經學國際研討會」論文集，1994 年 6 月。

39. 鍾彩鈞：〈劉逢祿公羊學概論〉，中山大學中國文學系「第一屆清代學術研討會」論文集，1989 年 11 月。

40. 羅久蓉：〈救亡陰影下的國家認同與種族認同——以晚清革命與立憲派論爭為例〉，收於中央研究院近代史研究所編，《認同與國家：近代中西歷史的比較論文集》，1994 年 6 月。

41. 龔書鋒：〈清嘉道間漢宋學關係小議〉，收於陳捷先、成崇德、李紀祥主編《清史論集》上冊，北京：人民出版社，2006 年 9 月，初版。

（四）學位論文

1. 丁亞傑：《康有爲經學思想述評》，臺北：中央大學中文研究所碩士論文，1992 年。

2. 王玉華：《清代春秋公羊學研究》，臺北：輔大哲學所博士論文，2001 年。

3. 竺靜華：《從正續清經解的比較論清代經學的發展趨勢》，臺北：臺大中文所碩士論文，1999 年。

4. 金榮奇：《莊存與春秋公羊學研究》，臺北：政大中文所碩士論文，1989 年。

5. 吳龍川：《劉逢祿春秋公羊學研究》，桃園：中央中文所碩士論文，1997 年。

6. 吳彰裕：《清代政治思想管制之研究——以康、雍、乾三朝文字獄案爲例》，臺北：中央警察大學行政管理所碩士論文，2004 年。

7. 吳志鏗：《清初法令與滿洲本位政策互動關係之研究——以五大政令爲中心》，臺北：臺師大歷史所博士論文，1993 年。

8. 徐敏玲：《劉逢祿春秋公羊學思想研究》，台中：中興中文所碩士論文，1996 年。

9. 彭憶濟：《從「大義覺迷」到「五族共和」——近代中國民族思想的形成與演變》，桃園：中央歷史所碩士論文，2005 年。

10. 黃惠琴：《十七、十八世紀朝鮮中國觀的演變》，臺北：政大邊政所碩士論文，1994 年。

11. 黃光亮：《清代科舉制度之研究》，臺北：文化大學三民主義研究所博士論文，1975 年。

12. 黃翠芬：《章太炎春秋左傳學研究》，臺中：東海中文所博士論文，2004 年。

13. 曾聖益：《儀徵劉氏春秋左傳學研究》，臺北：臺大中文所博士論文，2004 年。

14. 傅鏡輝：《中國歷代正統論研究——依據春秋公羊傳精神的正統論著分析》，臺北：政大政治所碩士論文，1993 年。

15. 張睿娟：《清代滿人的漢化問題——以清代滿文滿語的使用爲例》，台中：東海大學歷史所碩士論文，1995 年。

16. 張廣慶：《劉逢祿及其春秋公羊學研究》，臺北：臺灣師大國文所博士論文，1997 年。

17. 潘志群：《清初的統治正當性問題》，臺北：臺大歷史所碩士論文，2003 年。

18. 蔡長林：《崔適的經學思想研究》，臺北：政大中文所碩士論文，1994 年。

19. 蔡長林：《常州莊氏學術新論》，臺北：臺大中文所博士論文，1999 年。

20. 鄭吉雄：《龔自珍「尊史」思想研究》，臺北：臺大中文所博士論文，1996 年。

21. 魏千鈞：《顧棟高春秋大事表研究》，臺北：臺大中文所碩士論文，2005 年。

22. 魏怡昱：《王闓運春秋學思想研究》，台中：東海史學所碩士論文，2002 年。

23. 蕭雅宏：《王闓運（1833-1916）的政治思想與活動》，新竹：清大歷史所碩士論文，2004 年。

附　錄

清初有關華夷問題之政治與文化大事年表（1587～1735）

年　代	西曆	性質	事　件	出　　處
天聰 3	1629	繙譯國史	設文館，繙譯漢籍	清史稿卷 2 頁 27：「夏四月丙戌朔，設文館，命巴克什達海及剛林等繙譯漢字書籍，庫爾纏及巴巴什等記注本朝政事。」
		科試	試錄生員	清史稿卷 2 頁 27：「八月……乙亥，諭曰：『自古及今，文武並用，以文治世，以武克敵。今欲振興文教，試錄生員。諸貝勒府及滿、漢、蒙古所有生員，俱令赴試。中式者以他丁償之。』九月壬午朔，初試生員，拔二百人，賞緞布有差，免其差徭。」
天聰 5	1631	學政	諭子弟讀書	清史稿卷 2 頁 37：「閏十一月庚子朔，諭曰：『我兵之棄永平四城，皆貝勒等不學無術所致。頃大凌河之役，城中人相食，明人猶死守，及援盡城降，而錦州、松、杏猶不下，豈非其人讀書明理盡忠其主乎？自今凡子弟年十五以下、八歲以上，皆令讀書。』」
		宗教	禁私立廟寺	清史稿卷 2 頁 37：「庚戌，禁國中不得私立廟寺，喇嘛僧違律者還俗，巫覡星士並禁止之。」
天聰 7	1633	國史	諭文館儒臣訂正國書	清史稿卷 2 頁 43：「冬十月……又諭文館諸儒臣曰：『太祖始命巴克什額爾尼造國書，後庫爾纏增之。慮有未合，爾等職司紀載，宜悉心訂正。朕嗣大位，凡皇考行政用兵之大，不一一詳載，後世子孫何由而知？豈朕所以盡孝道乎？』」
天聰 8	1634	科考	考試漢生員	清史稿卷 2 頁 45：「三月……壬子，考試漢生員。」
			考試通滿漢蒙書義者	清史稿卷 2 頁 45：「夏四月……辛巳，初命禮部考試滿州、漢人通滿、漢、蒙古書義者，取剛林等十六人爲舉人，賜衣一襲，免四丁。」
天聰 9	1635	國史	太祖實錄圖	清史稿卷 2 頁 51：「繪太祖實錄圖成。」
天聰 10	1636	官制	改文館爲三院	清史稿卷 2 頁 52：「三月丙午朔，清明節，謁太祖陵。辛亥，改文館爲內國史、內祕書、內弘文三院。」

崇德 1	1637	國史	立不廢騎射之祖訓、《太祖實錄》成	清史稿卷 3 頁 58：「十一月……癸丑，諭曰：『朕讀史，知金世宗真賢君也。當熙宗及完顏亮時，盡廢太祖、太宗舊制，盤樂無度。世宗即位，恐子孫效法漢人，諭以無忘祖法，練習騎射。後世一不遵守，以訖於亡。我國嫻騎射，以戰則克，以攻則取。往者巴克什達海等屢勸朕易滿洲衣服以從漢制。朕惟寬衣博袖，必廢騎射，當朕之身，豈有變更。恐後世子孫忘之，廢騎射而效漢人，滋足慮焉。爾等謹識之。』乙卯，《太祖實錄》成。」
崇德 2	1638	祖訓	再申不廢騎射之祖訓	清史稿卷 3 頁 60：「又諭曰：『昔金熙宗循漢俗，服漢衣冠，盡忘本國言語，太祖、太宗之業遂衰。夫弓矢，我之長技，今不親騎射，惟耽宴樂，則武備浸弛。朕每出獵，冀不忘騎射，勤練士卒。諸王貝勒務轉相告誡，使後世無變祖宗之制。』」
		曆法	頒滿州、蒙古、漢字曆	清史稿卷 3 頁 62：「冬十月乙未朔，初頒滿洲、蒙古、漢字曆。」
順治 1	1644	繙譯	刪譯遼金元史	清史稿卷 4 頁 85：「三月丙申，地震。戊戌，復震。甲寅，大學士希福等進刪譯《遼》、《金》、《元史》。」
		尊孔	祭先師孔子	實錄順治元年六月 16 日壬申：遣官祭先師孔子。（入關後首次祭孔）
			孔允植襲封衍聖公	清史稿卷 4 頁 88：「冬十月……丙辰，以孔子六十五代孫允植襲封衍聖公，其五經博士等官襲封如故。」
		曆法	以時憲曆頒行全國	實錄順治元年 7 月初二丁亥，採用湯若望新訂曆法，定名《時憲曆》，多爾袞諭自順治二年始將此曆頒行全國。又見清史稿卷 4 頁 87：「秋七月丁亥，考定曆法，為《時憲曆》。」
			馮銓、湯若望測日食	實錄順治元年八月初一丙辰，日食。命馮銓、湯若望赴觀象台測之，其時刻分秒及方位，按西洋新法推算吻合，而大統、回回兩曆俱差時刻。
			湯若望為欽天監掌印官	清世祖實錄卷 11，十一月二十五日己酉，以歐洲傳教士湯若望為欽天監掌印官，特免其參加每日朝會，准其在私人住宅中辦理欽天監務。又見魏特《湯若望傳》。
		官制	官制暫依明式	清史稿卷 4 頁 87：「秋七月…己亥…睿親王多爾袞諭：『軍事方殷，衣冠禮樂未遑制定。近簡各官，姑依明式。』」另見實錄順治元年七月十四日己亥多爾袞諭：「目下急剿逆賊，兵務方殷，衣冠禮樂未遑制定，近簡用各官，姑依明式，速製本品冠服，以便蒞事。」

			求賢	舉薦宜從嚴	實錄順治元年七月 29 日甲寅：多爾袞諭官民人等日：「近見廷臣所舉，類多明季舊吏及革職廢員，未有肥遯山林、隱迹逃名之士……自今以後，須嚴責舉主。所舉得人，必優加進賢之賞；所舉舛謬，必嚴行連坐之罰。……若畏避連坐，因而緘默不舉者，亦必治以蔽賢之罪。」
			衣式	薙髮束髮悉從其便	實錄順治元年五月 24 日辛亥，多爾袞諭兵部：「予前因歸順之民無所分別，故令其薙髮以別順逆，今聞甚拂民願……自茲以後，天下臣民照舊束髮，悉從其便。」
				皇族冠服宮室之制	實錄順治元年 10 月 24 日戊寅，定攝政王冠服宮室之制。三十日定諸王、貝勒、貝子、公等冠服宮室之制。
			學政	選滿洲子弟入國子監、立八旗官學	《皇朝賞故匯編》內編卷三、清世祖實錄卷 11，選滿洲子弟入國子監讀書。月底又立八旗官學，每十日赴國子監考課一次，春秋演射五日一次。清史稿卷 4 頁 92：「十一月乙酉朔，設滿洲司業、助教，官員子孫有欲習國書、漢書者，並入國子監讀書。」
				廷試貢生	清世祖實錄卷 11，十一月初七辛卯，廷試貢生，分別以知州、推官、知縣、通判、縣丞任用。
順治 2	1645	祭祀		祝文停讀漢文只讀滿大	實錄順治二年六月二十六日丙午，准禮部請，各壇及太廟讀祝文時，停讀漢文，只讀滿文，一切典禮，俱照滿洲舊制。
		科試		修繕貢院	實錄順治二年四月初九，下旨著即修繕貢院，仍照故明舊例考試。
				行武鄉試	清史稿卷 4 頁 95：「夏四月……辛巳，初行武鄉試。」
				江南鄉試	清史稿卷 4 頁 96：「六月…辛未…命江南於十月行鄉試。」
				陝西鄉試	清史稿卷 4 頁 97：「閏六月……乙巳，命陝西於十月行鄉試。」
				禁故明宗室科舉、出仕	實錄順治二年六月二十六日丙午，禁故明宗室出仕，不准參加科舉。已用者，俱著解任。其考取舉貢生員，永行停止。
				定河南鄉試中舉人數	實錄順治二年六月二十六日丙午，定河南鄉試取中舉人額數為九十四名。
		學政		滿洲子弟就學	清史稿卷 4 頁 95：「五月……戊戌，命滿洲子弟就學，十日一赴監考課，春秋五日一演射。」又見實錄順治二年五月十七日戊戌，命滿洲子弟就學，分四處，每處用伴讀十人，十日一次赴國子監考課，春秋五日一演射。

			改孔子神牌	實錄順治二年正月二十甲辰，衍聖公孔允植朝賀萬壽節，鑄給衍聖公印。二十三日，改孔子神牌為「大成至聖文宣先師孔子」。 清史稿卷4頁93：「二年春正月…丁未…更國子監孔子神位為『大成至聖文宣先師孔子。』」
			多爾袞謁孔廟	實錄順治二年六月初八己未，攝政王多爾袞謁孔子廟行禮，賜師生胥隸銀計二千二百餘兩。
			向順治帝進講六經	實錄順治二年三月十二日乙未，大學士馮銓、洪承疇奏請選派滿漢詞臣向順治帝進講六經，因皇上「一日之間，萬幾待理，必習漢文曉漢語，始上意得達而下情易通。」
			請隆聖學御經筵，不報	實錄順治二年八月初一庚辰，禮科給事中梁維本請皇帝隆聖學、御經筵。疏入，不報。
			文武官送一子入監讀書	實錄順治二年八月初二，命文官在京四品以上、在外三品以上，武官二品以上，俱送一子入監讀書。無子者，送親孫及親兄弟之子。
	衣式	薙髮令		順治二年五月26日，多鐸入南京，於各城門貼示云：「薙頭一事，本國相沿成俗。今大兵所到，薙武不薙文、薙兵不薙民，爾等毋得不遵法度，自行薙之。前有無恥官員，先薙求見，本國已經唾罵，特示。」事見計六奇《明季南略》卷四。
				順治二年五月29日，多爾袞有意令官民咸薙頭。《多爾袞攝政日記》載，大學士等入啟事，多爾袞曰：「近覽章奏，屢以薙頭一事，引禮樂制度為言，甚屬不倫。本朝何嘗無禮樂制度！今不遵本朝制度，必欲從明朝制度，是誠何心！若云身體髮膚受之父母，不敢毀傷，猶自有理；若諄諄言禮樂制度，此不通之說。予一向憐愛群臣，聽其自便，不願薙頭者不強。今既紛紛如此說，便該傳旨叫官民盡皆薙頭。」大學士等啟言：「王上一向憐愛臣民，盡皆感仰，況指日江南混一，還望王一寬容。」
				清史稿卷4頁96：「六月……丙辰，諭南中文武軍民薙髮，不從者治以軍法。是月，始諭直省限旬日薙髮如律令。」 薙髮令原文載於實錄順治二年六月十五日丙寅，諭禮部傳諭京城內外，并直隸各省府州縣衛所城堡等處，俾文武衙門官吏師生，一應軍民人等「自今布告之後，京城內外限旬日，直隸各省地方自部文到日亦限旬日，盡令薙髮。遵依者，為我國之民；遲疑者，同逆命之寇，必置重罪。」

				實錄順治二年七月初九戊午，諭禮部行文，禁京城內外軍民之非滿式衣冠者。
				實錄順治二年十月三十日戊申，原陝西河西道孔聞謤奏言，孔家服制三千年未改，請准蓄髮，以復先世衣冠。得旨：「薙髮嚴旨，違者無赦。孔聞謤疏求蓄髮，已犯不赦之條。姑念聖裔免死。……著革職，永不敘用。」
順治3	1646	國史	命宋權爲國史院大學士	清史稿卷4頁100：「三年春正月…戊，以宋權爲國史院大學士。」又見實錄順治三年正月20日戊辰，以順天巡撫宋權爲內翰林國史院大學士。
		科試	定會試時程、廷試貢生	實錄順治三年正月26日甲戌，宗本年二月首次會試全國舉人，中試名額增至四百，房考官二十員。……（同日）廷試全國貢生一百一十八人。
			任命會試總裁官	實錄順治三年二月初四辛巳，命大學士范文程、剛林、馮銓、寧完我爲全國會試總裁官。
			首次殿試	實錄順治三年三月十五日壬戌，首次殿試，其制策曰：「今恐在朝各官，固仍敝習，不能力改前非，所關治亂，甚非細故，必如何而後可盡革其弊？」「在外各官貪酷不公者甚眾，臨民聽訟唯賄是圖，善惡不分，曲直顛倒，……奸狡計行，善良被陷，……必如何而後能使官方清肅？」「欲定天下之大業，必一天下之人心，吏謹而民樸，滿洲之治也。今如何爲政，而後能使滿漢官民同心合志歟？」「以四海之廣，人民之眾，應有奇偉非常才全德備之大賢，能佐朕平治天下，以延運祚於無疆者，必如何而後可致之歟？」末云「諸士心悼前車，身逢鼎運，得失之源、治亂之故籌之熟矣，其悉心以對，毋猥、毋泛、毋、毋隱，明著於篇，朕將親覽焉。」
			定新進士授官制	實錄順治三年三月十七日甲子，從吏部右侍郎金之俊等奏言，定新進士授官制。除一甲外，二甲前五十名選部屬，後二十名選評博中行。三甲前十名選評博中行，十一名至二十名選知州，二十一名至七十名選推官，餘盡選知縣。
			取中殿試貢士，賜進士及第出身有差	實錄順治三年三月十八日乙丑，取中殿試貢士傅以漸等四百名，賜進士及第出身有差。二十三日庚午宴諸進士於禮部，賜第一甲第一名傅以漸袍帽、諸進士鈔銀。四月初八日授一甲一名進士傅以漸爲內翰林弘文院修撰，二名呂纘祖爲內翰林秘書院編修，三名李奭棠爲內翰林國史院編修；并選授進士四十六名爲庶吉士，送翰林院讀書。 清史稿卷4頁101：「三月…乙丑，賜傅以漸等進士及第出身有差。」

			命本年八月再行鄉試，來年二月再行會試	清史稿卷 4 頁 101：「夏四月……乙酉，命今年八月再行鄉試，明年二月再行會試。」實錄順治三年四月，從大學士剛林等疏請，訂於本年八月再行科舉，來年二月再行會試，「其未歸地方，生員、舉人來投誠者，亦許一體應試。」
			去除前代鄉官監生名色	實錄順治三年四月 26 日壬寅，抑故明紳衿，將前代鄉官監生名色，盡行革去，「一應地丁錢糧，雜泛差役，與民一體均當。矇矓冒免者治以重罪。」
			會試全國武舉	實錄順治三年九月初二乙巳，准兵部疏言，會試全國武舉，訂於初九日試騎射，十二日試步射，十五日試策論。 實錄順治三年九月二十癸亥，武會試出榜，取中武舉郭士衡等二百名進士及第出身有差。
			定武進士初授職銜	實錄順治三年十二月十八日庚寅，定武進士初授職銜：一甲第一名授參將，一甲第二名授游擊，一甲第三名授都司；二甲授守備，三甲授署守備。
		翰林	任錢謙益為翰林	實錄順治三年正月 27 日乙亥，任故明禮部右侍郎錢謙益仍以原官管內翰林秘書院學士事，禮部尚書王鐸仍以原官管內翰林弘文院學士事。
		繙譯	譯刊洪武寶訓頒行全國	實錄順治三年三月初四辛亥，翻譯明《洪武寶訓》書成，以順治帝名義作序，仍刊迄滿漢字，頒行全國。 清史稿卷 4 頁 101：「三月辛亥，譯《洪武寶訓》成，頒行中外。」
		尊孔	修盛京孔廟	清史稿卷 4 頁 102：「夏四月……甲辰，修盛京孔子廟。」
			「孔孟聖裔」世職	實錄順治三年六月初九甲申，改授「孔孟聖裔」世職，以孔允鈺、顏紹緒、曾聞達、仲于陛、孟貞仁等為內翰林國史院世襲五經博士。
		曆法	湯若望新造曆書	實錄順治三年六月十四日己丑，以新造書成，加欽天監監正湯若望太常寺少卿，仍理監事。
			頒時憲曆	實錄順治三年十月初一癸酉，頒順治四年《時憲曆》。
順治 4	1647	科試	命會試主考	實錄順治四年二月初四乙亥，命范文程、剛林、祁充格、馮銓、寧完我、宋權為會試主考官。
			殿試貢士	實錄順治四年三月十五丙辰，殿試各省貢士，其制策曰：「帝王之治天下，莫不以得人為急務。朕深維真才希觀，知人實難。」如以言貌取人，慮有內外不符；如以薦舉進用，慮有朋黨援引；如以博學能文，慮有存心奸妄。「必如何而後真才可得歟？」

				「近聞現任官員，伯叔昆弟宗族人等以及廢紳劣衿大爲民害。」有司畏懼而不問，小民飲恨而代償。明季弊習，迄今猶存，必如何而後可痛革歟？「今當昆民，又慮軍興莫繼，將欲取盈以足餉，又恐民困難蘇。必如何而後能兩善歟？」務各出己見，逐條獻策，勿用四六，不限長短，毋得預誦套詞，拘泥舊式。 實錄順治四年三月十七日戊午，取中殿試貢士呂宮等三百名，賜進士及第出身有差。 清史稿卷4頁106：「三月戊午，賜呂宮等進士及第出身有差。」 實錄順治四年四月初九庚辰，授一甲第一名進士呂宮爲內翰林秘書院修撰，第二名、第三名皆授編修。
		尊儒	優免儒生	實錄順治四年二月十二癸未，以浙東福建平定，頒詔全國。詔中「合行恩例」共二十七款，包括大赦、免加派、優免儒生等項。 清史稿卷4頁106：「癸未，詔曰：『朕平定中原，惟浙東、全閩尚阻聲教，百姓辛苦墊隘，無所控訴，爰命征南大軍貝勒博洛振旅而前。既定浙東，遂取閩越。先聲所至，窮寇潛逋。大軍掩追，及於汀水，聿釗授首，列郡悉平。顧惟僭號阻兵，其民何罪，用昭大賚，嘉與維新。一切官民罪犯，咸赦除之。橫征逋賦，概予免。山林隱逸，各以名聞錄用。民年七十以上，給絹米有差。』」
		國史	纂修明史	實錄順治四年五月27丁卯，多爾袞對大學士剛林、祁充格曰：「爾等纂修《明史》，其間是非得失，務宜據事直書，不必意爲增減，以致文過其實。」
		舉薦	詔舉隱逸之士	清史稿卷4頁107〜108：「秋七月……甲子，詔曰：『中原底定，聲教遐敷。惟粵東尙爲康藩所阻，嶺海怨咨，已非一日。用移南伐之師，席卷惠、潮，遂達省會。今爾官民，初非後至，一切罪犯，咸赦除之。逋賦橫征，概與豁免。民年七十以上，加錫粟帛。所在節孝者旌，山林有才德者錄用。南海諸國能嚮化者，待之如朝鮮。』」
		用人	官子弟通文理者酌用	實錄順治四年十月28乙未，命入朝侍衛各官子弟內通文理者，吏部酌用。尋部議：「監生以通判用，廩增附以州同手，未入庠者以州判用。宋犖時年十五歲，以監生擬通判用。」
順治5	1648	民族	滿漢爭端	實錄順治五年八月19辛亥，因京城滿漢官民間「爭端日起，劫殺搶奪，而滿漢人等彼此推諉，竟無已時」，故下令除投充人外，「凡漢官及商民人等盡徙南城居住」，其原住房屋每間給銀四兩，限明年底以前搬完。寺廟僧道可不動，但不准留人住宿。

			許滿漢通婚	清史稿卷 4 頁 112：「八月…壬子…令滿漢官民得相嫁娶。」實錄順治五年八月 20 壬子，令許滿漢通婚。諭曰：「方今天下一家，滿漢官民皆朕臣子，欲其各相親睦，莫若使之締結婚姻。自後滿漢官民有欲聯姻好者，聽之。」八月二十八日庚申規定，滿官民欲娶漢女者，實係為妻者方准；任職官員需先呈明戶部；滿女與漢人為婚，凡部冊有名者均需事先報部。
			滿漢議政異議	實錄順治十年四月初九甲辰，大學士署吏部尚書陳名夏等漢官二十七人，因在議前興安鎮總兵任珍罪情時，兩議皆不當，初分別處分。陳名夏罷署吏部事，陳名夏及戶部尚書陳之遴、左都御史金之俊削官銜二級、罰俸一年，其餘尚書、侍郎、御史等各降級罰俸。初十日順治帝召陳名夏等于午門，諭以得罪之由，云：「初議錯誤，則亦已爾，及再三申飭，即當省改，豈可仍行混議？凡事會議，理應劃一，何以滿漢異議？雖事亦或有當異議者，何以滿洲官議內無一漢官，漢官議內無一滿官？此皆爾等心志未協之故也。本朝之興，豈曾謀之爾漢官輩乎？故明之敗，豈屬誤于滿官之言乎？奈何不務和衷而恆見乖違也。自今以後，務改前非，同心圖效，以副朕眷顧之意。不然，朕雖欲爾貨，而國法難容。」
		國史	命將明實錄政事送內院	實錄順治五年九月初九庚午，因纂修明史缺天啓四年、七年實錄及崇禎元年以後事迹，命內外衙門將所缺年分之上下文移有關政事者，均匯送內院。
順治 6	1649	國史	修太宗實錄	實錄順治六年正月初八丁卯，修太宗實錄，命大學士范文程、剛林、祁充格、洪承疇、馮銓、寧完我、宋權為總裁官，學士王鐸、查布海等八人為副總裁官。
			章奏送史館	實錄順治六年二月初八丁酉，從大學士剛林等奏，命六科每月將「臣民章奏，天語批答」，錄送史館，付翰林官分任編纂，供日後修史之用。
		官制	定內三院制	實錄順治六年正月 17 丙子，定內三院官制。每院設學士一員，侍讀學士一員，侍講學士一員，侍讀一員，侍講一員。
		科試	殿試貢士	實錄順治六年四月 12 庚子，殿試全國貢士，策問解決滿漢未合、地荒民逃之大計。十六日取中劉子壯等三百九十五名，賜進士及第出身有差。 清史稿卷 4 頁 115：「甲辰，賜劉子壯等進士及第出身有差。」

順治 7	1650	繙譯	刊三國演義	俞正燮《癸巳存稿》卷九，順治七年正月 25 庚辰，頒行滿譯《三國演義》
		祖訓	勿忘武備	實錄順治七年三月 25 戊寅，告誡滿州官民，「雖天下一統，勿以太平而忘武備」，嗣後「不得沉湎嬉弃，耽誤絲竹，違者即拿送法司治罪。」
		學政	并蘇松學政	實錄順治七年七月 25 丙子，并蘇松學政於江寧。
順治 8	1651	尊孔	賜衍聖公等宴	實錄順治八年二月 25 癸卯，賜衍聖公孔興燮、五經博士顏紹緒、曾聞達、孔毓檗、孟貞仁、仲於陛等宴。
			遣官祭孔	清史稿卷 5 頁 124：「夏四月庚戌……遣官祭嶽鎮海瀆、帝王陵寢、先師孔子闕里。」
			免衍聖公進馬	清史稿卷 5 頁 127：「冬十月……甲子，免諸王三大節進珠、貂、鞍馬及衍聖公、宣、大各鎮歲進馬。」
		國史	纂修明史	實錄順治八年閏二月初六癸丑，從大學士剛林等奏，爲纂修明史，敕內外各官以重賞購求天啓、崇禎實錄及邸報、野史、外傳、集記等書，廣詢博訪，匯送禮部。
			剛林擅改國史	實錄順治八年閏二月 28 乙亥，刑部等審議大學士剛林、祁充格等依附多爾袞罪。剛林之罪有：當多爾袞取閱太祖實錄，命刪去其母之事時，遂與范文程、祁允格共同抹去，擅改國史；推崇多爾袞之功德，僭擬至尊；刪改盛京時所錄太宗史冊等凡八款。以其「詔附睿王，一切密謀逆迹，皆爲之助」，處死，籍沒，妻子爲奴。祁充格則于各案「無不與剛林同預逆謀」，亦處死，籍沒。剛林弟常鼐、查布海革職、鞭一百，家產止照披甲人留給，餘籍沒。順治帝云大學士范文程「曾效力太宗朝，在盛京時又不曾預貝子碩托之罪，後知睿王所行悖逆，托疾家居，眾亦共知。睿王取去剛林時，以范文程不合其意，故不取去。范文程著革職，本身折贖，仍留原任。前所行情罪已結，今後於委任職掌，當矢忠報效。」又革祁充格子白成額內院侍讀職。
			陳泰等爲國史院大學士	清史稿卷 5 頁 124：「三月……己丑，以希福爲弘文院大學士，陳泰爲國史院大士。改李率泰爲弘文院大學士，寧完我爲國史院大學士。」
			雅秦爲內國史院大學士	實錄順治八年七月 13 戊子，大學士陳泰、李率泰寫上論發科有錯，「謬傳朕旬於前，復以無例爲有例，狡飾奏請於後，欺詆顯然」，被革任降世職，贖身。以吏部侍郎雅秦爲內國史院大學士；以護軍統領杜爾德爲議政大臣。 清史稿卷 5 頁 126：「秋七月……戊子，大學士陳泰、李率泰以罪免。以雅秦爲內國史院大學士，杜爾德爲議政大臣。」

			額色黑任大學士	實錄順治八年十月 13 日丁巳，升刑部啓心郎額色黑爲內國史院大學士。事亦見清史稿卷 5 頁 127：「冬十月…丁巳，以額色黑爲國史院大學士。」
			編太宗實錄	實錄順治八年十二月 25 戊辰，准大學士希福奏，編太宗實錄。
		學政	定生員教官考核行事法	實錄順治八年三月 12 己丑，准吏部條議學政事：凡學臣報滿應照例考核；科歲兩考完日即報部銓部；學臣以到任日爲始，歲考限十二個月考完，「所取生童文字以純正典雅爲主，詭謬者本生裭革、學臣參處」；「生員不許聚眾結社、糾黨生事，及濫刻選文窗稿，犯者學臣以失職論」；「教官、生員不遵教條違法者，學臣嚴行懲究；若與武職兵丁有爭，教官、生員聽學臣處治，不許武臣擅責，武職兵丁該衙門處治，不許生員結黨爭抗」。
		科試	許滿蒙漢軍子弟科舉	清史稿卷 5 頁 124：「三月……丙午（29 日），許滿洲、蒙古、漢軍子弟科舉，依甲第除授。」事亦見同日實錄。
			定鄉試差員例	實錄順治八年四月初六壬子，定各直省鄉試差員例。各省正副主考，分別以翰林、給事中、光祿寺少卿、六部司官、行人、中書評事等官任之；各衙門愼選倍送，吏部擬定正陪，疏請簡命，其已充會試房考、鄉試主考者不得重選。房考、順天由吏禮二部選用，各省由巡按御史選用。
			廷試貢生	世祖實錄卷 56，順治八年四月 15 辛酉，廷試全國貢生一千七十二名，帝行「臨雍」禮，以孔、顏、曾、孟、仲五代子孫觀禮生員十五人送監讀書，是爲「聖裔監生」，自是永著爲例。事又見清朝文獻通考卷 65。
			議定八旗科舉例	清史稿卷 5 頁 126：「八月…乙卯…定順天鄉試，滿洲、蒙古爲一榜，漢軍、漢人爲一榜，會試、殿試如之。」 世祖實錄卷 57 順治八年六月 27 壬申，禮部議定八旗科舉例。凡應考年分，內院同禮部考取滿洲生員一百二十名，蒙古生員六十名，順天學政考取漢軍生員一百二十名；鄉試，取中滿洲五十名，蒙古二十名，漢軍五十名，各衙門無頂戴筆帖式亦准應試；會試，取中滿洲二十五名，蒙古十名，漢軍二十五名，各衙門他赤哈哈番、筆帖式哈番俱准應試，滿洲、蒙古同一榜，漢軍與漢人同一榜。事又見清朝文獻通考卷 47、64。

順治 9	1652	尊孔	帝赴太學祭孔、行禮	實錄順治九年九月 22 辛卯，帝往太學釋奠先師孔子，行兩跪六叩頭禮。聽祭酒、司業講易經、書經。傳制云：「聖人之道，如日中天，講究服膺，用資治理，爾師生其勉之。」二十三日諸王大臣上慶賀表；宴衍聖公、內院官、翰林七品以上官、祭酒、司業、學官、五經博士、四氏子孫及禮部、太常、光祿、鴻臚寺執事官於禮部。同月二十四日，於午門前賜衍聖公、五經博士等袍帽，監生每人銀一兩。 清史稿卷 5 頁 130：「九月……辛卯，幸太學釋奠。癸巳，賚衍聖公、五經博士、四氏子孫、祭酒、司業等官有差。敕曰：『聖人之道，如日中天。上之賴以致治，下之貳以事君。學官諸生當共勉之。』」
		國史	編太宗實錄	實錄順治九年正月 29 辛丑，以大學士希福、范文程、額色黑、洪承疇、寧完我為纂修太宗文皇帝實錄總裁官，學士伊圖、馬爾都、蘇納海、蔣赫德、劉清泰、能圖、葉成格、圖海、白色純、胡統虞、成克鞏、張端為副總裁官，侍讀學士麻祿、侍講學士李呈祥、侍讀岳映斗、侍講傅以漸、編修王炳昆等二十六名為纂修官。
		科試	照會典南北中卷例	實錄順治九年正月 30 壬寅，從禮部議，今年壬辰科會試按恩詔廣取四百名，照會典南中卷之例，南卷應取二百三十三名，北卷應取一百五十三名，中卷應取一十四名。
			科　弊	實錄順治九年三月初八己卯，大學士范文程等參奏，會試中惑第一名舉人程可則「文理荒謬，首篇悖戾經注」，士子不服。帝命革程可則名，治考試官罪。四月二十日，主考學士胡統虞降三級，成克鞏降一級，同考官各罰俸。
			殿　試	實錄順治九年三月 28 己亥，殿試取中滿洲蒙古貢士麻勒吉等五十人，漢軍及漢貢士鄒忠倚等三百九十七人，賜進士及第出身有差。事又見清史稿卷 5 頁 128。
			選派進士	實錄順治九年六月初六丙午，從吏部議復：「直省各府推官應俱用進士，不足乃以舉人間補，其從前貢生考定推官者改選知縣。」
			選滿漢文庶吉士	實錄順治九年七月 24 癸巳，選授進士白乃貞、方猷、湯斌等二十名為滿文庶吉士；周季琬、曹爾堪、張瑞徵等二十名為漢文庶吉士。入館學滿、漢文，「用昭朝廷作養人才之意」。
		行政	敕兼書滿漢	實錄順治九年三月初七戊寅，命滿漢冊文誥敕兼書滿漢字，外藩蒙古冊文誥敕兼書滿洲蒙古字，著為令。

		曆法	進渾天球等	實錄順治九年七月初五甲戌，欽天監監正湯若望進渾天星球、地平日晷等儀器，清廷賜以朝衣、涼朝帽、靴、襪。
		學政	奏請訓迪宗室	實錄順治九年十月 15 癸丑，工科副理事官三都奏言：「從古帝王開國，首重訓迪子孫，誠以富貴之極，恐不習學而荒。」「我朝宗支繁衍，凡諸王貝勒貝子公等皆股肱親臣，出則受命專征，入則參贊庶政，責任較往代更重」，宜「選官教授，及時勸學，使之肆力詩書，通達禮義，則宗室人才輩出。」
			每旗設宗學	世祖實錄卷 70 順治九年十二月初九丁未，宗人府衙門因工科副理事官三都疏，議定：每旗設宗學，每學以學行兼優之滿漢官各一員為師，凡未受封宗室之子年十歲以上者俱入學；親王、世子、郡王則選滿漢官各一員講論經史。得旨：每旗設滿洲官教習滿書，其漢書聽其自便。事又見清朝文獻通考卷 63。
			每鄉設社學	清朝文獻通考卷 21，是年，令直省州縣於每鄉設社學，擇文義通曉、行誼謹厚者充社師，免其差徭，量給廩餼，由提學考核。
順治 10	1653	民族	諭滿漢臣會同奏事	清史稿卷 5 頁 131：「十年春正月庚午，諭曰：『朕自親政以來，但見滿臣奏事。大小臣工，皆朕腹心。嗣凡章疏，滿、漢侍郎、卿以上會同奏進，各除推諉，以昭一德。』」
			駁去滿官議	實錄順治十年二月初九丙午，帝至內院覽少詹事李呈祥請於部院衙門裁去滿官、專任漢人之議。謂大學士洪承疇等曰：「李呈祥此疏大不合理。夙昔滿臣贊理庶政，並畋獵行陣之勞，是用得邀天眷，大業克成，彼時可曾咨爾漢臣而為之乎？朕不分滿漢，一體眷遇，爾漢官奈何反生異志？若以理言，首崇滿洲固所宜也。想爾等多系明季之臣，故有此妄言耳！」同月十八日將李呈祥流徙盛京。
		論史	帝論漢唐宋明諸君優劣	清史稿卷 5 頁 132：「十年春正月……丙申，幸內苑，閱《通鑑》。上問漢高祖、文帝、光武及唐太宗、宋太祖、明太祖孰優。陳名夏對曰：「唐太宗似過之。」上曰：「不然，明太祖立法可垂永久，歷代之君皆不及也。」事又見實錄順治十年正月 29 丙申。
		國史	編太宗實錄	實錄順治十年正月 19 丙戌，以陳名夏為纂修太宗實錄總裁官。
		學政	諭幼少讀書	實錄順治十年正月 28 乙未，諭滿洲、蒙古、漢軍及漢人之幼少年者，學習藝業騎射之暇，應旁涉書史。

			試滿文庶吉士	實錄順治十年二月 19 丙辰，帝面試習滿文庶吉士，通滿文之胡兆龍、李霨、莊洞生三人升用，沙澄等十二人責令勉力學習俟再試，全未通曉者五人調六部用。
			考試取文行優長、辦事有能者兼用之	實錄順治十年三月 27 日癸巳，順治帝至內院，召原任大學士馮銓入見，曰：「朕于翰林官躬親考試，文之優劣畢見，可以定其高下矣。」馮銓奏曰：「簡用賢才，亦不宜止論其文，或有優于文而不能辦事行已弗臧者，或有短于文而優于辦事操守清廉者。南人優于文而行不符，北人短于文而行可喜。今茲考試，亦不可止取其文之優者而用之。文行優長、辦事有能者兼而用之。」帝曰：「銓之言是。」
			清釐學政	實錄順治十年四月十九日甲寅，帝命清釐學政。諭禮部云：「比聞各府州縣生員有通文義，倡優隸卒本身及子弟廁身學宮，甚者出入衙門交結官府，霸占地土，武斷鄉曲，國家養賢之地，竟爲此輩藏垢納污之所」；提學官員則「賄賂公行，照等定價，督學之門，竟同商賈」，「以致白丁豪富冒濫衣巾，孤寒飽學終身淹抑。」命提學官員按定例考查諸生、冒濫者褫革；以「試士爲市」之提學官許督撫按指參奏。 本日，諭戶部云：「前代一條鞭法，總收分解，責成有司，小民便于輸納，不受撫害，國家亦收實課，不致缺用，立法良善。見行條鞭地方，著官收官解，不得仍派小民。其點解地方，爾戶部等衙門著即詳議具奏，以便永遠通行。」六月十七日戶兵二部議定：改折各直省本折錢糧，歸於一條鞭法，總收分解，永著爲例。又以民間充解物料、款項繁多，命戶部等查明：『有應解本色、易於買辦者，永遠改折』。」
			設遼陽府學	實錄順治十年十一月初四丙申，設遼陽府附郭遼陽縣。改海州爲海城縣，又設遼陽府學，令寄借永平者改歸本學肄業。
		繙譯	翻譯五經	實錄順治十年二月 16 癸丑，帝命內院諸臣翻譯五經。
		衣式	官冠服從滿式	實錄順治十年二月 29 丙寅，帝見漢官冠服多不遵制，命以後務照滿式，不許異同。如仍有參差不合定式者，以違制定罪。
		曆法	加湯若望官銜	順治十年三月初二戊辰，授予太常寺卿、管欽天監事湯若望以「通懸教師」稱號，加俸一倍，賜以敕諭。事見魏特《湯若望傳》引《湯若望回憶錄》。
		旌恤	旌恤明末「殉難忠臣」	實錄順治十年四月十七日辛亥，清廷旌恤明末「殉難忠臣」大學士范景文、戶部尚書倪元璐等十五員，給謚賜祭；太監王承恩已經立碑賜地、春秋供祭，仍與謚。

順治 11	1654	民族	諭漢官圖報主恩	實錄順治十一年正月十一日壬寅，帝至內院諭陳名夏、呂宮曰：「今觀漢官之圖報主恩者，何竟無一人耶？」陳名夏奏曰：「臣等豈無報效之心！即有此心，皇上或無由洞悉耳。」帝曰：「數年來徒厪朕懷，曾無愉快。應升之人得升，不思圖報猶可；不應升者越次簡用，全不思報，反謂己才所致。」陳名夏奏曰：「皇上厚恩無不思報，但臣等才庸識淺，致有錯失爲難必耳。」帝曰：「錯失何妨，與其才高而不思報國，不如才庸而思報國之爲愈也。倘明知而不思報效，擅敢亂行，事發決不輕貸。彼時毋得怨朕，自貽伊戚耳。」
			祁通格奏滿漢官制一體	實錄順治十一年五月 29 日，工科副理事官祁通格奏：漢官文武殊科，漢官則文武互用；漢官官有常職，滿官則官無定員；漢官職掌相同者品級無異，滿官則授官定品兼論前程；漢官大臣兼加宮階，滿官只有本等職銜；漢官有九品正從，滿官只于七品並無正從，漢官論俸升遷，滿官或驟躋崇階或數年不轉；漢官犯罪重者革職輕者降罰，滿官只有革罰而無降處。如此異制，殊非滿漢一體之意，請敕部議，以勵官常。下所司議。
			諭宗學永停習漢字諸書	實錄順治十一年六月初九丁卯，帝以習漢書、入漢俗，將漸忘滿洲舊制，諭宗人府：宗學讀書之宗室子弟既習滿書，即可閱讀已翻譯成滿文之漢書，永停習漢字諸書。是年又定察驗官學生之例，八旗每佐領下選官學生一名，由禮部會同國子監察驗，三年一次，學業無成者退回，本佐領選人頂補。（又見《清朝文獻通考》卷六四）
			滿漢一體	實錄順治十一年十二月二十二日戊寅，從禮部議，滿洲、蒙古、漢軍，以後只准舉人會試，在部院衙門之他赤哈哈番、筆帖式系六、七品官，皆有職任，不准會試，使滿漢一體。
		繙譯	譯洪武大誥	實錄順治十一年十月十五日辛未，大學士寧完我進故明《洪武大誥》三冊，帝命內院諸臣翻譯進覽。
順治 12	1655	刊刻頒行	御編資政要覽	實錄順治十二年正月二十一日丙午，帝編《資政要覽》成，自爲序。序曰：「朕惟帝王爲政，賢哲修身，莫不本於德而成於學，如大匠以規矩而定方圓，樂師以六律而正五音。凡古人嘉言善行載於典籍者，皆修己治人之方，可施於今者也。朕孜孜圖治，學于古訓，覽四書、五經、通鑑等編，得其梗概，推之十三經、二十一史及諸子之不悖於聖經者，莫不蘊涵事理，成一家言。但卷帙浩繁，若以之教人，恐未能一時盡解其義，亦未能一時盡得其書；因思夫記事宜提其要，纂言當鉤其元，乃采集

				諸書中之關於政事者，爲三十篇。又慮其渙而無統，於是每篇貫以大義，聯其文，於忠臣孝子、賢人廉吏，略舉事迹；其奸貪不肖悖亂者亦載其內，使法戒迥然。加以訓詁、詳其證據，譬之萃眾白以爲裘，範六金而成鼎，旨約而易明，文簡而易閱，名曰《資政要覽》。
		御編勸善要言		實錄順治十二年正月二十五日庚戌，帝編《勸善要言》成，自爲序。
		編順治大訓		實錄順治十二年正月二十六日辛亥，帝命設館編《順治大訓》一書，將忠臣義士、孝子順孫、賢臣廉吏、貞婦烈女及奸貪鄙詐、愚不肖等分門別類編輯。以大學士額色黑、金之俊、呂宮爲總裁官，能圖、張懸錫、李霨爲副總裁官，王無咎、方拱乾、吳偉業等十八人爲纂修官。
		開館編太祖聖訓、太宗聖訓		實錄順治十二年四月二十九日癸未，帝命開館編《太祖聖訓》、《太宗聖訓》以大學士馮銓、車克、成克鞏、劉正宗、傅以漸爲總裁官，麻勒吉等七人爲副總裁官。
		頒賜御製諸書予文官		實錄順治十二年九月二十五日丙午，帝以御製《資政要覽》、《範行恆言》、《勸善要言》、《儆心錄》各一部頒賜異姓公以下、三品以上文官。
	西學	利類思、安文思獻物		《明清史料》丙編第四本：（順治十二年二月二十七日壬午）耶穌會教士利類思、安文思以有天主像之書一本、自鳴鐘一架、萬象鏡一架、按刻沙漏一具、鳥槍一枝、畫譜一套獻順治帝。按利類思、安文思原在四川傳教，順治三年隨肅親王至京，時居固山額眞圖賴家。
	民族	諭勿窩隱		實錄順治十二年三月初七壬辰，時朝廷漢臣多對隱匿逃人治罪過嚴不滿，雖上言者均受處分，但言者仍不絕。帝等諭曰：「在昔太祖、太宗時，滿敎士征戰勤勞，多所俘獲，兼之土沃歲稔，日用充饒。茲數年來，疊遭飢饉，又用武遐方，征調四出，月餉甚薄，困苦多端。向來血戰所得人口，以供種地牧馬諸役，乃逃亡日眾，十不獲一，究厥所由，奸民窩隱，是以立法不得不嚴。若謂法嚴則漢人苦，然法不嚴則窩者無忌，逃者愈多，驅使何人？養生何賴？滿洲人獨不苦乎！歷代帝王大率專治漢人，朕兼治滿漢，必使各得其所，家給人足，方愜朕懷。往時寇陷燕京，漢官漢民何等楚毒，自我朝統率將士入關，剪除大害，底于粉寧；即今邊隅遺孽殘虐百姓，亦藉滿洲將士驅馳掃蕩。滿人既救漢人之難，漢人當體滿人之心。乃大臣不宣上意，致小臣不知；小臣不體上意，致百姓知，及奉諭條奏

				兵民疾苦，反借端瀆陳，外博愛民之名，中無爲國之時。若使法不嚴而人不逃，豈不甚便？爾等又無此策，將任其逃而莫之禁乎？朕雖涼德，難幾上理，然夙夜焦思，不遑暇逸，惟求惠養滿漢，一體沾恩，以副皇天降鑒，祖宗委托。爾等諸臣當遍曉愚民，咸知朕意，方是實心報主，毋得執迷不悛，自干罪戾！」
			禁群臣再言逃人事，言者治罪	實錄順治十二年三月初九甲午，諭云：「逃人一事累經詳議，立法不得不嚴，昨頒諭旨，備極明切。若仍執迷違抗，偏護漢人，欲令滿洲困苦，謀國不忠，莫此爲甚，朕雖欲宥之弗能矣。茲再行申飭，自此諭頒發之日爲始，凡章奏中再有干涉逃人者，定置重罪，決不輕恕。」
			諭吏部不可因滿漢而兩議	實錄順治十二年十月十八日戊辰，諭吏部，每覽法司復奏本章，左都御史龔鼎茮往往倡另議，若事繫滿洲。則同滿議附會重律；事涉漢人，則多出兩議曲引寬條。龔鼎孳「不思盡忠圖報，乃偏執市恩，是何意見！著明白回奏。」龔回奏引罪，二十六日降八級調用。
	科試		會試取滿漢貢士賜進士第	實錄順治十二年三月十五日庚子，殿試會試取中之滿洲蒙古貢士圖爾宸等五十人，漢軍及漢人貢士史大成等四百四十九人。十九日賜進士及第出身有差。
	學政		以「興文教、崇經術」諭直省學臣	實錄順治十二年三月二十七日壬子，帝以「興文教，崇經術」諭直省學臣云：「訓督士子，凡六經諸史有關於道經濟者，必務講求通貫，明體達用，處者爲眞儒，出則爲循吏；內外各官政事之暇，亦須留心學問。」
			設日講官	實錄順治十二年三月二十八日癸丑，設日講官。
			禁科試隱匿年歲	實錄順治十二年四月二十二日丙子，帝諭禮部：近來進呈登科及鄉會殿試等卷，率多隱匿年歲，以老爲壯，以壯爲少，甚至染剃須鬢，進身之始即爲虛僞，將來行事可知。「朝廷用人量才授任，豈論年齒家世」，命悉行改正。
			初行武舉殿試	實錄順治十二年九月二十一日壬寅，初行武舉殿試，諭兵部：今科中式武舉二百二十名，應照文進士例一體殿試，將親行閱視，先試馬步箭，次試策文，永著爲例。十月初一日、初三日，帝親試騎步射於景山，初五日親行策試。
			朱煌襲五經博士	實錄順治十二年十二月十五日乙丑，以朱熹十五世孫朱煌襲其父翰林院五經博士職。

順治 13	1656	出版編修	編通鑑全書、孝經衍義	實錄順治十三年正月初四癸未，帝命編《通鑑全書》，以巴哈納等四人爲總裁官，張長庚等九人爲副總裁官。又命編《孝經衍義》，以馮銓爲總裁官，馮溥、黃機、吳偉業等爲編纂官。
			刊行御注孝經	葉高樹《清朝前期的文化政策》（臺北：稻鄉出版社，2002 年 7 月，初版）〈第四章　杜遏邪言，以正人心：思想言論的管制措施〉頁 195 所列之表 4-1-1「順、康、雍、乾四朝官方刊刻儒家典籍一覽表」，則以是年內府刊行《御注孝經》一卷，有六行、七行本。
			令馮銓專任經史著述編摩	實錄順治十三年二月三十日己卯，大學士馮銓因年老致仕。諭吏部：「念其器識老成，學問充裕，可以文章資朕，著仍在朕左右，以備顧問，一切經史著述編摩，皆令專任。」
		學政	升吳偉業爲國子監祭酒	實錄順治十三年二月初六（卷九八）升侍講吳偉業爲國子監祭酒，旋因母喪丁憂回江南原籍。
			定八旗子弟應試及衙門取用定數	實錄順治十三年二月初七丙辰，以八旗各令子弟專習詩書，未有講及武事者，命禮部「配量每年錄下當讀滿漢書子弟幾人，定爲新例具奏，凡應試及衙門取用均在定數之內，其定數外讀書子弟各衙門無得取用，亦不許應試。」
			試習滿文庶吉士	實錄順治十三年二月十五日甲子，帝親試習滿文庶吉士，因其學習已一年而尙有語句生疏者，前十名予以賞賜，後四名各罰俸三個月。
			諭應敬受業師	實錄順治十三年二月二十七日丙子，傳諭諸漢臣曰：「今觀風俗日移，人心習於澆薄，遇幼年受業之師，略不致禮，惟以考試官爲師，終身加敬。夫以理論，則自幼教育之師，受其誨導，自宜始終敬禮；若考試官員，朕所遣也，豈受業者比哉！自後此等悉宜明示禁革之。」
			暫緩除四書五經及有關政治外之進講	實錄順治十三年二月二十七日丙子，吏科給事中王啓祚奏言：「皇上博覽群書，內院諸臣翻譯不給」、「請自今除四書五經以及《資治通鑑》、《貞觀政要》、《大學衍義》有關政治者，時令日講諸臣進講外，其餘姑且緩之。
			帝親試習滿文之翰林	實錄順治十三年閏五月初八日乙卯，帝親試習滿文之翰林官員，王熙等六人學問皆優，白乃貞等四人向之所學今反遺忘，命停俸，再學三年，如怠惰不學，從重議處；郭棻、李昌垣習學已久，全不通曉，降三級調外用，補官時罰俸一年。論云：翰林官「兼習滿漢文字，以俟將來大用，期待甚殷。」命以後「俱當精勤策勵，無負朕惓惓作養、諄諄教誨至意。」〔註 1〕

〔註 1〕《世祖實錄》卷 101、又見《清朝文獻通考》卷 59。

			准吳三桂進士依漢例	實錄順治十三年六月初一戊寅，准吏部議奏，吳三桂屬下之進士、貢監俱照漢軍例，升轉補授。
		科試	減八旗科試取中名額	實錄順治十三年八月二十一日丙申，減八旗科舉考試取中名額。減滿洲生員額四十名，舉人額十名，進士額五名；蒙古生員額二十名，舉人、進士額各五名；漢軍生員額二十名，舉人額五名。減後，滿洲生員額留八十名，蒙古生員留四十名，漢軍生員留一百名。〔註2〕
順治 14	1657	科試	禁投拜門生	實錄順治十四年正月十五日戊午，諭：「近乃陋習相沿，會試鄉試考官所取之士，及殿試讀卷、廷試閱卷、學道考試優等，督撫按薦舉屬吏，皆稱門生。往往干謁于事先，徑竇百出；酬謝於事後，賄賂公行。甚至平日全未謀面，一旦仕宦同方，有上下相關之分，輒妄托師生之稱，或屬官借名獻媚，附勢趨炎；或上官恃權相迫，恐喝要挾；彼此圖利，相煽成風，恬不知恥，以致下吏職業罔修，精神悉用之交結；上司弗問吏治，喜怒一任乎私心。因而薦舉不公，官評淆亂，負國殃民，不知理義，深可痛恨。」「以後內外大小各官俱宜恪守職掌，不許投拜門生，如有犯者，即以悖旨論罪。薦舉各官，俱照衙門體統相稱；一切讀閱卷考試等項，俱不許仍襲師生之號，即鄉會主考同考，務要會集一堂，較閱試卷，公同商訂，惟才是求，不許立分房名色，如揭榜後有仍前認作師生者，一并重處不貸。」
			限八旗參與科舉	實錄順治十四年二十一日甲子，諭吏禮兵三部：「今見八旗人民崇尚文學，怠于武事，以披甲為畏途，遂致軍旅較前迥別。……今後限年定額考取生童，鄉會兩試俱著停止；各部院衙門取用人員，不必分別滿漢文學，初用授以筆帖式哈番，停其俸祿，照披甲例給以錢糧；任滿三年，如果勤敏，該堂官詳核，給以七品俸祿，照披甲例給以錢糧；任滿三年，如果勤敏，該堂官詳核，給以七品俸祿；再滿三年，果能稱職，升補他赤哈哈番。」
			廷試貢生任用例	實錄順治十四年四月二十九日壬申，詔廷試貢生不必以通判用，所取上卷以知縣用，中卷以州同、州判、縣丞用。
			順天科場案發	實錄順治十四年十月二十五日甲午，順天科場案發。是年順天鄉試科場，與試者生員四千人，貢監生一千七百餘人，中額只二百零六名。時因與試者眾而中額少，因之營求者蝟集，輦金載銀，幅集都下。而諸考

〔註2〕　《世祖實錄》卷103、又見《清朝文獻通考》卷64。

				官均少年輕狂，皆欲結權貴，樹私人，私許密約者已及千百人。因囑託過多，額數有限，闈中推敲，煞費苦心。凡爵高者必錄，爵高而黨羽少者次之，在京三品以上官員子弟無不中；財豐者必錄，財豐而名不素布者又次之。榜發，眾考生嘩然。帝於本日以「科場為取士大典，關係最重，況輦轂近地，係各省觀瞻，豈可恣意貪墨行私，所審受賄、用賄、過付種種情實，可謂目無三尺，若不重加懲治，何以懲戒將來！」命將主考諸人及行賄有據之舉人田耜、鄔作霖俱立斬，家產籍沒，父母兄弟妻子流徙。全案於順治十五年四月始作最後處理。〔註3〕
			命順天中式舉人複試	實錄順治十四年十一月十一日己酉，因順天科場舞弊，命中式舉人複試。十九日又諭：如有托故規避者，即革去舉人，永不許應考。「仍提解來京，嚴究規避之由」。禮部奉旨，文移嚴厲，諸新舉人咸震恐，兼程趕赴京師，會順治帝避痘南苑，遲遲未能複試，諸新舉人之親友畏同疫鬼，未去者驅出恐後，復至者閉戶不納，乃與保解雜役偃息於破寺廢觀之中。雖流離凍餒，猶執卷呻哦不息。〔註4〕
			江南科場案發	實錄順治十四年十一月二十五日癸亥，江南科場案發。是歲江南鄉試弊多，榜發後士子大嘩，有為詩文雜劇唾罵者，主考官離去時士子隨州唾罵，至欲投磚擲石。工科給事中陰應節參奏：江南主考方猶等弊竇多端，榜發後士子忿其不公，哭文廟、毆考官，物議沸騰，其彰著者如取中之方章鉞，係少詹事方拱乾第五子，與猶聯宗有素，乘機滋弊冒濫。奏上，命將主考方猶、錢開宗及同考官俱革職，并中式舉人方章鉞由刑部速拿來京嚴行詳審；命總督郎廷佐就闈中一切弊竇速行嚴察，將人犯解交刑部，命方拱乾明白回奏。命所查議。〔註5〕
		刊刻頒行編修	議修大清會典	實錄順治十四年正月二十五日戊辰，兵科給事中金漢鼎請修《大清會典》，下所司議。
			敕修賦役全書	實錄順治十四年十月初七丙子，命戶部右侍郎王弘祚主持編定《賦役全書》。諭云：「茲持命爾部右侍郎王弘祚將各直省每年額定徵收起存總撒實數，編列成帙，詳稽往牘，參酌時宜，凡有參差遺漏，悉行駁正……綱舉目張，滙成一編，名曰《賦役全

〔註3〕 見《世祖實錄》卷112、信天翁《丁酉北闈大獄記略》、婁東無名氏《研堂見聞雜記》。

〔註4〕 《世祖實錄》卷113、信天翁《丁酉北闈大獄記略》。

〔註5〕 《世祖實錄》卷113、婁東無名氏《研堂見聞錄》。

					書》，頒布天下，庶使小民遵茲令式，便于輸將；官吏奉此章程，罔敢苛斂，為一代之良法，垂萬世之成規。」
			求書	詔購遺書	實錄順治十四年三月十一日甲寅，詔直省學臣購求遺書。
				捐修致祭石鼓書院	實錄順治十四年八月十一日辛巳，偏沅巡撫袁廓宇奏：衡陽石鼓書院崇祀漢臣諸葛亮及唐宋臣韓愈、朱熹等，聚諸生講學其中，延續至元明，值明末兵火傾圮，請倡率捐修，查舊例致祭。從之。
			學政	始行經筵	實錄順治十四年九月初七丙午，帝始行經筵，其儀注：事前，帝親往弘德殿，行致祭先師孔子之禮，待奉先殿告成，并祭告奉先殿。講官由內院酌定數員題用，經書講章由講官撰送內院改定後呈皇帝閱過。開講之日，內院滿漢大學士，六部滿漢尚書，都察院、通政使司、大理滿漢堂官各一員，于保和殿丹墀侍班，滿漢科官各一員、御史二員侍儀皇帝書案及講官講案。禮部、鴻臚寺官預先陳設皇帝所覽之書及講官所講之書。皇帝升座，侍班各官行兩跪六叩頭禮，兩旁侍立。講官至講案前一跪三叩頭，近案前立，先講四書畢，由講經官講經，退立于原班，同眾官出殿至丹墀下兩旁排班，行兩跪六叩頭禮，侍立。皇帝還宮，眾官出至協和門領恩宴訖，于太和門外行謝恩宴一跪三叩頭禮，各回。
順治 15	1658	科試		複試丁西科順天舉人	實錄順治十五年正月十七日甲寅，帝親複試丁西科順天舉人，試場在太和門，面諭曰：「頃因考試不公，特親加復閱」，爾等「安心毋畏，各抒實學。」二月十三日取中一百八十二名，仍准會試；八名文理不通，革去舉人。取中者既慶更生，又有幸為「天子門生」，皆歡呼忭舞，持刺交賀，京師肴酒為之騰貴。〔註6〕
				會試試題由帝頒發	實錄順治十五年二月十七日甲申，從御史趙祥星言，諭：會試「第一場四書題目，候朕頒發，餘著考試官照例出題。」
				殿試改於太和殿丹墀	實錄順治十五年三月初八乙巳，元年以來，殿試俱在天安門外，自是從禮部奏，改為在太和殿丹墀考試。
				帝複試丁西科江南舉人	實錄順治十五年三月十三日庚戌，帝親複試丁西科江南舉人。二十一日取中吳珂鳴一人准同今科會試中式者一體殿試；汪溥勛等七十四名仍准作舉人；

〔註 6〕 《世祖實錄》卷 114、115、信天翁《丁西北闈大獄紀略》。

				史繼佚等二十四名亦准作舉人，罰停會試二科；方域等十四名文理不通，革去舉人。順治十六年三月，再複試江南丁酉科舉人。
			殿試	實錄順治十五年四月初二戊辰，行殿試，制策中云：「今欲使兆庶遂生樂業，咸得其所，庶幾衣食足而禮義興，人心協正，風俗還淳；敦尚經學，而修明性道；君子懷刑，小人亦恥犯法。俾隆古之上理再見于今日，何道而可？」初五日，賜取中孫承恩等三百四十三人進士及第出身有差。〔註7〕
			更定科場條例	實錄順治十五年四月二十一日丁亥，更定科場條例，共十款：凡解卷遲延，司府官每十日罰俸兩月，解役耽擱，另行治罪。磨勘試卷有字句可疑者，一卷，主考官罰俸九月，同考官降三級；二卷，主考官罰俸一年，同考官降四級；三卷，主考官降一級，同考官革職提問；四卷，主考官降二級；五卷，主考官降三級；六卷，主考官革職；七卷，主考官革職提問。其文體不正者，主同考官與字句可疑之處分略同稍輕。凡舉子試卷字句可疑、文體不正者俱褫革；有蒙詞累句者罰停會試二科；不諳禁例者罰停三科。凡用墨筆藍筆添改字句者，考官降三級。其他有關違例違式之處分尚有多款。
			處理順天科場案餘犯	實錄順治十五年四月二十五日辛卯，處理順天科場案其餘罪犯。此案自上年十月將李振鄴等七人處死後，窮追到底，株連甚廣，以致「朝署半空，圄圇幾滿」，遷延半載，病者死者時相聞。至是，法司審擬：斬立決者十九人，立絞者五人，絞監候者一人。帝親行面訊，命從寬免死，各責四十板，流徙尙陽堡，原擬斬之十九人家產籍沒，其中八人妻子父母兄弟流徙尙陽堡。董篤行等因自認溺職，免罪，復原官；曹本榮等亦免議。〔註8〕
			禁吏部書役作弊	實錄順治十五年五月十二日戊申，禁吏部書役作弊，改定揀選官員之法。諭稱：吏部書役「不但四司互相作弊，且連結各部書役，一切往來文移，皆相交通，預藏弊端」；「報缺到部，則于開單取之選之時，任意遲速，以遂貪悉；參罰開復，則于各部咨付之間，蒙混稽留，以待營競」；「往往

〔註7〕 據陳康祺《郎潛紀聞》，孫承恩之弟孫暘，爲丁酉順天舉人，應遣戍。帝閱卷，見籍貫，疑承恩與暘爲一家，遣學士王熙往詢。熙與承恩善，因告以原由，承恩慨然曰：「禍福命耳，不可以欺君賣弟。」帝旣賞其文，尤喜其不欺，遂定爲一甲第一名。是年六月，特免其連坐流徙之罪。

〔註8〕 《世祖實錄》卷116、121。信天翁《丁酉北闈大獄記略》。

				擇地之遠近美惡以待人，因人之靜聽奔營以出缺」；「上下其手，交相朦蔽，種種弊端，摘發難盡。」命各部堂司官「盡力厘剔，務絕前弊」。又以督撫按舉者多，劾者少，致庸碌之官久占員缺，造成選法壅滯。因規定：鄉會試減少取中額數，會試進士每科三百名減去一百名，鄉試舉人照各省額數減半；改近省舉人，會試五科方准揀選；除歲貢照舊外，其餘貢監考職者，每百名只取正印官八人，其餘俱以州縣佐貳用；吏員初選，只予九品以下職銜，不得越授。
			鄉會試取中額數減半	實錄順治十五年七月二十三日戊午，更定鄉會試取中額數，減其半。
			審結江南科場案	實錄順治十五年十一月二十八日辛酉，審結江南科場案諸犯。主考官方猶、錢開宗立斬，妻子家產籍沒；同考官葉楚槐、周霖、張晉、劉廷桂、田俊民、郝惟訓、商顯仁、李祥光、銀文燦、雷震聲、李上林、朱建寅、王熙如、李大升、朱湄、王國禎、龔勛俱絞立決，盧鑄鼎已死，其妻子家產與諸同考官者均籍沒入官。舉人方章鉞、張明薦、伍成祥、姚其辛、吳蘭友、莊允堡、吳兆騫、錢威，俱責四十板，家產籍沒，與父母兄弟妻子流徙寧古塔；程度淵在逃，命總督郎廷佐、亢得時嚴緝。是案自去冬逮諸犯審訊，已經一年，或以為可因緣幸脫。刑部原擬主考官斬絞，同考官流徙尚陽堡，方章鉞等革去舉人，而帝嚴命重處，並責刑部對此案「徇態遲至經年，且將此重情問擬甚輕」，將刑部尚書圖海、白允謙，侍郎吳喇禪、杜立德，郎中安護、胡悉寧，員外郎馬海，主事周明新等革去加銜加級，或降級留任。
		學政	令直省學臣廣搜送部	實錄順治十五年五月二十四日庚申，准國子監條奏：監中缺少書籍，令直省學臣廣搜送部；其十三經、二十一史等監板殘缺者修補，補成後各印一部收藏監內，俱翻譯滿文，選擇歲貢，應於該部過堂時詳察，青年者方准送監。
			裁國子監八旗漢博士等	實錄順治十五年七月十四日己酉，裁國子監八旗漢書教習、漢博士、助教、學錄等十一員。
		刊刻頒行編修	令直省學臣廣搜送部	實錄順治十五年五月二十四日庚申，准國子監條奏：監中缺少書籍，令直省學臣廣搜送部；其十三經、二十一史等監板殘缺者修補，補成後各印一部收藏監內，俱翻譯滿文，選擇歲貢，應於該部過堂時詳察，青年者方准送監。
			刊行易經通注	據葉高樹《清朝前期的文化政策》〈第四章　杜遏邪言，以正人心：思想言論的管制措施〉頁 195 所

				列之表 4-1-1「順、康、雍、乾四朝官方刊刻儒家典籍一覽表」，是年內府刊行傅以漸等撰《易經通注》九卷。
順治 16 戊戌	1659	科試	複試江南丁酉科舉人	實錄順治十六年閏三月二十八日戊子，帝親複試江南丁酉科舉人，命下後府縣敦促就道，眾舉子倉惶束裝，父母兄弟揮涕而別，諸家無不罄產捐資，以因緣上下。四月初九日，定葉方靄等七十名仍准作舉人，其中十二人免罰科，准會試；第七十一至第九十名亦准作舉人，其中十八人罰停會試二科。
			禁會試舉人場前投詩文	實錄順治十六年六月十五日甲辰，從禮科給事中楊雍建奏，「會試舉人，場前投瀝詩文，干謁京官，最為可惡。以後有犯者，著革去舉人，下刑部究擬；京官不行舉首，事發一體重治。科場關節，出名告發授受有據者，俱照丁酉科南北兩闈例重處；如係誣告，反坐。」
			定新科進士進用例	實錄順治十六年十月十二日己亥，命新科進士除已選庶吉士者外，俱以推官、知縣用，永著為例。
		學政	定內閣、翰林院職掌	實錄順治十六年三月二十八日己未，定內閣、翰林院職掌。內閣職掌十項：具題纂修實錄等項書籍各官職名；辦理記載詔書、上傳、敕諭、冊文、寶文、表文、御屏，收藏六科錄疏并各項書籍、各處祭文等項；撰擬文武各官世襲封贈誥命、敕命及敕書，并用寶；精微批號；經筵日講，翰林官撰完講章看詳進呈；翻譯本章；撰寫壇廟各陵祝文及神牌匾額；登記世官檔子；收揭帖紅本、票簽檔子；撰擬碑文、祭文、謚號。翰林院職掌二十項：經筵日講，撰擬講章；外國奏書令四譯館官翻譯；考選庶吉士，開列教習庶吉士職名送內閣具題；纂修翻譯各項書史，開列纂修職名送內閣具題；凡會試、鄉試及武會試主考開列職名送該部具題；撰擬封贈誥敕，開列翰林官職名送內閣具題；題補翰林官員及差遣、俸滿、丁憂、給假等項行文各部；其他有侍直、侍班、扈從、貼黃、修玉牒、捧敕書、教內書尚、上陵分獻、冊封賚詔等項。其會試、殿試、廷試、舉貢、冊封事宜等四項歸禮部職掌；撰擬印信關防字樣，文官歸吏部，武官歸兵部。
			魏裔介條陳國子監事	實錄順治十六年閏三月十六日丙子，左都御史魏裔介條陳四事，其　曰：國子監係學校重地，果有高賢碩德、堪為師表者，宜就其品秩，久任以責成功。
			定國子監滿官職	實錄順治十六年十二月二十日丙午，定國子監滿祭酒以太常寺少卿管國子監祭酒事，滿司業以太常寺寺丞管國子監司業事

			革衍聖公孔興燮衛	實錄順治十六年十二月初三日己丑，衍聖公孔興燮因濫刑擅斃廟戶，被革去少傅兼太子太傅銜。
		祭祀	尊四祖陵爲祭永陵	實錄順治十六年十一月二十五日壬午，尊四祖陵爲永陵，遣官告祭。
		其他	立故明崇禎帝碑	實錄順治十六年三月十五日丙午，立故明崇禎帝碑，大學士金之俊撰碑文。文中引順治帝十四年二月之語，概括崇禎朝之失政，末云：「俾天下後世讀《明史》者，咸知崇禎帝之失天下也，非失德之故，總由人臣謀國不忠所致。庶後之爲人臣者，悚然知所戒。而後之爲人君者，亦知慎于用人也已。」
			定世職承襲例	實錄順治十六年十二月十九日乙巳，定世職承襲例。除嫡子孫承襲外，有絕嗣者許親兄弟及親兄弟子孫承襲三世，三世之後停止承襲，其嗣養疏遠宗族之子，不准承襲。
			再申朋黨門戶之禁	實錄順治十六年五月初五日乙丑，再申朋黨門戶之禁。諭云：「明末群臣背公行私，黨同伐異，恣意揣摩，議論紛雜。一事施行，輒謂出某人意見；一人見用，輒謂係某人汲引；一人被斥，輒謂係某人排擠；因而互相報復，撓亂國政，此等陋習，爲害不小，朕甚恨之。」近來內外大小諸臣中，「尚有仍踵前代陋習，妄生意度者，深爲可惡」，今後「若有挾私疑端，以至角立門戶，漸開報復之端者，必重罪不宥。」
順治 17 庚子	1660	科試	禁考官舞弊	實錄順治十七年二月二十七日壬子，因禮科給事中楊雍建條奏，規定：每科鄉試，京闈同考官應取員外、主事、中、行、評、博，及近畿推、知、守部進士開列點用，即日入闈；同考官先取甲科，不足，兼取鄉科；若同考官作弊，聽主考官糾參；若主考官通同作弊，京闈許監察御史糾參，外省許各撫按糾參；撫按所取同考官有作弊者，撫按一并治罪。
		刊刻頒行編修	頒三國志予諸王、章京	實錄順治十七年二月二十九日甲寅，以翻譯之《三國志》頒賜諸王以下，甲喇章京以上官。
順治 18 辛丑	1661	刊刻頒行編修	編纂會典	實錄順治十八年三月十七日丙寅，始編纂《會典》，命將各衙門現行事務，如銓法、兵制、錢穀、財用、刑名律例，及內外文武各官之恩恤、蔭、贈、諭祭、造葬等項，或滿漢分別、參差不一者，或前後更易、難爲定例者，由議政王、貝勒、大臣、九卿、科道會同，詳考太祖、太宗成憲，斟酌更定，勒爲一代典章，以便永遠遵行。

		科試	殿試	實錄順治十八年四月二十五日甲辰殿試，四月二十九日戊申賜馬士俊等三百八十三人進士及第出身有差。
		士人涉事	江寧倪用賓、金人瑞案發	據《哭廟紀略》、《研堂見聞雜錄》，是月，江寧巡撫朱國治以吳縣生員倪用賓、金人瑞等十八人「聚眾倡亂」事上報朝廷。先是倪用賓等因知縣任維初貪酷虐民，于巡撫等官因順治帝之喪哭于文廟時，遞進揭帖，縣中相從者達千餘人。朱國治徇態任維初，以倪用賓等「震驚先帝之靈，聚眾倡亂，搖動人心」上報。後命滿洲侍郎等前往研審。四月初，將人犯解至江寧會審，廣爲株連，於是訛言大起，人心惶惶。七月十二日題准，將倪用賓、金人瑞等十八人俱處斬，其中八人妻子家戶籍沒。
			莊廷鑨明史案發	據全祖望《鮚埼亭集》外編卷22〈江南兩大獄記〉、顧炎武《亭林文集》卷五〈書潘吳二子事〉、婁東無名氏《研堂見聞雜錄》、陳寅清《榴龕隨筆》。是年春，順治十八年春，莊廷鑨私著《明史》案發。南潯人莊廷鑨，得故明大學士朱國楨所著《明史稿》，竄名刊之，並補崇禎朝遺事，書中頗有貶斥滿洲之文。時歸安知縣吳之榮罷官，欲以告發爲功，白其事于將軍松魁，松魁轉呈巡撫吳昌祚，昌祚牒督學胡尚衡。莊廷鑨送納巨賄，得免，乃稍去貶斥語重刊之。吳之榮計不成，乃購得初刊之本，上之法司，遂興大獄。凡刊刻、參校、藏書、鬻書者，及該管知府、推官之不發覺者，均株連治罪。至康熙二年五月二十六日，獄決，處死者七十人，凌遲者至十八人，諸犯妻子皆流徙；莊廷鑨早死，發墓焚骨，殺其父、兄、弟。松魁削官，其幕友俱戮于市。吳昌祚、胡尚衡幸免，湖州知府譚希閔、推官李煥皆以隱匿罪處絞。書中列名之驤、陸圻、查繼佐以事前出首，得免罪。
			江南奏銷案	實錄順治十八年六月初三庚辰，江寧巡撫朱國治疏報：蘇松常鎮四府屬及溧陽縣未完錢糧之文武紳衿共一萬三千五百一十七名，應照例議處；衙役人等二百五十四名，應嚴提究擬。
康熙1壬寅	1662	官制	翰林院裁并	實錄康熙元年二月十二日丙辰，因翰林院已裁并內三院，命裁其侍講學士及侍講。內三院各增設侍讀學士二員，侍讀二員。定侍讀爲正五品
康熙2癸卯	1663	編修	修《品級考》	實錄康熙二年正月二十七日丙申，命修《品級考》。
		科試	鄉會考試止考八股文，改以策論	實錄康熙二年八月初八癸卯，從禮部議，「鄉會考試停止八股文，改用策論表判。鄉會兩試，頭場策五篇，二場用四書及五經題作論各一篇，表一篇，判五道，從甲辰科爲始。」

			復八旗鄉試	實錄康熙二年九月初七日辛卯，恢復八旗鄉試，取中滿洲齊蘭保等二十一名，蒙古布顏等十七名，漢軍姚啓聖等一百一十八名，送吏部錄用。
		文字獄	明史案決	據顧炎武《亭林文集》卷五、楊鳳苞《秋室集》、節庵《莊氏史案本末》載，康熙二年五月二十六日癸巳，文字獄明史案決。初，明相國朱國楨曾著《明史》。明亡，朱家敗落，其子孫以未刊之《列朝諸臣傳》稿本價千兩賣於豪富莊廷鑨。莊廣聘諸名士補撰崇禎一朝，并竄名爲己作刻板，所續諸傳多有指斥清開國事者。時歸安罷官知縣吳之榮，妄圖借此敲詐勒索竟遭拒絕，遂上告杭州滿州將軍松魁。莊家知此事，以重金厚賄松魁，松魁遂將原書擲還吳之榮，不予受理。莊允城即將書中指斥語刪節重印。吳之榮計不成，購得初刊本進京，上之法司。事聞，遣刑部侍郎審判定罪。本日，處重辟者七十人，凌遲者十八人，莊廷鑨已死，戮其屍。此案株連甚廣，或其親屬子女，或參與該書撰稿者，或爲書作序、校對者，或爲書抄寫刻字者，或偶而購得此書者，皆不免於難。吳之榮自後啓用，官室右僉都御史。
康熙3甲辰	1664	科試	賜進士	實錄康熙二年三月二十四日丙戌，賜殿試貢士嚴我斯等一百九十九人進士及第出身有差。
		學術	錢謙益故世	清史稿卷484
			德川光國遣小宅生順見朱舜水	中村杉太郎《日中兩千年》，水戶藩主德川光國遣儒生小宅生順往長崎見朱舜水，探討學問。次年，朱舜水應邀至水戶教學。德川光國稱彼「由詩文禮樂至水旱田作之理，由房匡建造至酒鹽油醬之方，先生無不精通備至。」
		刊刻頒行	刊國子監四書大全、五經等書	實錄康熙二年三月二十五日丁亥，從順天府府尹甘文焜疏請，印刷國子監《四書大全》、《五經》等書，頒發順天府及各省布政使司，以備科場之用。
		西學	楊光先著辟邪論駁湯若望	實錄康熙二年七月二十六日乙卯，基督教教案起。先是，江南徽州府新安衛官生楊光先發表《辟邪論》，攻擊傳教士湯若望等及在華基督教，至本年，傳教士利類思、安文思作《天學傳概》以駁之。繼而楊光先作《不得已》，利類思復著《不得已辨》。本日，楊光先陳《請誅邪教疏》於禮部，指湯若望等邪說惑眾，違中國傳統理法，「借曆法以藏身，窺伺朝廷機密」，在曆法上添印「依西洋新法五字，暗竊正朔之權以尊西洋」，並以澳門爲軍事基地，內外勾結，陰謀不軌，危害國家。進《摘謬論》、《選擇議》二篇，斥新法十謬及擇榮親王安葬日期之誤。八月初七日，禮部始審湯若望、南懷仁、利類

				思、安文思及欽天監監副李祖白、翰林許之漸（爲《天學傳槪》作序）、潘盡孝（湯若望之義子）、太盛許坤（基督教徒，散發《天學傳槪》者）諸人，令外省一切傳教士至京受審。審訊至十一月十九日，判湯若望革職廢銜，除潘盡孝係武職交兵部處治外，其餘人等交刑部議處。〔註9〕
康熙 4 乙巳	1665	科試	復行三場舊制	實錄康熙四年三月十六日壬寅，禮部右侍郎黃機疏請科場取士復行三場舊制，使「士子知務實學，而主考鑒別亦得眞儒。」下部知之。
		刊刻頒行編修	爲修明史命官明送明季史事之書	實錄康熙四年八月十六日己巳，爲纂修《明史》，重申順治五年九月旨意，命各衙門查送天啓四、七兩年實錄及崇禎元年以後事迹，官民家中有記載明季時事之書亦應送，「雖有忌諱之語，亦不治罪。」
		學術	洪承疇病故	實錄康熙四年二月，致仕大學士洪承疇病故。三月二十三日予祭葬，謚文襄，卒年七十三歲。
		西學	擬決湯若望及欽天監官罪	聖祖實錄卷14、魏特《湯若望傳》：康熙四年二月底三月初，湯若望案經刑部與議政王大臣會議審訊，認定西洋新法有錯，「天祐皇上，歷祚無疆，而湯若望只進二百年曆，俱大不合；其選擇榮親王葬期，不用正五行，反用洪範五行，山向年月俱犯忌殺，事犯重大」。因擬決湯若望及欽天監官員杜如預、楊弘量、李祖白、宋可成、宋發、朱光顯、劉有泰等皆凌遲處死，上述官員之子及湯若望義子潘盡孝俱立斬決，利類思、安文思、南懷仁及各省傳教士皆杖百拘禁或流充。
			因星變地震大赦欽天監諸人	實錄康熙四年三月初五日辛卯，因星變地震下大赦詔，「冀答天心，爰布寬仁之典」，「恩赦」十一條，免順治十八年以前拖欠錢。三月初六壬辰，因大赦詔，利類思、安文思、南懷仁及太監許坤俱被免罪釋放出獄。三月十六日，關於湯若望及其干連人等應得何罪，下旨仍著議政王貝勒大臣九卯科道再加詳核，分別確認具奏。
			免湯若望罪	聖祖實錄卷14～15、魏特《湯若望傳》：康熙四年四月初三日己未，湯若望案自二月至四月，經過十二次議政王大臣會議審訊擬決。本日得旨，因湯若望「效力多年，又復衰老」，杜如預、楊弘量「但念永陵、福陵、昭陵、孝陵風水，皆伊等看定，曾經效力」，故皆免罪釋放。「伊等既免，其湯若望義子潘盡孝及杜如預、楊弘量干連族人責打流徙，亦

〔註9〕又見《清史稿》卷272。魏特《湯若望傳》。

				著俱免」。欽天監其餘五位官員「李祖白、宋可成、宋發、朱光顯、劉有泰俱著即處斬」，其干連族人俱責打流徙。
			傳教士驅逐出京	魏特《湯若望傳》：康熙四年八月初二日乙卯，命除湯若望、利類思、安文思、南懷仁外，其餘各地集中在京之傳教士二十五人（其中耶穌會士二十一人，多明我會士三人，方濟各會士一人），一律驅逐出京，限期南下廣東。十月初三下令湯若望遷出館所（天主教西堂），由楊光先進住。康熙五年七月十五日，湯若望在北京逝世，終年七十四歲。
		官制	止考滿，復京察制	實錄康熙四年正月初十日丁酉，山西道御史季振宜條陳停止考滿三疏，言自行考滿以來，內外文武各官，相互表功，為謀取優等，賄賂上官，以至侵欺國賦，盤剝小民，扣克兵餉，弊不勝言。且自正月至四月，乃自陳考滿之日，一人一疏，以數千計，繁瑣不堪，影響各衙門正常事務。十七日，決定以後各官升轉照例論俸，停止考滿。部院官有不稱者堂官題參，各省文武有不稱職者督撫題參，「自陳」皆停止。二十四日，決定恢復京察之制，自康熙四年起，每六年對官員考察一次。
康熙 6 丁未	1667	科試	滿蒙漢同場一例考試	實錄康熙六年九月初六丁未，命滿洲、蒙古、漢軍與漢人同場一例考，其生童于鄉試前一年八月間考試。
		刊刻頒行編修	修世祖章皇帝實錄	實錄康熙六年九月初五丙午，纂修清世祖章皇帝實錄，以大學士班布爾善為監修總裁官，大學士巴泰、圖海、魏裔介、衛周祚、李霨為總裁官，學士塞色黑、明珠等十二人為副總裁官，侍讀學士達哈他等為滿纂修官，侍讀學士單若魯等十四人為漢纂修官。
		士人繫獄	江南民沈天甫誣吳元萊案	實錄康熙六年四月二十日甲子，江南民沈天甫、呂中、夏麟奇等撰詩二卷，假稱係黃尊素等一百七十人所作，陳濟生編集，故明大學士吳甡等六人為之序。沈天甫指使夏麟奇至吳甡之子中書吳元萊住所詐索財物。吳元萊察該書非其父手迹，控于巡城御史。康熙帝以「奸民詆稱謀叛，誣陷平人，大干法紀」，下所司嚴審。沈天甫等皆處斬，被誣者不問。
			禁奸民詐害	實錄康熙六年四月二十六日庚午，刑部議復：「近見奸民捏成莫大之詞，逞其詐害之術。在南方者不曰通海，則曰逆書；在北方者不曰七賊黨，則曰逃人。謂非此則不足以上聳天下，下怖下民。臣請敕下督撫，以後如有首告實係謀反逃人等事，即與審理，情實者據事奏聞，情虛者依律反坐，毋得借端

				生事，株累無辜。如奸民不候督撫審結徑來叩闕者」，「旗人枷號兩月、鞭一百，係民責四十板，流三千里。」從之。
			申飭滿漢堂司實心任事	實錄康熙六年五月十六日己未，御史嚴曾榘奏言：六部「滿漢堂司，官多而意見不一，人雜而賢否不齊。或滿司定一稿而漢司爭之，或漢堂創一論而滿堂不合。始也議論參差，繼也因循推諉，及限期既迫，反草率具奏，此皆不肯實心任事之故。」奏上，命通行申飭。
		政事	熊賜履奏朝廷重大之務	《聖祖實錄》卷 22、《清史稿》卷 249、263、《國朝先正事略》卷六載，康熙六年六月初一甲戌，內弘文院侍讀熊賜履奏言，百姓負擔重，私派倍於官征，雜項浮於正額，蠲賦則吏收其實而民受其名，賑濟使官增其肥而民重其瘠。應以守令之貪廉爲督撫之優劣，督撫中之貪污不肖者立予罷斥。又言朝廷重大之務有四，爲「政事紛更而法制未定」，「職業墮廢而士氣日靡」，「學校廢弛而文教日衰」，「風俗僭侈而禮制日廢」。又請選「耆儒碩德」、「天下英俊」于皇帝左右，講論道理，以備顧問。又請皇帝熟讀《大學衍義》一書，「證諸六經之文，通諸歷代之史，以爲敷政出治之本」。疏入報聞。時鰲拜以此疏意在劾己，請治以妄言罪，并禁言官不得上書陳奏。康熙帝均不許，曰：「彼自陳國家事，何預汝等耶！」事又見
			官員不論滿洲漢軍漢人擇賢推用	實錄康熙六年六月初八日辛巳，議政大臣等遵諭議定，各省督撫，不論滿洲、漢軍、漢人，應挑選賢能推用，提督總兵官亦然。十九日又定，凡用滿洲督撫之省，亦用滿洲布政使、按察使。
			明裔朱光輔于江南謀反	《明清史料》丁編第八本，康熙六年九月二十四日乙丑，故明後朱光輔稱周王，于江南謀反清，事發被擒，與其黨數十人皆凌遲處死。該案株連甚廣，其同案人于康熙九年仍在緝拿中。
康熙 7戊申	1668	科試	復試八股	實錄康熙七年七月初五日壬寅，命鄉會試恢復以八股文取士。
			諫帝日讀史冊，不必待經筵	實錄康熙七年五月十八日乙卯，御史田六善請皇帝不必等待經筵，可日取漢唐宋元四代史冊親閱數條，能使「大智益廣」。報聞。
			熊賜履請設起居注官	實錄康熙七年九月十六日，內秘書院學士熊賜履疏諫帝邊外之行，并請設起居注官。允所奏，停邊外之行。
		曆學	命選精天文者入欽天監	實錄康熙七年二月十六乙酉，帝命各省選送精通天文之人，經考試後于欽天監任用。

			命監副吳明烜親自推算	實錄康熙七年八月二十九日乙未，因欽天監官員計算曆法差錯甚多，命以後由該監監副吳明烜親自推算。
			禮部以江南得元郭守敬天文儀奏聞	實錄康熙七年十月二十三日戊子，禮部以江南收集到元代郭守敬天文儀器奏聞。康熙帝以欽天監監正楊光先層請取用律管、葭莩、秬黍製作儀器，恢復失傳千二百餘年候氣之法，但時過二年未見效驗，命詢問楊光先再議具奏。
			楊光先奏宋訪得候氣之人	實錄康熙七年十一月二十一日丙辰，欽天監監正楊光先奏稱，律管尺寸雖載在《史記》，而用法失傳，能候氣之人尙未訪得。且自身染風疾，不能管理。本日，禮部議復，查楊光先職司監正，候氣之事不當推諉，應仍延訪博學有心計之人，以求候氣之法。
			南懷仁劾奏吳明烜所修曆法	實錄康熙七年十二月二十六日庚寅，南懷仁劾奏欽天監監副吳明烜所修康熙八年曆內閏十二月，應是康熙九年正月。又有一年兩次春分、兩次秋分種種差誤。帝命議政王、貝勒、大臣、九卿科道等會同確議。二十九日，康親王杰書等復奏，曆法精微，遽難定議，應差大臣同伊等測驗，遂命大學士圖海、李霨等官員二十人同南懷仁、吳明烜等測驗。
康熙 8 己酉	1669	科試	恢復舉人選任知縣例	實錄康熙八年十二月十七日丙子，恢復從舉人中挑選知縣之例
		學政	帝赴太學	實錄康熙八年四月十五日丁丑，帝赴太學。先一日於宮中吃齋，本日具禮服、乘輦，王、貝勒、貝子、公隨行，文武各官先於文廟丹墀下列。帝由大成中門步行至孔子牌位前，行二跪六叩頭禮，親釋奠畢，往彝倫堂，賜講官坐。滿漢祭酒以次講易經、司業講書經，四品以下翰林官、五經博士、各執事官、學官、監生等序立聽講畢，宣制曰：「聖人之道，如日中天，講究服膺，用資治理，爾師生其勉之。」
			衍聖公率眾進謝表	實錄康熙八年四月十六日戊寅，衍聖公孔毓圻率祭酒、司業、學官、五經博士、五氏子孫、各監生進謝表。賜宴於禮部，賜袍服、銀兩有差，頒賴諭刊挂彝倫堂。
		刊刻頒行編修	世祖實錄成	實錄康熙八年三月初一甲午，《世祖章皇帝實錄》草稿告成。
			命索額圖為世祖實錄總裁官	實錄康熙八年八月二十四日甲申，以一等侍衛索額圖為內國史院大學士。九月初十日庚子，命大學士索額圖為纂修《世祖章皇帝實錄》總裁官。
			劉汝漢疏請舉行經筵	實錄康熙八年四月十九日辛巳，兵科給事中劉汝漢疏請舉行經筵，下部議行。

康熙 9 庚戌	1670	學政	以程宗昌、程延祀襲五經博士	實錄康熙九年正月初八日丙申，從河南巡撫郎廷相疏請，以宋儒程顥、程頤後代程宗昌、程延祀襲五經博士。
			准包衣下子弟爲蔭生	實錄康熙九年二月二十七日乙酉，改定例，准包衣下官員子弟爲蔭生、監生，筆帖式照部院例給與品級。
			嚴申正風俗重教化	實錄康熙九年十月初九日癸巳，嚴申正風俗重教化，諭禮部：「法令禁于一時，而教化維于可久。」「近見風俗日敝，人心不古」「念慈刑辟之日繁，良由化導之未善。朕今欲法古帝王，尚德緩刑，化民成俗。舉凡敦孝弟以重人倫，篤宗族以昭雍睦，和鄉黨以息爭訟，重農桑以足衣食，尚節儉以惜財用，隆學校以端士習，黜異端以崇正學，講法律以儆愚頑，明禮讓以厚風俗，務本業以定民志，訓子弟以禁非爲，息誣告以全良善，誠窩逃以免株連，完錢以省催科，聯保甲以弭盜賊，解仇忿以重身命。以上諸條作何訓迪勸導，及作何責成內外文武該管各官督率舉行，爾部詳察典制定議以聞。」十一月二十六日頒上述「聖諭十六條」，通行曉諭八旗及各省府州縣鄉村人等。
			選八旗文武官子弟入國子監	實錄康熙九年十一月二十八日辛巳，改順治十八年八旗文官子弟不許送官學生入國子監之規定，仍按順治十八年以前例，由本佐領將八旗文武官子弟選送二人入國子監學習。
		曆學	選八旗官學生習天文	實錄康熙九年九月初四戊午，禮部遵旨議定，于八旗官學生中每旗選取十名，交欽天監與漢天文生一同分科學習，有精通者候滿漢博士缺出補用。
		刊刻頒行編修	岳樂爲監修玉牒總裁官	實錄康熙九年三月初三日庚申，以安親王岳樂爲監修玉牒總裁官。
			纂修會典	實錄康熙九年五月二十一日丙子，從御史張所志疏言，纂修《會典》。
		科試	殿試	實錄康熙九年三月初四日辛酉，賜殿試貢士蔡啓僔等二百九十二人進士及第出身有差。
			以進士爲庶吉士習滿書	實錄康熙九年四月二十九日乙卯，以新科進士李光地、王琰、陳夢雷、張鵬翮等二十七人爲庶吉士，教習滿書。
			二甲三甲進士以知縣用	《清朝通典》「選舉」條、《熙朝紀政》卷一載，康熙九年五月，因推官已裁，定二甲三甲進士均以知縣用。
		官制	議滿漢大臣品級劃一	實錄康熙九年三月十七日甲戌，按帝諭滿漢大臣品級劃一之旨，議政王大臣等會議後復奏：滿州大學士、尚書、左都御史均係一品，侍郎、學士、副都

				御史、通政使、大理寺卿均係二品。漢大學士原係正五品，今爲二品；尚書、左都史均係二品；侍郎、學士、副都御史、通政使、大理寺卿均係三品。滿州郎中係三品，員外郎係四品；漢郎中係正五品，員外郎係從五品。今若將漢人官員品級與滿洲劃一，則在外升調品級不符。查順治十五年曾將滿洲官員品級與漢人劃一，後康熙六年又改爲照舊。今實行劃一，應將滿洲官員品級照順治十五年之例，其現在品級仍准存留，以後補授之時照此定例補授。從之。事又見《清朝掌故匯編》卷1。
		祭祀	謁孝陵	實錄康熙九年八月十三日丁酉，帝赴河北遵化馬蘭峪謁孝陵順治帝墓地，二十八日還京。
			擇日盡快舉行經筵日講	實錄康熙九年十月十三日丁酉，帝以「帝王圖治必稽古典學，以資啓沃之益」，本日諭禮部詳察典例，擇日盡快舉行經筵日講。
			經筵	實錄康熙九年十一月初三日丙辰，從禮部議，經筵照順治十四年例每年春秋舉行二次，定于明年二月十七日午時開講。日講定于今年十一月二十一日巳時開講。
康熙 10辛亥	1671	刊刻頒行編修	修孝經衍義	實錄康熙十年二月二十六日戊申，纂修《孝經衍義》，以熊賜履爲總裁官。
			編太祖太宗《聖訓》	實錄康熙十年四月初四乙酉，因太祖、太宗《聖訓》于順治時編纂，未經裁定頒布。命圖海、李霨等重加考訂，編成全書。
		科試	命禮部有磨勘試卷之責	實錄康熙十年十一月二十四日辛未，規定禮部司屬各員有磨勘全國試卷之責，按順治時例，磨勘官員應以進士出身者補授。各省鄉試正副主考官以進士出身者擔，其分房各官如進士缺少時可以舉人出身者補用。
		經筵日講	任命經筵講官十六人	實錄康熙十年二月初四丙戌，任命經筵講官十六人，中有吏部尚書黃機、刑部尚書馮溥、工部尚書王熙、左都御史明珠、翰林院掌院學士折庫納、熊賜履、國子監祭酒等。三月初二日，以翰林院掌院學士折庫納、熊賜履及侍讀學士、侍讀、修撰、編修等共十人爲日講官。
			始行經筵	實錄康熙十年二月十七日己亥，帝始行經筵，講畢，賜大學士、九卿、詹事及講官等宴。
			首次行日講	實錄康熙十年四月初十日辛卯，帝首次舉行日講。
		修史	設起居注，以日講官兼起居注官	實錄康熙十年八月十六日甲午，設立起居注，以日講官兼起居注官。添設漢日講官二員，滿漢字主事二員，滿字主事一員，漢軍主事一唄。二十六日又以侍講學士莽色喇沙里充日講起居注官。

			簡用傅達禮 爲起居注官	實錄康熙十年十二月十八日乙未，帝召翰林院掌院學士傅達禮至懋勤殿，日：「今翰林院起居注責任重大，關係機密，朕以爾品才優卓，實可信任，故行簡用。爾其黽勉，以副朕意。」
康熙 11 壬子	1672	科試	順天鄉會試 用滿漢稽察	實錄康熙十一年，命順天鄉試及會試仍用滿漢監察御史稽察考場。
		刊刻 頒行 編修	世祖實錄成	實錄康熙十一年五月二十日乙丑，《世祖章皇帝實錄》編成，行慶賀禮。
			刊刻頒佈滿 文大學衍義	實錄康熙十一年七月十五日戊午，譯《大學衍義》爲滿文，刊刻頒布。
		政事	帝與熊賜履 議漢官請令 言官風聞言 事	聖祖實錄卷四、康熙起居注第一冊：帝謂熊賜履言：「漢官中有請令言官以風聞言事者，朕思忠愛久言，切中事理，患其不多。若不肖之徒借端生事，假公濟私，人主不察，必至傾害善良，擾亂國政，爲害甚巨。」又云：「從來與民休息，道在不擾，與其多一事，不如省一事。朕觀前代君臣，每多好大喜功，勞民傷財，紊亂舊章，虛耗元氣，上下訌囂，民生日蹙，深爲可鑒。」熊對曰：「但欲省事，必先省心；欲省心，必先正心。自強不息，方能無爲而成；明作有功，方能垂拱而治。」「紛更繁擾，則叢挫罔功；怠窳廢弛，則痿痺不振。」帝曰：「居敬行簡，方爲帝王中正之道，爾言朕知之矣。」
康熙 12 癸丑	1673	科試	殿試	實錄康熙十二年三月二十三日癸巳，宣布殿試結果，賜韓菼等一百六十六人進士及第出身有差。
		刊刻 頒行 編修	頒八旗官學 大學衍義	實錄康熙十二年二月三十日庚午，頒賜諸王以下文武各官及八旗官學《大學衍義》各一部。
			重修刊行性 理大全	據菉高樹《清朝前期の文化政策》〈第四章　杜遏邪言，以正人心：思想言論的管制措施〉頁 195 所列之表 4-1-1「順、康、雍、乾四朝官方刊刻儒家典籍一覽表」，是年內府據明永樂朝刻本重修刊行明胡廣等編《性理大全》七十卷。
			重修太宗實 錄	實錄康熙十二年七月十五日壬午，重修《太宗文皇帝實錄》，以大學士圖海、索額圖等爲總裁官。
		學政	祭祀文廟滿 漢一體齋戒	實錄康熙十二年七月十四日辛巳，從左都御史多諾疏言，以後祭祀文廟，滿文官三品以上同漢官一體齋戒二日陪祀，以示「滿漢一體崇儒重道」。
		經筵 日講	改隔日進講 爲每日講讀	實錄康熙十一年二月初七日丁未，諭日講官學士傅達禮等，改隔日進講爲每日講讀。
		其他	帝令故明宗 族朱議㴼歸 旗下	實錄康熙十二年十一月初二日丁卯，故明宗族朱議㴼子身流落，因蓄髮拿獲，刑部論絞。得旨，彼係愚民無知，著免死，歸鑲白旗漢軍旗下，給與妻室、地畝、房屋安插。

康熙 13 甲寅	1674	曆學	南懷仁制天體儀、新制靈台儀象志	實錄康熙十三年二月初三丁酉，南懷仁製天體儀、黃道經緯儀等天文儀器成，又以《新製靈台儀象志》進呈。升南懷仁爲欽天監監正，加太常寺卿，仍治理曆法。不久又命南懷仁監造大炮。
		外交	琉球國入貢	實錄康熙十三年二月二十六日庚申琉球國中山王世子尙貞遣使入貢，宴賞如例。
		經筵日講	命仍每日進講	實錄康熙十三年九月初一日壬戌，帝以軍興以來日講停止已久，命學士傅達禮等仍每日進講。
		學術	張履祥故世	
康熙 14 乙卯	1675	學術	孫奇逢故世	李元度《國朝先正事略》卷 27，孫奇逢逝於康熙十四年四月二十一日己酉，卒年九十二。
康熙 15 丙辰	1676	科試	殿試	實錄康熙十五年三月二十日壬寅，行殿試，二十三日以殿試貢士彭定求等二百零九人爲進士及第出身有差。
			旗人子弟暫停科試	實錄康熙十五年十月二十日己巳，准禮部疏言，戰爭期間，八旗子弟如仍與漢人一體考試，必耽誤軍事訓練，除已規定每佐領一人仍准在監讀書外，旗人子弟暫令停止參加科試。
		經筵	命進講通鑒	實錄康熙十五年十月二十四日癸酉，帝以經書業已熟悉，命日講官進講《通鑒》
康熙 16 丁巳	1677	學政	命翰林官進呈詩賦書法	實錄康熙十六年三月十四日庚寅，命翰林官仍遵前旨，有長于詩賦、善于書法者，各繕寫進呈。十九日，翰林院掌院學士喇沙里以翰林官詩文進呈。帝閱畢，以所書蘇軾楷書一卷賜喇沙里。
		科試	定今年鄉試之法	實錄康熙十六年六月初八日癸丑，定今年九月鄉試，除直隸、江南、浙江三省單獨舉行外，河南、山東、山西、陝西因貢、監生少，合併於河南舉行；湖廣、江西歸併江南、福建歸併浙江。按入場應試人數，每十五名取中舉人一名。
		經筵	帝諭大學士講經史精義	實錄康熙十六年五月初四己卯，諭大學士：向來日講，惟講官陳述講章，對經史精義未能研究印證，朕心終不滿足。「今思講學，必互相闡發，方能融會義理，有裨身心。」今後日講，應由「朕隨意，或先將四書朱注講解，或先將通鑒等書講解」，然後「講官仍照常進講。」
		刊刻頒行編修	《日講四書解義》書成	實錄康熙十六年十二月初八庚戌，《日講四書解義》書成。康熙帝作序，云：「蓋有四子，而後二帝三王之道傳；有四子之書，而後五經之道備。四子之書得五經之精意而爲言者也。」「道統在是，治統

				也在是矣。歷代賢哲之君創業守成，莫不尊崇表章，講明斯道。朕紹祖宗丕基，孳孳求治，留心學問，命儒臣撰爲講義，務使闡發義理，裨益政治。同諸經史進講，經歷寒暑，罔敢間輟。
康熙 17 戊午	1678	科試 舉薦	博學鴻儒	實錄康熙十七年正月二十三日乙未,命內外官舉薦博學鴻儒，諭稱：「我朝定鼎以來，崇儒重道，培養人材。」「凡有學行兼優、文詞卓越之人，不論已仕未仕，令在京三品以上及科道官員、在外督撫布按，各舉所知，朕將親試錄用。」于是大學士李霨等薦原任副使道曹溶等七十七人。康熙十八年三月考試
			博學鴻儒人員有疾辭者	實錄康熙十七年七月二十二日庚申，吏部題，各省題薦博學鴻儒人員，原令其作速起程，現以有疾辭者，計陝西李顒、王弘撰，江南汪琬、張九徵、周慶曾、彭桂、潘耒、嵇宗孟、張新標、吳元龍、蔡方炳，直隸杜越、范必英，浙江應爲謙，山西范高鼎，江西魏禧。以母老辭者有陝西李因篤。有旨命該督撫作速起送來京，「以副朕求賢至意。」
		刊刻 頒行 編修	頒日講四書解義予大臣	實錄康熙十七年十二月十五日辛巳，頒《日講四書解義》予滿漢文武大臣。 據葉高樹《清朝前期的文化政策》〈第四章　杜遏邪言，以正人心：思想言論的管制措施〉頁 195 所列之表 4-1-1「順、康、雍、乾四朝官方刊刻儒家典籍一覽表」，則是書係於康熙十六年，由內府刊行喇薩里等傳《日講四書解義》26 卷，另有滿文本。
		法律	滿蒙人口不許賣與漢人	《清朝文獻通考》卷 20，定例：滿蒙人口不許賣與漢人，不許私贈。喀爾喀、厄魯特均照此例。滿蒙家人，其主准許贖身，可在本旗下爲民，不得違禁放出。
康熙 18 己未	1679	科試 舉薦	博學鴻儒科於體仁閣考試，取中一等二等共五十人，授以職銜，纂修《明史》	聖祖實錄卷 80、秦瀛《己未詞科錄》卷 1 載，康熙十八年三月初一丙申，博學鴻儒科於體仁閣考試，與試者一百四十三人，試題爲「璿璣玉衡賦」及「省耕詩」五言排律二十韻。命吏部尚書郝惟訥、掌院學士葉方靄傳諭：「汝等俱有才學，原可不必考試，但考試正以顯其才學，所以皇上敬重，特賜宴，爲向來殿試所無，汝等須悉皇上至意。」宣諭畢，赴宴，復就試。三月二十九日，宣布取中一等彭孫遹等二十人，二等李來泰等三十人，均授以職銜，命纂修《明史》。其未中者或仍回任，或仍候補，或回原籍，其中年老者予以職銜。
			殿試	實錄康熙十八年三月十五日庚戌，賜殿試貢士歸允肅等一百五十人進士及第出身有差。

			採取中之博學鴻儒爲翰林院官	實錄康熙十八年五月十七日庚戌，授取中之博學鴻儒五十人爲翰林院官。邵吳遠爲侍讀，湯斌、李來泰、施閏章、吳元龍爲侍講，彭孫遹等十八人爲編修，倪燦等二十七人爲檢討。
		刊刻頒行編修修史	始修《玉牒》	實錄康熙十八年四月初三丁卯，開始纂修《玉牒》，以鎮國公蘇努爲總裁官。
			任命《明史》總裁官	實錄康熙十八年五月二十六日己未，以內閣學士徐元文爲《明史》監修總裁官，掌院學士葉方藹、右庶子張玉書爲總裁官
			定起居注例	實錄康熙十八年九月二十二日甲寅，諭大學士等，今後起居注官除照常記注外，遇有折本啟奏，俱令侍班記注。唯會議機密事情及召見諸臣近前口諭，記注官不必侍班。
			纂修《明史》	實錄康熙十八年十二月十四日乙亥，從內閣學士徐元文疏言，纂修《明史》，以內閣學士王國安爲明史館提調官，右庶子盧琦、侍讀王士正等十七人爲纂修官，編修彭孫遹等五十人分纂。
			敕纂皇輿表	《清朝文獻通考》卷 223，翰林院掌院學士札薩禮等奉敕纂《皇輿表》成，帝爲之序，康熙四十三年復由揆敘等增修。
康熙 19 庚申	1680	修史	爲修明史延致李清、黃宗羲來京	實錄康熙十九年二月十五日乙亥，從內閣學士兼修《明史》徐元文疏，爲修《明史》，將揚州府前明科臣李清、紹興府名儒黃宗羲「延致」來京，如因老病不能就道，由該有司於其家錄所著書送館。
			玉牒修成	實錄康熙十九年三月十三日壬寅，《玉牒》修成。
		經筵日講	帝云去私最難	實錄康熙十九年二月二十二日壬午，帝於講官進講畢日：「人品辨別，只在心術公私，凡人口之所言，與身之所行，往往不相符合，故去私最難也。」
			諭進講易經	實錄康熙十九年四月初十己巳，日講書經畢，帝諭明日起進講易經，每晚由侍讀學士張英加講通鑑。
			張玉書講三宥之義	康熙起居注第一冊，康熙十九年十月二十一日丙午，講《周禮》「三宥」之義，因言：「盛世不輕赦。」「其所謂赦過宥罪者，惟其罪有可原，因而赦免，非一概寬釋以示恩也。」帝曰：「極當於理。」
康熙 20 辛酉	1681	制度	定王以下諡號	實錄康熙二十年六月初一壬午，定王以下諡號，親、郡王用一字，貝勒以下護國將軍以上皆用二字。
		宗教	朱方旦邪教煽惑	《康熙起居注》第一冊，康熙二十年七月初九日庚申，侍講王鴻緒參湖廣朱方旦邪教煽惑事。帝諭：「朱方旦朕素知之，原是匪人，所云前知預曉，風

				影皆無，滿漢人民無知，被惑者亦多。其悖逆煽惑之處俱實，應重加懲治。」
康熙 21 壬戌	1682		學術	顧炎武去世	全祖望《亭林先生神道表》、江藩《國朝漢學師承記》
		科試	評閱策試貢士卷	實錄康熙二十一年九月初三丁未，帝評閱策試貢士卷，親定一甲三名名次，曰：「朕觀士子爲文，皆能修琢字句，斐然可觀。若令指事切陳，多不能洞悉要領。」明珠曰：「文章乃士子素習，至於時務，非見事明確，胸藏實學者，安能切中條理。」帝又曰：「謹愼便是好人，人能恪謹守分，何所不宜。」
			賜進士	實錄康熙二十一年九月初四日戊申，賜殿試貢士蔡升元等一百七十六人進士及第出身有差。
			楊雍建於武舉考試策題中譏諷征三藩事	康熙起居注第二冊，康熙二十一年十一月二十七日庚午，貴州巡撫楊雍建所出武舉考試策，言大兵過往貴州地方人民苦，語含譏諷。帝諭：「若果有苦累人民之處，伊係地方大臣，何難指名據實陳奏？楊雍建彼時不明白具奏，但于考試策題內隱寓毀謗譏諷之言，殊爲不合。況考試關係甚大，從前並無題中含諷之事。」十二月十八日「著降五級留任，其加級記錄盡行削去。」
		學政	嚴飭侵佔學宮之人	實錄康熙二十一年十二月十五日戊子，禮部議復，順天府丞張鵬疏言，學宮門旁所住俱係鑲黃旗都統聽事之人，應交該都統嚴行禁止。帝諭：「儒學文廟關係文治，理宜嚴肅潔清，乃令聽事及居住人等污穢侵占，殊屬不合，著速遷移，嚴加禁飭。」十九日又諭：「國子監乃國家教養人才之所，近聞司教之官不將監生嚴加約束教誨，縱之游戲。尤其甚者，閑雜之徒，任行出入，竟以國子監爲游戲之地矣。爾等傳祭酒、司業等官，嚴行申飭。
		刊刻頒行編修	修三朝聖訓及平藩方略	實錄康熙二十一年八月十三戊子，令纂修太祖、太宗、世祖三朝《聖訓》及康熙朝平定三藩《方略》。
			太宗實錄成	實錄康熙二十一年九月二十二日丙寅，《太宗文皇帝實錄》告成，行慶賀禮。
			重修太祖實錄、三朝聖訓、方略	實錄康熙二十一年十月十八日辛卯，重修《太祖實錄》，纂修《三朝聖訓》、《平定三逆方略》。以大學士勒德洪、明珠、李霨、王熙、黃機、吳正治爲總裁官，並分設副總裁官。
		經筵日講	與經筵講官牛鈕、陳廷敬論人才	《康熙起居注》第二冊，康熙二十一年八月初八癸未，帝與經筵講官牛鈕、陳廷敬論人才，牛、陳兩人奏稱：「大抵聰明才辨記誦之學不患其無，必求人品端方，安貧樂道之士，乃爲最要。」帝深以爲

				然，曰：「品誼操守實爲至難。」二十三日又曰：「小人亦有可用之才，唯在隨才器使否？」牛鈕等對曰：「小人雖有可用之才，國家斷無用小人之理。即使貪使詐，古亦有之，要貴朝廷駕馭得宜，終不可委之以事權，假之以威勢。宋臣司馬光嘗言，國家與其用小人，不若用愚人。蓋愚人無爲惡之才，自不至肆奸邪之禍。若小人乘權藉勢，則流毒遺害於國家，不可勝言。」帝曰：「然，知人最難。」
			帝云小人得志不容君子	實錄康熙二十一年十一月二十七日庚午，講官牛鈕等進講畢，帝曰：「從來君子得志，猶能容小人；小人得志，必不肯容君子。」
康熙 22 癸亥	1683	日講經筵	論得人甚難	《康熙起居注》第二冊，康熙二十二年十月二十二日己未，進講畢，帝曰：「公爾忘私，國爾忘家，亦徒有此語耳。欲得其人甚難。」張玉書曰：「此全在居心如何，外貌殊難知也。」帝曰：「一心爲公能有幾人？」張玉書曰：「人臣能爲公爲國，則身名俱泰，一涉於私，則名敗身裂，究於已無補。」
			論理學	實錄康熙二十二年十月二十四日辛酉，進講畢，帝曰：「日用常行，無非此理。自有理學名目，彼此辯論，朕見言行不符者甚多，終日講理學，而所行之事，全與其言悖謬，豈可謂之理學。若口雖不講，而行事皆與道理吻合，此即眞理學也。」
		刊刻頒行編修史	起居注撰著例	實錄康熙二十二年二月初一癸丑，翰林院奏二十一年起居注冊應照例會同內閣諸臣看封貯庫。帝曰：「記注冊，朕不欲親閱。朕所行事，即不記注，其善與否，自有天下人記之。爾等傳諭九卿詹事科道等官會議，應作何公看。如以所無之事誣飾記注者，將嚴懲焉。」初二日大學士等奏曰，滿漢起居注官共二十二員，分班值日記載，共同校閱。「凡九卿官員所奏之事，從無私自繕寫送進史館記注之例。如有繕寫送進者，起居注衙門必進呈御覽，方敢入冊，向來定例如此。」
			查黃河地理編入一統志	實錄康熙二十二年八月初三壬寅，靳輔所繪黃河圖，黃淮交會處頗相吻合，但河北一帶則不符之處甚多。本日，命工部行文河道總督詳繪進呈。又命行文地方官將各省地圖繪送兵部，塞外地名，或爲漢語所有，或爲漢語所無者，均察明編入《一統志》。
			以明史論學士從公論斷	實錄康熙二十二年八月二十八日丁卯，帝就修《明史》事謂學士牛鈕、張玉書曰：「時代既近，則瞻徇易生。作史昭垂永久、關係甚大，務宜從公論斷。」
			修輯平定海逆方略	實錄康熙二十二年十月十二日己酉，從御史張集疏言，修輯《平定海逆方略》。

			從王士禎疏補國學所藏經史	實錄康熙二十二年十月二十九日丙寅，從國子監祭酒王士禎疏請，修補國學所藏《十三經注疏》、《二十一史》刻板，並飭督撫查明南監板，令學臣收貯儒學尊經閣。
			帝諭學士修明史宜虛心推究	實錄康熙二十二年十一月初十日丁丑，帝召大學士等問修《明史》事，曰：「史書永垂後世，關係最重，必據實秉公，論斷得正，始無偏頗之失，可以傳信後世。夫作文豈有一字一句不可更改者。當彼此虛心，互相推究。即如朕所制之文，亦常有參酌更定之處。今觀翰林官所撰祭文、碑文，亦俱不樂改易。若不稍加更定，恐文章一道流於偏私矣。爾等將此諭示修史各官知之。」
		外交	遣使赴安南	實錄康熙二十二年正月二十六日戊辰，遣翰林院侍讀明圖等爲使赴安南，封王嗣黎維正爲安南國王。帝親書「忠孝守邦」四字賜之。
		風俗	嚴申服飾制度	《康熙起居注》第二冊，康熙二十二年四月二十三日乙未，禮部議嚴申服飾制度。帝曰：「衣服制度有關風俗，惟在人能恪遵耳，不在強制之使不得服用。」
		西學	南懷仁疏請刊刻頒佈窮理學	《康熙起居注》第二冊，康熙二十二年十一月十四日辛巳，南懷仁疏請以《窮理學》一書刊刻頒布。帝曰：「此書內文辭甚悖謬不通。」明珠等曰：「其所云人之知識記憶皆繫於頭腦等語，於理實爲舛謬。」帝曰：「部復本不必發南懷仁，所撰書著發還。」
		刑律	責刑部審案草率	實錄康熙二十二年三月二十二日甲子，諭責刑部官員審理案件「草率因，瞻徇舛錯。」奉差籍沒則恣意侵盜，堂官「諉爲不知」。
			禁獄卒凌虐	實錄康熙二十二年閏六月二十日庚申，嚴禁獄卒等對犯人借端需索、恣行凌虐。
			諭刑部讞決精詳無留滯	實錄康熙二十二年十月二十六口癸亥，諭刑部應「讞決精詳，案無留滯。」諭各省督撫改變積習，勿惑勿稽遲。
康熙23甲子	1684	刊刻頒行編修	頒行日講易經解義	實錄康熙二十三年四月二十二日丁巳，《日講易經解義》刻成，頒行全國。 據葉高樹《清朝前期的文化政策》〈第四章　杜遏邪言，以正人心：思想言論的管制措施〉頁195所列之表4-1-1「順、康、雍、乾四朝官方刊刻儒家典籍一覽表」，則是書係於康熙二十二年，由內府刊行，共十八卷，另有滿文本。
			纂修大清會典	實錄康熙二十三年五月初四己巳，纂修《大清會典》，以大學士勒德洪、明珠、李霨、王熙、吳正治爲總裁官。帝要求「務使文質適中，事理咸備，

				行諸今而無弊，傳諸後而可徵，悉心考訂，克成一代之典。」
		祭祀	祀泰山之神	實錄康熙二十三年十月十一日，帝祀泰山之神，命用本年泰山香稅，修繕泰山頂上廟宇。
			謁明太祖陵	實錄康熙二十三年十一月初二癸亥，帝謁明太祖陵，親作祝文，遣學士席爾達祭之。過明故宮，慨然久之，作《過金陵論》其中有：「夫明太祖以布衣起淮泗之間，經營大業，應天順人，奄有區夏。頃過其城市，閭閻巷陌未改舊觀，而宮闕無一存者，睹此興懷，能不有吳宮花草、晉代衣冠之嘆耶？」「萬曆以後，政事漸弛，宦寺朋黨交相構陷，門戶日分而士氣澆薄，賦斂日繁而民心渙散。闖賊以烏合之眾唾手燕京，宗社不守；馬阮以豎僞之徒托名恢復，儘快私仇。使有明艱難創造之基業，宋三百年而爲丘墟。良可悲夫！」「兢兢業業，取前代廢興之迹，日加儆惕焉，則庶幾矣。」
			帝至孔子廟行三跪九叩禮	實錄康熙二十三年十一月十八日己卯，帝至曲阜孔子廟，於大成殿行三跪九叩禮，親書「萬世師表」四字，命懸掛大成殿，又將曲柄黃蓋留於廟中，四時餐祀時陳列之，並免曲阜縣康熙二十四年地丁錢糧。
			祭孝陵	實錄康熙二十三年十二月二十五日丙辰，帝以歲末往祭孝陵，二十八日回京。
康熙 24 乙丑	1685	科試	殿試進士，定科試欽定例	實錄康熙二十四年三月二十三日癸未，賜殿試貢士陸肯堂等一百二十一人進士及第出身有差。自本科起，會試三場考畢，由主考官遴選頭場試卷十本，繕寫進呈，第一名至第十名均由皇帝欽定。
			對漢軍旗人侍郎以下進行考試	實錄康熙二十四年五月十二日辛未，以八旗漢軍官員與漢人官員一體升轉，應通曉文義，決定對漢軍旗人侍郎以下，筆帖式以上及候選候補官進行考試，願作文者作文，願翻譯者翻譯，不曉文義者停其文職補。六月十四日考試結果，交白卷者八百人，俱著解任，令其讀書，候學習之後考試補用。其中有弓馬嫻者以武職補用。
		刊刻頒行編修	編《簡明賦役全書》	實錄康熙二十四年三月初三癸亥，准戶部題，編輯《簡明賦役全書》。
			諭將醫林載籍勒成一書	實錄康熙二十四年四月十二日辛丑，諭太醫院官：「爾等可取醫林載籍，酌古准今，博采群言，折衷定論，勒成一書，以垂永久。」
			編平定羅刹方略	實錄康熙二十四年九月十一日戊辰，從翰林院掌院學士常書題請，編輯《平定羅刹方略》。

			其他	帝與諸臣談離騷	實錄康熙二十四年三月初八戊辰，帝與諸臣談《離騷》，云：「屈原以忠君愛國之心，原本山川，極命草木，微文見志，一篇之中三致意焉，遂爲千古風騷之祖。三百篇而後以此爲最。且讀《離騷》者，於作文深有裨益，非獨拾其字句而已，此學者所當知也。」
				帝與大學士等論理學	實錄康熙二十四年四月初二辛卯，帝與大學士等論理學，云：「從來道德文章原非二事，能文之士必須先明理，而學道之人亦貴能文章。朕觀周、程、張、朱之書雖主於明道，不尚辭華，而其著作體裁簡要，晰理精深，何曾不文質燦然，令人神解意釋。至近世，則空疏不學之人，借理學以白文其陋，如崔蔚林本無知識，文義荒謬，岸然自負爲儒者，眞可鄙也。」
				許滿漢人民出洋貿易	實錄康熙二十四年四月初四日癸巳，准議政王大臣等議，以「海內一統，寰宇寧謐」，滿漢人民俱可出洋貿易。嚴禁倚勢橫行、借端生事。
康熙 25 丙寅	1686	刊刻頒行編修國史	太祖實錄、聖訓修成	實錄康熙二十五年二月二十日甲辰，太祖高皇帝《實錄》、《聖訓》修成，行禮，當修纂官員。
			纂修一統志	實錄康熙二十五年三月初五己未，纂修《一統志》，以大學士勒德洪等七人爲總裁官。
			徵集善本圖書	實錄康熙二十五年四月初十甲午，命禮部翰林院制定辦法，徵集各地善本圖書，或收購采集，或借本抄寫。閏四月初七日，定徵集辦法，有旨：「搜訪藏書善本，唯以經史乘，實有關係修齊治平、助成德化者，方爲有用。其他異端邪說，不准收錄。」
			諭大學士平定三逆方略舛錯頗多	實錄卷 128、《康熙起居注》第二冊載，康熙二十五年十一月初十庚寅，帝諭大學士：所進《平定三逆三略》四冊，其中舛錯頗多。論贊中援宋太祖杯酒釋兵權事，吳三桂等非宋功臣可比，乃唐藩鎮之流耳。十一日，帝顧左都御史阿蘭泰曰：「此事係爾身任料理之事，爾爲何錯誤？」阿蘭泰曰：「因年久忘卻。」帝曰：「忘之可乎？三逆之事非終身可忘者也。」「向日遷移吳三桂一案，也曾兩議，未有議及吳三桂必反者，亦未有議及吳三桂必不反者。後索額圖曾云：主議當遷移之人應當處斬，此事舉朝悉知，豈可遺漏不入乎？」
		科試	親八旗漢軍官員	實錄康熙二十五年四月二十日甲辰，帝親自考試各部院八旗漢軍官員及候缺官、監生、去年交白卷官員，親定考題六道，即：「治天下有道」、「性理辨」、「夏日乾清門應制詩」、「顏淵喟然嘆曰全章」、「爲一統志將修敬陳天下形勢以備參考事」。各隨其便，作滿漢文一篇。內閣學士常書對考試作弊者明知不舉，蒙蔽行詐，被革去學士，降爲三等侍衛。事又見《康熙起居注》第二冊。

		學政	親書學達性天匾額頒發理學家祠堂	實錄康熙二十五年十一月十六日丙申，帝親書「學達性天」四字匾額，頒發宋儒周敦頤、張載、程顥、程頤、邵雍、朱熹祠尚，白鹿洞書院及張栻、朱熹曾講學之長沙岳麓書院。又書「定海山」三字匾額懸於寧波定海山。
		康熙論學	論讀書學業	《康熙起居注》第二冊，帝曰：「讀書貴於精進，必攻苦勤勞，日久始能洞徹，非一時驟能貫通者也。如得之甚易，則人盡通材，又何有優劣乎？」「凡人學業成就，俱在少年。」
		經筵日講	皇太子出閣讀書	實錄康熙二十五年四月二十四日丁丑，舉行皇太子出閣讀書典禮，次日開始日講。
康熙 26丁卯	1687	學政	禁淫詞小說	實錄康熙二十六年二月十六日甲子，從刑部給事中劉楷奏請，禁「淫詞小說」。諭稱：「淫詞小說人所樂觀，實能敗壞風俗，蠱惑人心。朕見樂觀小說者多不成材，是不唯無益而且有害。至於僧道邪教，素悖禮法，其惑世誣民尤甚。愚民遇方術之士，聞其虛誕之言，輒以為有道，敬之如神，殊堪嗤笑。俱宜嚴行禁止。」
			建周公廟、孔孟廟碑	實錄康熙二十六年五月十五日壬辰，建周公廟碑、孔子廟碑、孟子廟碑，皆由康熙帝作碑文。
		修史	論修明史宜直書實事	實錄康熙二十六年四月十二日己未，帝就纂修《明史》事曰：「修史，宜直書實事，不應空言文飾。明代修《元史》，限期過迫，致要務多漏，且議論偏頗，殊欠公正。《明史》修成後，應將明代實錄並存，使後世有所考據。
		科試	江南生員以鄉試不公於文廟跪哭	葉夢珠《閱世編》卷二，康熙二十六年九月初三戊寅，江南鄉試諸生員因考試不公，於文廟鳴鐘擊鼓跪哭，圍主考官米漢雯住所肆罵，又具呈控告。後經禮部審查，將不合式之考生罰停會試，米漢雯及副主考官龔章以不謹例革職。
康熙 27戊辰	1688	學政	以學道論價升授劾明珠、余國柱	實錄康熙二十七年二月初九壬子，處置勒德洪、明珠營私之罪。先是，帝出巡時，直隸巡撫于成龍於途中揭發明珠、余國柱之私。帝回京後，以于成龍言問高士奇，高士奇亦盡言之。帝問：「何無人劾奏？」對曰：「人孰不畏死？」帝曰：「若輩重於四輔臣乎？欲去則去之矣，有何懼！」未幾，御史郭琇疏明珠、余國柱背公營私罪共八款，略為：內閣票擬俱由明珠指麾，輕重任意，余國柱承其風旨，同官莫敢駁正；市恩立威，要結人心，挾取貨賄，與佛倫、余國柱等結為死黨，凡會議會推皆彼等把持；督撫藩臬缺出，無不輾轉販鬻，必索其滿欲而後止；學道亦論價升授，致學道皆多端取賄，士風文教因之大壞；與靳輔交結，貪污河工銀兩；科道官內升、出差，皆居功要索，

				言官多受其牽制；對人表面柔言甘語、百計款曲，而陰行螫害。本日，帝因「不忍遽行加罪大臣，且用兵之時有曾效勞績者」，命從寬處分。勒德洪、明珠革去大學士，余國柱等革職，大學士李之芳休致回籍，尚書科爾坤、佛倫、熊一瀟等解任。事又見《康熙起居注》第三冊。
		科試	殿試	實錄康熙二十七年三月二十九日壬寅，賜殿試貢士沈廷文等一百四十六人進士及第出身有差。
		曆法西學	南懷仁病逝	實錄康熙二十七年二月初七庚戌，欽天監監正加工部右侍郎、傳教士南懷仁病逝。帝諭：「南懷仁治理曆法，效力有年。前用兵時，製造軍器多有裨益。今聞病逝，深軫朕懷。應得恤典，察例從優議奏。」二十七日予祭葬，諡勤敏。
康熙 28 己巳	1689	學政	江南浙江增入學額數	實錄康熙二十八年二月十一日己酉，帝于初九日抵杭州，十一日諭：「江南、浙江爲人文萃集之地，入學額數應酌量加增，永昭弘獎。」
		科試	滿洲舉人進士加試騎射	實錄康熙二十八年三月二十日丁亥，定例：考試滿洲生員、舉人、進士，均加試騎射。
			考試部院衙門未經考試者	實錄康熙二十八年四月十一日丁丑，凡部院衙門未經考試者、內外候補者、康熙二十五年時考五等及交白卷者并各項監生，俱集中於乾清門考試。帝親自命題兩道：「子曰愚而好自用全章時藝一篇」、「生事不如省事奏疏一道」。五月十四日引見考試獲一、二等官員。
		刊刻頒行編修	刊行頒發孝經衍義	實康熙二十七年五月二十七日壬戌，禮部右侍郎張英等編纂《孝經衍義》成，命刊刻頒發。
			徐乾學請假省墓，所編書帶歸編輯	實錄康熙二十八年十一月二十六日己未，管理修書總裁事務原任刑部尚書徐乾學請假省墓，並請將奉旨校訂之《御選古文》、《會典》、《明史》、《一統志》諸書帶歸編輯，從之。
		宗教	論江南崇信佛老者多	實錄康熙二十八年閏三月初八乙巳，經筵講畢，帝問講官徐元文曰：爾所撰講章內，「所謂異端者何所指也？」徐元文答：「詩書禮皆聖人之實教，若佛老虛無，乃異端也。」帝曰：「江南人崇信佛老者多矣。」
		曆法西學	帝於江寧觀星台與大臣論天文	實錄康熙二十八年二月二十七日乙丑，帝於江寧觀星台與諸部院大臣論天文，問掌院學士李光地所識星宿幾何，對以不能盡識。又歷指三垣星座問李光地，亦不能盡舉其名，帝乃一一指示之。又指南邊近地大星謂諸臣，此老人星也。李光地曰：據史傳，老人星見，天下仁壽之徵。帝曰：「以北極度推之，江寧合見此星，此豈有隱現也！」

		其他	欽天監官員缺，以考試選任	實錄康熙二十八年閏三月十六日癸丑，吏部題補欽天監官員缺，以常額擬正，三保擬陪。奉旨考試，考試科目為推算曆法及翻譯，結果三保優於常額，康熙帝命保補授。
			作禹陵頌	實錄康熙二十八年二月十六日甲寅，令地方官修理禹陵，親書「地平天成」匾額，作〈禹陵頌〉及序。
			洪昇國喪時於私宅演長生殿獲罪	實錄康熙二十八年，洪昇於私宅招伶人演出所作《長生殿》，時適在佟皇后喪葬期間，觸犯禁忌，被給事中黃六鴻等劾舉，以「大不敬」罪入獄。後釋放，被革去國子監生，同場觀劇之友好及演員均加罪。
			理藩院除滿蒙文外兼用漢文	實錄康熙二十八年十一月二十三日丙辰，從左都御史馬齊疏言，理藩院所辦之事務，於事畢之後，除用滿蒙文字外，兼用漢文注冊，使「化服蒙古之功德，昭垂永久」，故增該院主事三員，筆帖式十二員。
康熙 29 庚午	1690	學政	立子思廟	實錄康熙二十九年四月二十三日甲申，准五經博士孔毓埏疏請，立子思廟於曲阜孔廟西北隅。
			過文廟須下馬	實錄康熙二十九年九月十八日乙巳，諭官兵人等，經過文廟，務須下馬。禁止於學宮放馬。
		刊刻頒行	刊順治十三年敕撰之孝經衍義	據葉高樹《清朝前期的文化政策》〈第四章 杜遏邪言，以正人心：思想言論的管制措施〉頁195所列之表4-1-1「順、康、雍、乾四朝官方刊刻儒家典籍一覽表」，康熙二十九年內府刊行順治十三年時敕撰之《孝經衍義》共一百卷，另有滿文本。
		修史	大清會典成	實錄康熙二十九年四月二十六日丁亥，《大清會典》告成，帝親作序文。
康熙 30 辛未	1691	繙譯	通鑑綱目譯為滿文	實錄康熙三十年三月初二戊子，《通鑑綱目》譯為滿文，帝作序稱該書「皆有關於治天下國家之務，非等於尋常記載之書，法戒昭然，永為金鑒。」
		科試	會試分卷之例	實錄康熙三十年五月二十六日辛亥，從御史江繁條奏，會試分南、北、中卷，行之既久，不能均平，以後應再分江南、浙江為南左，江西湖廣福建廣東為南右；直隸山東為北左，河南山西陝西為北右；四川雲南為中左，廣西貴州為中右。仍照定例，各計卷數之多寡，憑文取中。
康熙 31 壬申	1692	學術	王夫之過世	
			顧祖禹過世	
		刊刻頒行修史	論保存明實錄	實錄康熙三十一年正月二十七日丁丑，帝閱徐元文等所撰《明史》稿本，見其中於洪武、宣德本紀「訾議甚多」。諭：「朕思洪武係開基之主，功德隆盛；宣德乃守成賢辟，雖運會不同，事迹攸殊，然皆勵精著於一時，謨烈垂諸奕世。」「若表揚洪武、宣

				德，著爲論贊，朕尚可指示詞臣撰文稱美；倘深求刻論，非朕意所忍爲也。」又諭：「纂修史書，雖史臣職也，適際朕時，撰成明史，苟稍有未協，咎歸於朕矣。明代實錄及記載事迹諸書，皆當蒐羅藏弃，異日《明史》告成之後，新史與諸書俾得並觀，以俟天下後世之公論焉。」
			論明史官員秉公持平	實錄康熙三十一年正月二十九日己卯，帝再諭修《明史》官員：「朕自沖齡，即在宮中披覽經史，《明實錄》曾閱數遍，見其間立言過當、記載失實者甚多，纂修《明史》宜加詳酌。」又曰：「宦官爲害，歷代有之。明如王振、劉瑾、魏忠賢輩，負罪尤甚。崇禎誅鋤閹黨，極爲善政。但謂明之亡，亡於太盛，則朕殊不以爲然。明末朋黨紛爭，在廷之臣置封疆社稷於度外，唯以門戶勝負爲念。不待智者，知其必亡。」又曰：「朕宮中所用太監，只令供灑掃奔走之役」，「所以數十年來，太監皆極貧乏，有不能自給者。爾諸臣想亦悉知，朕非信用太監之主，惟朕可爲此言。作史之道，務在秉公持平，不應謬執私見，爲一偏之論。」
康熙 32 癸酉	1693	學政	論國子監教習不可懈怠	實錄康熙三十二年三月初五己酉，帝諭：「養育人材，最爲緊要。」近見國子監教習官學生甚屬委靡，大不及前，即八旗教習幼童亦皆懈怠。「務宜選擇良師，勤加訓誨。」
			論文章德行相顧	實錄康熙三十二年四月十九日壬辰，帝諭大學士等：「今人好講理學者，輒謂文章非關急務。宋之周、程、張、朱何曾無文章？其言如是，其行亦如是。今人果能如宋儒言行相顧，朕必嘉之，即天下萬世也皆心服之矣。」
			親書萬世師表匾於國子	實錄康熙三十二年五月初九壬子，帝頒親書之「萬世師表」匾額於國子監。
			以曲阜闕里孔廟落成，遣皇子祭孔	實錄康熙三十二年十月初六丙子，曲阜闕里孔廟落成，帝命皇子胤祉、胤禛前往致祭。帝作〈重修闕里孔子廟碑文〉，其中云：「蓋深惟孔子之道垂範古今，朕願學之志時切於懷，每考天人性道之原，修齊治平之要，思以遠紹前緒，牖迪生民。」「凡我臣民，瞻仰宮墻，倍增嚴翼，尚益思教崇德義，砥礪倫常，以不負朕尊師重道之意。」
		科試	增中式名額	實錄康熙三十二年六月初三乙亥，從國子監祭酒吳苑疏言，增八旗之人科舉中式名額。鄉試中額，滿洲、蒙古由十名增至十六名，漢軍由五名增至八名。會試中額，滿洲、蒙古由四名增至六名，漢軍由二名增至三名。

康熙33 甲戌	1694	學政	因庶吉士所學甚劣，教習降三級調用	實錄康熙三十三年三月十六日甲寅，因考試庶吉士所學甚劣，較從前庶吉士迥然不及，此皆教習怠弛、不專心負責所致。本日將教習傅繼祖降三級調用，張英降三級留任。帝曰：「進士選取庶吉士，教習讀書所以造育人才，備他日之用。司教習者理宜嚴加督課，使之勤勉向學。」
			監生不再任教職	實錄康熙三十三年閏五月初五日辛未，因教育士子責任甚重，今後監生不再任教職，其已任者改授州縣佐貳官，教諭改縣丞，訓導改主簿。
			增八旗漢軍童生入學額	實錄康熙三十三年九月初四日己巳，增八旗童生入學額，滿洲、蒙古增二十名，共至六十名。漢軍增十名，共至二十名。
		科試	殿試	實錄康熙三十三年三月二十三日辛酉，以殿試貢士胡任輿等一百六十八人爲進士及第出身有差。
		學術	徐乾學逝世	在籍翰林官徐乾學逝世。
		刊刻頒行編修	編唐以後典故	實錄康熙三十三年五月十七日甲寅，帝命翰林院將唐以後典故藝文依唐《類函》體例編成一書。
			召在籍翰林官來京修書	實錄康熙三十三年七月二十一日丁亥，因《三朝國史典訓》、《一統志》、《明史》等書未成，召在籍翰林官徐乾學、王鴻緒、高士奇來京修書，韓菼請假，亦以原官召還。徐乾學未聞命已於四月先逝，以所著之《憺園集》、《讀禮通考》遺疏進呈。
康熙34 乙亥	1695	學術	黃宗羲逝世	《清史稿》卷480、全祖望《鮚埼亭文集》上編、李元度《國朝先正事略》卷27載，黃宗羲於康熙三十四年七月初三日癸亥逝世。
康熙35 丙子	1696	刊刻頒行編修	修平定朔漠方略	實錄康熙三十五年七月初四日戊午，命內閣翰林院修《平定朔漠方略》。
康熙36 丁丑	1697	編修修史	與大學士等言明史事	實錄康熙三十六年正月二十二日甲戌，帝與大學士等言《明史》事。曰：「觀《明史》洪武、永樂所行之事遠邁前王，我朝現行事例，因之而行者甚多。且明代無女后預政、以臣凌君等事，但其末季壞於宦官耳。且元人譏未、明復譏元，朕並不似前人輒譏亡國也，惟以公論耳。今編纂《明史》，著將此諭修《明史》敕書內。」
			修平定朔漠方略	實錄六月二十九日丁丑，纂修《平定朔漠方略》，以大學士伊桑阿、阿蘭泰、王熙、張玉書、李天馥，尚書熊賜履、張英爲總裁官。
		學政	從寧夏士紳之請，勒石刻帝訓示文	實錄康熙三十六年閏三月十四日甲午，從寧夏士紳兵民之請，勒石刻康熙帝訓示。御制碑文云：「農桑者衣食之本，積貯者殷阜之原。」「忠信慈惠，服官之良軌；孝弟齒讓，人生之大經。法紀不可

				明，禮教不可不肅。勿以地處邊陲，而不治以經術，勿以習尚氣力，而不澤以詩書。」
			頒祭先師文勒碑國學並頒全國學宮	實錄康熙三十六年六月初六日甲寅，從禮部題，於皇帝親征噶爾丹所過名山及作戰之地，磨豈勒石紀功。從國子監題，將皇帝親征時一切諭旨及祭先師文勒碑國學，並將碑文頒發全國學宮。
		科試	以誠諭殿試讀卷諸臣	實錄康熙三十六年七月十六日甲午，帝諭殿試讀卷諸臣：「作文者無不論理，然徒能言而不能行亦奚益哉？朕觀性理一書，大指只一誠字，人可不以誠自勉乎？」
			殿試	實錄康熙二十六年七月十七日乙未，以殿試貢士李蟠等一百五十人爲進士及第出身有差。
			准宗室子弟科舉	實錄康熙三十六年十月初二己酉，准許宗室子弟參加科舉，與八旗滿洲諸生一體應試，編號取中。
康熙 38 己卯	1699	編修	欽定春秋傳說彙纂編成	葉德輝《書林清話》卷九，康熙三十八年，欽定《春秋傳說匯編》三十八卷編成。
		科試	順天鄉試弊案	實錄康熙三十八年十一月初三日丁酉，是年順天鄉，榜發後，有士子寫文貼於市，言考官「不念寒士之苦，白鏹薰心，炎威眩目，中堂四五家，盡列前茅，部院數十人，悉居高等。」「不問文而閱價，滿漢之巨室歡騰。」列舉大學士王熙、李天馥，尚書熊一瀟、左都御史蔣宏道，湖廣巡撫年遐齡等子孫通賄中舉情形。時正副主考官爲修撰李蟠、編修姜宸英，便有「老姜全無辣氣，小李大有甜頭」之傳言。本日江南道御史鹿祐疏參李蟠、姜宸英等「以賓興論秀之典，爲縱恣行私之地」，有旨稱「題參可嘉」，命九卿等將李蟠等嚴加議處，遂後又命複試後再議。事又見吳振棫《養吉齋叢錄》卷四、陳康祺《郎潛紀聞二筆》卷五。
			複查順天鄉試考卷	實錄康熙三十八年十一月十三日丁未，九卿複查順天鄉試中式舉人考卷。帝曰：此科考試不公已極，且聞代倩之人，亦復混入。命將所取舉人通行齊集內廷複試。
		祭祀	帝親奠明太祖陵	實錄康熙三十八年四月十三日壬子，帝親奠明太祖陵，諭大學士等：「朕意欲訪察明代後裔，授以職銜，俾其世守祀事。古者夏殷之後周封之於杞宋，即今本朝四十八旗蒙古亦皆元之子孫，朕仍沛恩施，依然撫育。明之後世，應酌授一官，俾司陵寢。俟回都日，爾等與九卿會議具奏。」九月二十八日大學士奏稱：「明亡已久，子孫湮沒無聞，今雖查訪亦難得實。」可委該地方佐貳官一員專司祀典，以時致祭。

康熙 39 庚辰	1700	科試	順天科場複試	實錄康熙三十九年正月二十八日壬戌，順天科場複試，由康熙帝親閱。本日帝謂大學士曰：今科考試誠不允當，考官諸臣亦甚懦弱，試卷屢請朕定其優劣。朕不允行，諸臣閱卷尚懷顧忌，不分滿洲漢軍及南北卷，總合一處定其次序。「朕於諸事惟期合宜耳，雖宗室大臣之子，豈肯徇情，諸臣有何畏忌。即今鄉會科場俱遣官考試，朕何曾主試。此試卷朕亦大略閱過，爾等持出傳九卿科道齊集詳閱具奏。」
			順天科試照所定等第進呈	實錄康熙三十九年二月初一乙丑，順天科場經過複試，帝傳諭大學士等：「朕初謂必有不能終卷者，及閱各卷，俱能成文，尚屬可矜。至於落第者在外怨謗，勢所必有，焉能杜絕。」試卷即於九卿前啓封，照所定等第，繕寫進呈。三等以上仍令會試，四等果屬不堪，著令黜革。原主考官李蟠遣戍，姜宸英已死獄中。
			殿試	實錄康熙三十九年三月二十三日丙辰，以殿試貢士汪繹等三百零一人爲進士及第出身有差。
			鄉試大臣子弟另編字號	實錄康熙三十九年六月二十六日丁亥，定例鄉會時將大臣子弟另編字號，以免行賄夤緣，不妨孤寒進身之路。
			停宗室科舉	實錄康熙三十九年六月二十六日丁亥，停宗室參加科舉考試。
			九卿議科舉	實錄康熙三十九年七月二十四日乙卯，九卿等議科舉事，帝曰：「今年會試所中，大臣子弟居多，孤寒士子未能入穀，欲令人心服，得乎？」命遣人往張鵬翮、李光地、彭鵬、郭琇等處徵詢意見。李光地、郭琇等各奏杜塞弊端、愼選教官、禁生員惡習諸款。帝有所感觸，作〈爲考試嘆〉一詩曰：「人才當義取，王端豈紛更。放利來多怨，徇私有惡聲。文宗濂洛理，士仰楷模情。若問生前事，尚憐死後名。」
			定科場官卷取士例	實錄康熙三十九年十一月十八日丙午，定科場官卷取士例。今後各省鄉試，在京三品以上大小京堂、翰林、科道、吏禮二部司官之子弟，在外督撫提鎮藩臬等官子弟，俱編入官字號，令入號房考試。照定額每十卷中民卷取中九卷，官卷取中一卷。如官員子弟只數人則不必另編官子號。會試亦編官字號，每二十卷中取一卷。
		學政	翰林官按資歷派任學道	實錄康熙三十九年七月十四日乙巳，定例：各省學道缺出，翰林官除告假、在籍者外，按資歷派出。翰林官之貧者，每月給銀三兩。

康熙 40 辛巳	1701	刊刻頒行編修	刊政治典訓及御製文集	蔣良騏《東華錄》卷一八，康熙四十年正月，給事中湯右曾疏請將《政治典訓》、《御製文集》刊行全國，疏下所司知之。
		學政	帝親往太廟行禮	實錄康熙四十年十二月二十九日辛巳，歲暮，帝親往太廟行禮，謂大學士等曰：「從來祭祀，登降起立，莫不如常，這次行禮將畢，微覺頭眩。朕之身體稍遜於前，于此可見。」
		曆法	朝鮮遣觀象監官習曆法	《朝鮮李朝實錄中的中國史料》下編卷四，康熙四十年七月十九日甲辰，朝鮮國派該國觀象監官至京，學習曆法（七政推步之術），並采購曆書。
		其他	諭薦舉清廉賢良	實錄康熙四十年五月初二戊子，帝謂大學士等曰：自古帝王用人行政，皆賴大臣薦舉賢良，或薦舉偶有未當，或始以賢舉而後改行，難以預料。「自茲以後，朕惟視其居官操守清廉以爲實據，無庸預爲疑度也。」
			搗毀魏忠賢墓及碑二座	實錄康熙四十年五月二十二日戊申，從御史張瑗疏言：將京城西山碧雲寺後明太監魏忠賢墓及碑二座搗毀。
康熙 41 壬午	1702		修國子監文廟及公廨	實錄康熙四十一年正月二十日壬寅，修國子監文廟及公廨，由和碩裕親王福全負責。
		學政	帝作訓飭士子文頒發禮部勒石太學	實錄康熙四十一年六月初八日戊午，因近來「士習未端，儒教罕著」，帝特作〈訓飭士子文〉頒發禮部，勒石太學。文中要求士子「先立品行，次及文學」、「躬修實踐，砥勵廉隅」。應「敦孝順以事親，秉忠貞以立志。窮經考義，勿雜荒誕之談；取友親師，悉化驕盈之氣。文章歸於醇雅，毋事浮華；軌度式於規繩，最防蕩軼」。「若夫宅心弗淑，行己多愆，或蜚語流言，協制官長；或隱糧包訟，出入公門；或挑撥奸猾，欺孤凌弱；或招呼朋類，結社要盟，乃如之人，名教不容，鄉黨弗齒。縱倖逃褫扑，濫竊章縫，返之于衷，能無愧乎？」又云：科舉考試中種種弊端深可痛恨。若士子進身之初便作奸犯科，則異日能望其秉公持正爲國家效力乎？眾士子如能「爭自濯磨，積行勤學」，則「國家三年登造，束帛弓旌，不特爾身有榮，即爾祖父亦增光寵矣。」「若視爲具文，玩愒勿警」，「暴棄自甘，則是爾等冥頑無知，終不能率教也。既負栽培，復干笞戾，王章具在，朕亦不能爲爾等寬矣。」
		科試	增浙江鄉試中式額	實錄康熙四十一年閏六月二十七日丁未，增浙江省鄉試中額十二名，與江南同例，共八十二名。
			增湖廣鄉試中額	實錄康熙四十一年七月二十七日丙子，增湖廣鄉試中額十三名，照江南例，共八十二名。

		增順天鄉試中額	實錄康熙四十一年八月初一日庚辰，增順天鄉試中額二十四名，其中計八旗、滿洲、蒙古三名，漢軍一名、順天等八府十名、國子監監生八名、奉天一名、宣化一名。
		定鄉試磨勘例	黃崇《國朝貢舉考略》卷一，定鄉試硃墨卷磨勘例，自康熙四十一年科開始。
	學術	萬斯同故世	據《清史稿》卷484、秦瀛《己未詞科錄》。
康熙 42 癸未	1703	刊刻頒行編修	諭各省呈藏書目錄	《重修蘇州府志》卷一，康熙四十二年二月二十一日丙申，諭各省督撫布按等官各將藏書目錄呈覽。
			《欽定全唐詩》編成	葉德輝《書林清話》，欽定《全唐詩》九百卷編成。康熙四十四年三月，江寧織造曹寅奉旨刊刻，十月呈樣本，寫刻精細。
		科試	舉人汪灝等一體殿試	實錄康熙四十二年三月二十九日甲戌，舉人汪灝、何焯、蔣廷錫學問優長，今科未得中式，諭著授為進士，一體殿試。
			殿試	實錄康熙四十二年四月初六日辛巳，以殿試貢士王式丹等一百六十三人為進士及第出身有差。
			責直隸學院楊名時	實錄康熙四十二年十二月十四日乙酉，帝謂大學士等曰：直隸學院楊名時，取錄生員，以能背誦五經者即取之。照例應考其文章而不能考其背誦五經。且楊名時秉性好異，考取時，雖文字好，但係富室子弟，則斷斷不取。倘貧寒，內有粗知文意，即取之。考試應論文學優劣，豈得論其貧富耶！
康熙 43 甲申	1704	學政	諭責各省學政	實錄康熙四十三年二月初八戊寅，帝諭責各省學政，或「惟利是圖，總不知愛惜人才」，或「取不通文理之寒士，以博清名」，或將考試二三等之生員加以杖責。
		修史	帝以明史關係甚大特為文一篇曉諭諸臣	實錄康熙四十三年十一月二十六日壬戌，帝以「《明史》關係甚大」，特為修《明史》事作文一篇，命曉諭諸臣。文中云：「朕四十餘年孜孜求治，凡一事不妥，即歸罪於朕，未曾一時不自責也。清夜自問，移風易俗，未能也；躬行實踐，未能也；知人安民，未能也；家給人足，未能也；柔遠能邇，未能也；治臻上理，未能也；言行相顧，未能也。自覺愧汗，何暇論《明史》之是非乎？況有明以來二百餘年，流風善政，豈能枚舉？」「《明史》不可不成，公論不可不采，是非不可不明，人心不可不服。關係甚巨，條目甚繁，朕日理萬幾，精神有限，不能逐一細覽。即敢輕定是非，後有公論者必歸罪於朕躬。不畏當時而畏後人，不重文章而重良心者此也。卿等皆老學素望，名重一時，《明史》之是非自有灼見。卿等眾意為是即是也，刊而行之，偶有

				斟酌，共同再議，朕無一字可定，亦無識見，所以堅辭以示不能也。」
康熙 44 乙酉	1705	科試	准土司能文者一體考試	實錄康熙四十四年九月二十一日壬午，准湖廣各土司中之讀書能文者注入民籍，一體考試。
			順天鄉試不公	《聖祖實錄》卷 223、224，《康熙朝漢文硃批奏折匯編》，本年順天鄉試發榜後，輿論不佳，有怨正副主考戶部右侍郎汪霦、姚士蘁取士不公者。王鴻緒以密折奏報，不中士子馮申致書汪霦痛罵之，又糾合士子二三十人於琉璃廠束草人二個，上標正副主考姓名，於九月十五日鳴鑼聚市中小兒將草人押至菜市口斬斷而散。本日，有旨將汪霦、姚士蘁交部議處。次年正月三十日，二人因「取士不公」被革職，永不敘用。
		學政	新修國子監成	實錄康熙四十四年十一月十四日甲戌，新修國子監告成，帝親書「彝倫堂」匾額。
		刊刻 頒行 編修	命刊資治通鑒綱目	《重修蘇州府志》卷一，帝命江蘇巡撫宋犖主持刊刻《資治通鑒綱目》。
		學術	李顒故世	
		祭祀	帝赴明孝陵	實錄康熙四十四年四月二十七日庚寅，帝離江寧，行前赴明太祖陵行禮，駐龍潭行宮。
		其他	朝鮮王親祭明神宗	《朝鮮李朝實錄中的中國史料》，下編，卷四，朝鮮國王親祭明神宗於大報壇，感謝萬曆時明軍援朝抗倭。祭文中言及清取代明，云：「中國變故，蓋不忍道，自份力弱，恩豈敢忘。」
康熙 45 丙戌	1706		殿試	實錄康熙四十五年三月二十三日辛巳，以殿試貢士施雲錦等二百八十九人為進士及第出身有差。
		科試	會試主考官因取人不當議處	實錄康熙四十五年三月二十九日丁亥，因會試考官將文字不堪者四人擬取中進士，從大學士都察院等議處，主考官李綠予、彭會淇離任，同考官李紳文等革職嚴審。帝曰：「朕觀會試，主考係北人，則必取北人為首；係南人，則必取南人為首。可謂之無私乎？今年科場，行賄者想亦無有。但中所不當中，故人心不服。」
		學政	宋衡請封孔子四代，帝以為不宜	《康熙起居注》第三冊，康熙四十五年十二月初六庚寅，四川提督學政宋衡題請封孔子四代。帝曰：「自古以來，未曾有封孔四代者，今當何以封之？將封之為王乎？」「前封孔子為文宣王，俱未允當。至明季封為至聖先師，乃永不可易之正論。既不可減，亦不可增，此稱惟孔子足以當之，他人何可加此稱耶？」

			刊刻頒行編修修史	諭修國史官員爲開國功臣立傳	實錄康熙四十五年六月初一丁亥，諭修國史官員，爲開國功臣作傳，當按其事迹先後以定次第，不應按功績多少。其子孫有立功者附載於後。立傳畢，抄錄給其子孫各一份保存。
				頒行古文淵鑒諸書	《清朝文獻通考》卷69，帝命頒行《古文淵鑒》、《資治通鑒綱目》等書，又親製《周易折中》成，頒行全國。
康熙46丁亥	1707	祭祀		往明太祖陵行禮	實錄康熙四十六年三月初六日己未，帝抵江寧府，士紳兵民等自龍潭至江寧城沿途跪迎。帝駐織造府行宮。初八日檢閱江寧駐防官兵，初九日親往明太祖陵行禮。
		刊刻頒行編修		帝親主持皇輿全覽圖編製	實錄卷282、李約瑟《中國科學技術史》五卷一分冊載，是年，帝親主持《皇輿全覽圖》之編制，該圖於康熙五十七年繪成，由西洋傳教士馬國賢製成銅板刊印。該圖有總圖一幅，後爲各省分圖。內地十五省及關外滿蒙地方皆經準確測定，東至大海，西抵藏、回。
				御定歷代詩全諸書編成	葉德輝《書林清話》卷九，是年，御定《歷代題畫詩類》一百二十卷、《歷代詩全》一百二十卷、《御批通鑒綱目》五十九卷編成。
康熙47戊子	1708	刊刻頒行編修		《清文鑒》編成	實錄康熙四十七年六月二十二日丁卯，《清文鑒》編成，帝親作序，其中寫道：「國書所關甚巨，政事文章皆由此出，非詳加厘定，何所折衷？非編集成書，何以取法？爰詔儒臣，分類排纂。」「大而天文地理，小而名物象數。十二字母，五聲切音，具載集中，名曰《清文鑒》。用探音聲之本原，究字畫之詳盡，爲部三十有六，爲類二百八十，爲書二十一卷，清文得此而無餘蘊。」
				內府刊和素校譯之孝經	葉高樹《清朝前期的文化政策》〈第二章 彙纂繙譯，用備觀覽〉頁68，是年和素校譯《孝經》由內府刊行滿漢合璧本。
				欽定廣群芳譜等書成	葉德輝《書林清話》卷九，欽定《佩文齋書畫譜》一百卷、《廣群芳譜》一百卷成。
康熙48己丑	1709	科試		殿試	實錄康熙四十八年三月二十三日甲午，以殿試貢士趙熊詔等二百九十二人爲進士及第出身有差。
		刊刻頒行編修		平定朔漠方略刊刻頒行	實錄康熙四十八年四月二十六日丁卯，《平定朔漠方略》告成，刊刻頒行全國。
				御選四朝詩	葉德輝《書林清話》卷九，御選《四朝詩》二百九十二卷成。

			帝論明末史事	實錄康熙四十八年十一月十七日癸未，帝謂大學士等曰：萬曆以後之內監曾有在朕前服役者，故朕知之獨詳。明季皇帝俱不甚諳經史，所行多迂闊可笑，總由生於深宮，長於阿保之手，不知人情物理之故。當李自成破北京城時，「崇禎率內監數人微行至襄城伯家，其家方閉門演戲，不得入，回登萬壽山，四顧無策，猶欲出奔，太監王承恩止之曰『出恐受辱』，崇禎乃止，以身殉國。」又言：「明季宮女至九千人，內監至十萬人，飯食不能遍及，日有餓死者。今則宮中不過四五百人而已。明季宮中用馬口柴、紅螺炭以數千萬斤計」，「今此柴僅天壇焚燎之」。「明朝費用甚奢，興作亦廣，一日之費可抵今一年之用。其宮中脂粉錢四十萬兩，供應銀數百萬兩，至世祖皇帝登極始悉除之。」
		其他	致仕大學士熊賜履故世	實錄卷 239、清史稿卷 262、李元度《國朝先正事略》卷六、李光地《榕村語錄》續集卷十四載，康熙四十八年八月，致仕大學士熊賜履故世，遺疏為熊本私行添改，後帝查明，因將熊本革職處斬監候。予熊賜履祭葬，給恤銀一千兩，諡文端。
康熙 49 庚寅	1710	刊刻頒行編修	編滿蒙文合本清文鑑	實錄康熙四十九年正月二十四日庚寅，命編纂滿、蒙文合本之《清文鑑》。
			諭陳廷敬編字書	實錄康熙四十九年三月初十日乙亥，帝謂大學士陳廷敬曰：《字匯》失之簡略，《正字通》涉於泛濫，司馬光之《類篇》分部或有未明，沈約之《聲韻》後人不無訾議，《洪武正韻》仍依沈約之韻。「今欲詳略得中，歸於至當，增《字匯》之闕遺，刪《正字通》之繁冗，勒成為書，垂示永久。」
康熙 50 辛卯	1711	刊刻頒行編修	命張玉書校朱子全書	實錄康熙五十年四月初五日癸亥，大學士李光地病。帝謂大學士等曰：「李光地病尚未平復，大抵皆溼熱所成，服溫補之藥所致。朕從前歲病後乃知溫補之藥大非平人所宜。」命張玉書接替李光地校勘帝所纂輯之《朱子全書》。
			御定全金詩等書編成	葉德輝《書林清話》，御定《全金詩》七十四卷、《避暑山莊圖咏避暑山莊圖咏》二卷編成。
		學政	子路後裔世襲五經博士	實錄康熙五十年八月二十八日乙酉，從江南學政張元臣疏言，以子路係聖門十哲之列，其後裔世居常熟縣，應照閔子、子貢世襲五經博士。
		科試	江南鄉試弊案	實錄康熙五十年十一月初九日甲了，江南鄉試榜發，因主考官徇私受賄作弊，士論大嘩。二十四日，諸生數百集玄妙觀，抬擁五路財神直入學官。有作打油詩諷考官者，其中有「左邱明兩目無珠，趙子龍一身是膽」（主考官左必蕃，副為趙晉）之語。或以紙糊頁院之匾，改「貢院」二字為「賣

				完」。江寧織造曹寅折奏：今年文場秀才等甚是不平，中者甚是不公，顯有情弊，因而揚州秀才擾攘成群，將左必蕃祠堂盡行拆去。江南鄉試主考官、副都御史左必蕃疏報：撤闈後聞輿論宣傳，有句容知縣王日俞所薦之吳泌、山陽知縣方名所薦之程光奎皆不通文理之人，臣不勝駭愕。有旨命該部嚴察。
			會試揭曉時間延期	實錄康熙五十年十月二十日乙亥，因各省生員，舉人額數屢增，赴考士子較前倍眾，為便於考官細心閱卷，將會試揭曉時間延至三月十五日內。鄉試揭曉時間亦分別放寬，大省於九月十五日內，中省於九月初十日內，小省於九月初五日內。以直隸、江南、浙江鄉試人數倍於他省，加房考官二喟。
			江南文闈榜發後爭議	實錄康熙五十年十月二十二日丁丑，江蘇巡撫張伯行疏言，今歲江南文闈榜發後議論紛紛。九月二十四日有數百人直入學宮，口稱科場不公。「臣不敢隱匿」。令嚴察議契。
			查江南科場案	實錄康熙五十年辛卯十一月初一日丙戌，為查清江南科場案，帝命張鵬翮會同江南江西總督，江蘇安徽巡撫至揚州地方徹底詳察，嚴加審明具奏。主考官左必蕃、趙晉俱解任，發往質審。
			生員控舉人王湯三等係鑽營中舉	實錄康熙五十年十二月十三日丁卯，福建巡撫黃秉中疏言：生員陳樹儀等呈控舉人王湯三等係鑽營中舉。命交與張鵬翮審明，將主考官翰林院檢討介教琫、工部主事劉儼發往質審。五十二年正月結案。賄通關節之同考官吳肇會斬立決，拉中式之王湯三，說合通賄之林英皆絞監候，介孝琫、劉因失察革職。
		學術	王士禎故世	李元度《國朝先正事略》。
			張玉書故世	實錄熙五十年五月十八日丙午，大學士張玉書病故於熱河，終年七十歲。帝命大學士溫達等吊唁，賜銀一千兩，諡文貞。五月十九日丁未，帝親作挽詩一首，並與大學士等言：「朕自幼讀書，見大臣多不能保其初終，故立志待大臣如手足，不論滿漢蒙古，非大奸大惡法不可容者，皆務保全之。五十年來，如大學士蔣赫德、衛周祚、李霨、馮溥、黃機、吳正治、王熙、李之芳、宋德宜、梁清標、李天馥、張英、熊賜履、吳琠、陳廷敬，皆以年老告辭林下怡養，保全名節，朕亦未嘗少忘，常使人存問，始終如此。凡在朝諸臣，朕待之甚厚，伊等亦矢忠盡力，歷數十年之久，與朕同鬚髮皤然矣。朕念宿學老臣辭世者辭世，告退者告退，每每傷心痛哭。」

		經筵	帝親講四書易經各一節。	實錄康熙五十年二月二十二日辛巳，帝舉行經筵，謂大學士等曰：前代講筵，人主惟端拱而聽，默無一言，雖不諳文義，臣下亦無由而知。朕勤覽書籍，凡四書五經、通鑑性理諸書，俱經研究。儒臣進講前先爲講解一遍，遇有一句可疑、一字未協之處，即與諸臣反復討論，期於義理貫通而後已。於是帝親講《四書》、《易經》各一節。
		祭祀	帝親祭天壇	實錄康熙五十年十一月十三日戊戌，帝身體不適，仍親祭天壇，行禮時，兩旁由人扶助。
		文字獄	戴名凸南山集之案發	實錄康熙五十年十月十二日丁卯，左都御史趙申喬疏參戴名世「宄竊文名，恃才放蕩，前爲諸生時私刻文集，肆口游談，倒置是非，語多狂悖。今身恩遇，叨列巍科，猶不追悔前非，焚削書板，似此狂誕之徒，豈容濫廁清華。」有旨命該部嚴察審明。
		其他	舉薦八旗孝義者	實錄康熙五十年十月二十五日庚辰，以「孝爲百行之首」，命八旗官員及部院大臣舉薦八旗之「篤行孝義」者。
康熙 51 壬辰	1712	刊刻頒行編修	編朱子全書成，定朱子牌位從孔廟東蕪移至大成殿	實錄卷 249，康熙五十一年二月初四丁巳，帝謂大學士等曰：「宋儒朱子注釋群經，闡發道理，凡所著作及編纂之書皆明白精確，歸於大中至正，經今五百餘年，學者無敢疵議。朕以爲孔孟之後有裨斯文者，朱子之功最爲弘鉅。」七月間，《朱子全書》成，有旨：朱熹宜躋位四配之次。李光地奏：「朱子造詣誠與四配伯仲，但時勢相後千有餘載，一旦位先十哲，恐朱子心有未安。」及定朱子牌位從孔廟東蕪先賢之列移至大成殿十哲之次。事又見《李文貞公年譜》。
			欽定歷代紀事年表成	《四庫全書總目提要》載，康熙五十一年，欽定《歷代紀事年表》成。
		科試	南人假冒北籍應試	實錄康熙五十一年三月十七日庚子，近來浙江、江南人假冒直隸等處北籍，或代人考試者甚多。帝曰：「十三省語音朕悉通曉，觀人察言即可識辨。」「復試之日朕前亦許面奏，倘隱蔽不發，朕一查出，悔之無及。」
			帝複試進士	實錄康熙五十一年三月二十癸卯，帝親復試今年中式進士，複試後，將文字不通者五名革去進士，仍留舉人，下科會試。複試不到之二十六名，行文該撫咨送，到日複試。經九卿搜閱遺卷，又准土圖炳等十七人參加殿試。二十二日諭：今年新科進士除揀選庶吉士外，其餘不必回籍，交與禮選翰林官教習文藝，從事典禮，亦可率同修書。以後所取武進士補官前，亦分撥八旗，隨同圍獵學習。

			殿試	實錄康熙五十一年四月初五日丁巳，以殿試貢生王世琛等一百七十七人爲進士及第出身有差。
			以後會試惟按省編號	實錄康熙五十一年四月十五日丁卯，從禮部議，以後會試不預定額數，亦不編南北字號及官學號，惟按省編號，以便分別取中。其八旗卷面亦另編字號。臨期視進場舉人實數題請酌量按省分大小、人數多少，定額取中。
			開萬壽鄉會科	實錄康熙五十一年四月二十三日乙亥，以明年爲康熙帝六十壽辰，決定開「萬壽鄉會科」，於二月內舉行鄉試，八月間舉行會試。
		文字獄	戴名世《南山集》案	實錄康熙五十一年正月二十二日丙午，刑部察審戴名世《南山集》案，「查戴名世書內，將本朝年號削除，寫入永曆大逆等語。據此，戴名世立即凌遲，已故方孝標所著《滇黔紀聞》內也有大逆等語，應坐其尸骸，二人之祖父子孫兄弟及伯叔父兄之子年十六以上者俱擬立斬，十五歲以下者及母女妻妾姊妹、子之妻妾給功臣家爲奴。方氏族人擬發往烏喇、寧古塔。汪灝、方苞爲戴名世書作序，俱應立斬。」有旨命九卿議奏。四月初十日，刑部等衙門再議此案。帝諭大學士等曰：汪灝在內廷纂修年久，已經革職，免死入旗。方氏族人不應留於本處，命將刑部奏本暫貯內閣。五十二年二月，帝就此案作最後處理。戴名世立斬，其家人從寬免治罪。方孝標之子方登峰等免死，並其妻子充發黑龍江。受干連之汪灝、方苞等免治罪，入旗。龍雲鍔、方正玉免死，徙其家。此案因帝最後決斷，免死者三百餘人。（實錄卷249、253）事又見全祖望《鮚埼亭文集》下編。
康熙52癸巳	1713	科試	諭嚴懲收賄考試官	實錄康熙五十二年正月二十五日癸卯，諭大學士：現念考試官不遴取眞才，只圖賄賂，拉關係作弊者漸多，此「等人若不加嚴處，即行正法，斷乎不可。」
			查處順天鄉試弊案	實錄康熙五十二年二月二十五日癸酉，處理順天鄉試舞弊案。順天鄉試中第一名查爲仁之父查日昌，請人爲其子代筆，賄買書辦，傳遞文章，事發後脫逃被獲，處斬監候。查爲仁及書役冀大業處絞監候。代作文章之郡坡，革去舉人，杖徒。失察之御史春春、李弘文罰俸一年。 實錄康熙五十二年二月二十六日甲戌，順天鄉試舞弊案，中式之周啓，本係原任步兵統領托合齊家人周三之子，請人代筆，串通謄錄吏役通同作弊。事發後，周三又賄囑司獄弄死首告伊子之邵文卿，希圖滅口。周三、周啓俱立斬，說合通賄之談汝龍、高岳，受贓書吏何亮公、錢燦如絞監候。代周啓作

			文之王廷詮杖徒。失察之謄錄所、受卷所官、監察御史、提調官等皆革職。
		萬壽恩科會試	實錄康熙五十二年十月十二日丙戌,「萬壽恩科」會試,取中王敬銘等一百四十三人爲進士及第出身有差。
	學政	宗室授一子爲蔭生入監讀書	實錄康熙五十二年四月二十七日甲戌,按「恩詔」所定,宗室內凡未入八分公以下,鎮國將軍、輔國將軍以上,及爲一二品大臣者,授一子爲蔭生,入監讀書,隨旗行走。
	刊刻頒行編修	繪九省地圖	《明清史料》丁編,第八本,康熙五十二年閏五月│日丁巳,清廷請西洋繪制九省地圖。
		修輯律呂算法諸書	實錄康熙五十二年六月初二日丁丑,命誠親王胤祉率庶吉士何國宗等於熱河行宮立館修輯律呂、算法諸書。九月二十日,又命胤祉於蒙養立館,將學習算法之舉人照海等四十五人再加考試,擇其優者在修書處行走。按是年首創之算學律呂館,蘇州府教授陳厚耀、何國宗及其兄國柱、官學生明安圖等皆被召。五十四年,又召著名天文、算學家梅文鼎之孫梅瑴成以生員供奉蒙養齋,匯編御製天文、律呂、算法諸書,其主編之《律呂淵源》共一百卷,內容包括天文曆法、算法、律呂。
		官員纂錄萬壽聖典	葉德輝《書林清話》卷九,帝六旬壽辰,內直官員纂錄《萬壽聖典》一百二十卷成。
		刊佩文韻府	《關於江寧織造曹家檔案史料》,康熙五十二年九月初十日乙卯,蘇州織造李煦折奏,《佩文韻府》一書已刊刻完畢,以二十部進呈。康熙帝於硃批中命只印刷一千部。
	舉薦	令舉明於性理實學者	實錄康熙五十二年九月二十六日庚午,帝謂大學士李光地曰:爾傳諭九卿,有明於性理實學之人,令各舉所知。李光地隨薦桐城舉人方苞,於是召其入值南書房。未幾,改值蒙養齋。康熙六十一年,命方苞充武英殿修書總裁。事又見《清史稿》卷290。
	學術	毛奇齡故世	清史稿卷841。
康熙53甲午	1714	科試	江南科場案主犯趙晉身自縊	實錄康熙五十三年二月初九日辛巳,江蘇巡撫張伯行疏報:江南科場案主犯、原副考官趙晉自縊身死,揚州知府趙弘煜看守不嚴應議處。有旨命查明是否確實身死。張伯行隨奏稱尸圖與本人狀貌不符,因將趙弘煜革職嚴審。五十五年二月,又奏:趙晉未死係傳言,無確證,命刑部將此案完結。

			嚴科場制度	實錄康熙五十三年十月初七日乙亥，從御史倪滿條奏四款：一、舉子入闈，俱穿折縫衣服、單層鞋襪，只携籃筐、小凳、食物、筆硯，其餘物件不許携入，以防夾帶。二、添設稽查官兵，舉子押進號舍後，不許私從柵欄出外。三、爲防弊竇，天晚不准收卷，即行封門。四、順天貢院號舍七千四百餘，今科投卷舉子七千四百九十餘人，由順天府添造。貢院土圍將改用磚砌。本月三十日，九卿等又增議四款：一、爲免傳遞夾帶，將貢院圍牆築高，窩舖席棚不許挨牆搭蓋。二、謄錄書手、對讀生員，務選擇正身，嚴禁頂替入闈、代人作文。三、監生考試照例先考試錄送，各省監生於鄉試一年前起本省印文送部。四、發榜後，中式舉人俱按限期到府丞衙門填寫親供，與試卷一同送部細驗筆迹。
		修史	王鴻緒進明史列傳	實錄康熙五十三年三月十六日丁巳，原任戶部尚書王鴻緒進所撰《明史列傳》二百八十卷，命交明史館。
		繙譯	譯刊薛文清先生要語	葉高樹《清朝前期的文化政策》〈第二章　彙纂繙譯，用備觀覽〉頁69，是年內府刊福達禮譯《薛文清先生要語》四冊，滿漢合璧本。
		刊刻頒行編修	從胤祉奏修訂曆書	實錄康熙五十三年十一月十三日辛亥，從誠親王胤祉奏，修訂曆書，除於暢春園及觀象台逐日觀測外，遣官往廣東、雲南、四川、陝西、河南、江南、浙江七省測量北極高度及日景。
			胤祉進呈律呂正義	實錄康熙五十三年十一月十七日乙卯，誠親王胤祉以編成之《律呂正義》進呈。得旨：律呂、曆法、算法三書共爲一部，名曰《律曆淵源》，包括《律呂正義》五卷、《曆象考成》四十二卷、《數理精蘊》五十三卷。
		禁書	嚴查禁絕小說淫詞	實錄康熙五十三年四月初四乙亥，諭禮部：「朕治天下以人心風俗爲本，欲正人心，厚風俗，必崇尚經學而嚴絕非聖之書」，「近見坊間多賣小說淫辭，荒唐俚鄙，殊非正理，不但誘惑愚民，即縉紳士子，未免游目而蠱心焉。所關風俗者非細，應即通行嚴禁。」規定凡坊肆出售之「小說淫辭」，由內外文武官嚴查禁絕，刻板與書一併盡行銷毀。如仍行刻印者，官員革職，兵民杖一百，流三千里。如仍出售者，杖一百徒三年。該管官失察者罰俸降級。
康熙 54 乙未	1715	科試	論考試翰林讀書不可荒疏	實錄康熙五十四年正月二十七日甲子，帝謂大學士等曰：科場出題關係重大，斷不可出熟悉常擬之題：再房考官也很重要，今可將一房卷令不同省房官二人同閱，如一人有弊，二人同坐。以五經中式，殊無實學，甚屬無益，著停止。又曰：前日考試翰林，

				竟有不能詩文之人。翰林理應讀書,亦可云荒疏乎?
			殿試	實錄康熙五十四年四月初五庚午,以殿試貢士徐陶璋等一百九十人爲進士及第出身有差。
		學政	諭於鄉野立義學	實錄康熙五十四年二月二十二日己丑,帝諭趙弘燮:「朕思移風易俗,莫過讀書,況畿輔之地乃王化所先,宜於窮鄉僻野皆立義學,延師教讀,以勉勵孝弟,可望成人矣。爾即遍示村莊,俾皆知朕崇文好學之深意。」
		刊刻頒行編修	刊周易折中與朱子全書	《清朝文獻通考》卷 65,康熙五十四年三月,《周易折中》書成,與《朱子全書》俱付直省分別刊行,以便士人購誦。據葉高樹《清朝前期的文化政策》〈第四章　杜遏邪言,以正人心:思想言論的管制措施〉頁 195 所列之表 4-1-1「順、康、雍、乾四朝官方刊刻儒家典籍一覽表」,則是書係於康熙五十三年由內府刊行,共 66 卷。
			刊性理精義	據葉高樹《清朝前期的文化政策》〈第四章　杜遏邪言,以正人心:思想言論的管制措施〉頁 195 所列之表 4-1-1「順、康、雍、乾四朝官方刊刻儒家典籍一覽表」,是年內府刊行李光地等奉敕據《性理大全》刪節纂修之《御纂性理精義》十二卷。
			御定音韻闡微諸書成	葉德輝《書林清話》,康熙五十四年乙未,帝御定《音韻闡微》十八卷、《月令輯要》二十四卷、《詞譜》四十卷、《曲譜》十四卷成。
		學術	革何焯銜,仍在修書處行走	實錄卷 266 康熙五十四年十一月十一日癸卯,何焯,字義門,因李光地薦,值南書房,賜舉人、進士,授編修,值武英殿。是年,有以蜚語上聞者,被收繫,查檢其存書及著作。檢五日,並無狂誕之語,間有譏訕當時士大夫文字,而辭吳縣令饋金札稿亦在,帝閱後,怒漸解。本日,諭責其「不識恩義,將今時文章比之萬曆末年文章,將伊女與胤䄫撫養,又爲潘耒之子夤緣」,革去官銜、進士、舉人,仍在修書處行走。
康熙 55丙申	1716	刊刻頒行編修	康熙字典成	葉德輝《書林清話》卷九,康熙五十五年閏三月,御定《康熙字典》四十二卷成。
			韻府拾遺成	葉德輝《書林清話》卷九,康熙五十五年,御定《韻府拾遺》一一二卷成。
康熙 56丁酉	1717	科試	大臣子弟應試鑽營之弊	實錄康熙五十六年五月十五日戊辰,帝謂左都御史兼掌院學士徐元夢等:大臣遇考期將至,不惟爲子弟鑽營,甚且爲他人圖謀。如劉謙平素猶講道學,及爲會試主考,聲名甚是不堪。此等陋習,不可不加警戒。

		修史	帝論明代實錄之修纂不錄實事	實錄康熙五十六年八月初四乙酉,帝謂大學士等曰：朕遍覽明代實錄,未錄實事。即如永樂修京城之處,未記一字,史臣但看野史記錄,錯誤甚多。又《史記》、《漢書,記事亦有不實之處,即如所載項羽坑秦卒二十萬,夫二十萬卒豈有束手待斃之理乎？
		祭祀	祭天壇	實錄康熙五十六年十月三十日庚戌,太常寺疏請致祭天壇,應遣大臣代行。有旨：彼時朕躬當能親往行禮,今年入夏雨水稍不及時,慮傷稼穡,積悶之極,身體甚是不安,頃雖較前稍愈,猶覺無力,難以行禮。著如所奏遣大臣代行。
康熙 57 戊戌	1718	科試	殿試	實錄康熙五十七年四月初九丁亥,以殿試貢士汪應銓等一百七十一人爲進士及第出身有差。
			考試月官只令寫履歷,不必作八股時文	實錄康熙五十七年十月初十日甲寅,諭吏部：考試月官令作八股時文,大都抄錄舊文,苟且塞責。嗣後不必作八股時文,只令寫履歷,以三百字爲限,觀其書法妍醜；文理工拙,則人之優劣自可立見。
		修史	裁起居注衙門	實錄康熙五十七年三月初五日甲寅,裁起居注衙門。帝謂大學士等曰：「近見記注官內年少之員甚多,皆非經歷事體之人,伊等且自顧不暇,又豈能詳記朕之諭旨耶！且官職卑小,不識事之輕重,或有事關重大者不能記憶,致將朕之諭旨頗多遺漏,不行備錄,甚至如趙熊詔曾私抄諭旨携出示人。記注之事關係甚巨,朕設立起居注甚爲久遠。在位五十七年,一切政事現有各衙門檔案,何必另行記載？」本月十九日,經大學士九卿等議,裁起居注衙門。
		學術	李光地故世	李清植《李文貞公年譜》卷下、李元度：《國朝先正事略》卷七、全祖望《鮚埼亭文集》下編、張舜徽《清人文集別錄》卷三。
			孔尚任故世	
康熙 58 己亥	1719	刊刻頒行編修	皇輿全覽圖成	實錄康熙五十八年二月十二日乙卯,帝主持繪製之《皇輿全覽圖》成.謂內閣學士蔣廷錫曰：「朕費三十餘年心力,始得告成。山脉水道俱與《禹貢》相合。爾將此圖并分省之圖與九卿細看,倘有不合之處,九卿有知者,即便指出。」諸臣閱過後,稱頌該圖「天道地道,兼而有之,從來輿圖所未有也。」圖中關門塞口、海汛江防；村堡戍台、驛亭津鎮,皆纖悉畢載,「誠開闢方圓之至寶,混一區夏之巨觀」。不久,九卿等俱請頒賜,詔從之。事又見蔣良騏《東華錄》卷 23。
			駢字類編等書成	葉德輝《書林清話》卷九,康熙五十八年,御定《駢字類編》二百四十卷,《子史精華》一百六十卷成。

	祭祀	議關羽裔為世襲博士事	實錄康熙五十八年十月二十七日丙寅，刑部尚書張廷樞奏請按宋儒後裔恩寵，賜關羽五十六世孫關霨為世襲博士，守幕洛陽，春秋致祭。下部議行	
		祭天壇	實錄康熙五十八年十一月十二日庚辰，冬至祭天，康熙帝往天壇，先拜，因足仍不適，命皇三子誠親王胤祉代行禮。	
康熙 59 庚子	1720	修史	永泰私閱世祖實錄革職	實錄康熙五十九年五月十八日甲申，副都統永泰因為其曾祖費英東立傳事赴史館，見《世祖章皇帝實錄》，私取查閱，隨折奏其祖圖賴之事並未記載。因其奏事不實，且違禁私閱《實錄》，革去副都統並佐領職。
		朝鮮對清態度	朝鮮王李昀遣使來華	實錄卷 290 康熙五十九年十月十一日甲辰，朝鮮國王世子李昀遣使奏報國王李焞於本年六月初八日病逝。康熙帝以該國王在位近五十年，「事上恭順，撫民慈愛」，深為可嘉，命遣大臣往唁，照例予恤。朝鮮使者來中國前，因「清人索賄日甚」，携銀萬兩備用。事又見《朝鮮李朝實錄中的中國史料》下編，卷七。
				《朝鮮李朝實錄中的中國史料》下編，卷七又載，康熙遣散秩大臣渣克亶、禮部右侍郎羅瞻往朝鮮，諭祭故國王李焞，冊封世子李昀為國王。使者至朝鮮後，「貪黷無厭，求索比前倍多」，「以未滿所求，咆哮不已」。
康熙 60 辛丑	1721	科試	會試出榜遇沙塵	實錄康熙六十年三月初四乙丑，諭大學士等：今日會試出榜，黃霧四塞，霾沙蔽日，如此大風，榜必損壞。「或因學問優長、聲聞素著之人不得中試，怨氣所致；或此番中式之人將來有奸大惡、亂臣賊子，亦未可定。」初八日，命皇三子誠親王胤祉、皇四子雍親王胤禛、大學士王頊齡、原任戶部尚書王鴻緒、內閣學士阿克敦、蔣廷錫等復核會試中試卷。初九日，以中試卷內勞必達等十二名文章俱劣，今科停其殿試；舉人王蘭生、留保學問俱優，賜進士，一體殿試。
			殿試	實錄康熙六十年四月初五日乙未，以殿試貢士鄧鍾岳等一百六十三人為進士及第出身有差。
		刊刻頒行	刊《欽定春秋傳說彙纂》	據葉高樹《清朝前期的文化政策》〈第四章　杜遏邪言，以正人心：思想言論的管制措施〉頁 195 所列之表 4-1-1「順、康、雍、乾四朝官方刊刻儒家典籍一覽表」，是年內府刊行土揆等奉敕撰《欽定春秋傳說彙纂》三十八卷。
		編修	敕編欽定詩經傳說彙纂	葉高樹《清朝前期的文化政策》〈第四章　杜遏邪言，以正人心：思想言論的管制措施〉頁 195 所列之表 4-1-1「順、康、雍、乾四朝官方刊刻儒家典籍

				一覽表」，是年王鴻緒等奉敕撰《欽定詩經傳說彙纂》。
			敕編欽定書經傳說彙纂	葉高樹《清朝前期的文化政策》〈第四章　杜遏邪言，以正人心：思想言論的管制措施〉頁 195 所列之表 4-1-1「順、康、雍、乾四朝官方刊刻儒家典籍一覽表」，是年王項齡等奉敕撰《欽定書經傳說彙纂》。
康熙 61 壬寅	1722	刊刻頒行編修	纂修聖祖實錄	實錄康熙六十一年十二月十九日庚午，纂修《聖祖實錄》，以馬齊爲監修總裁官，隆科多、嵩祝、白潢、張鵬翮爲總裁官。
			分類字錦等書成	葉德輝《書林清話》，御製《分類字錦》六十四卷、《千叟宴詩》四卷成。
		祭祀	帝諭崇禎宜入歷代帝王廟	實錄康熙六十一年四月初七日辛酉，禮部議應入歷代帝王廟祭禮之帝王。帝以明朝之亡非愍帝（即崇禎）之咎，諭：「愍帝不應與亡國之君同論，萬曆、泰昌、天啓，實不應入崇祀之內。」十二月二十一日，將歷代帝王廟所祀帝王從二十一位增爲一百四十三位，從祀功臣從三十九人增爲七十九人。
			令胤禛代行南郊大祀	實錄康熙六十一年十一月初九日庚寅，因帝生病，命皇四子雍親王胤禛代行主持十五日南郊大祀。胤禛遵旨於齋所致齋，初十日、十一日、十二日，均遣護衛、太監至暢春園請安。
				實錄康熙六十一年十一月十三日甲午，帝病危，命速召胤禛於齋所，以鎮國公吳爾占代行南郊祀典。
		其他	千叟宴	實錄康熙六十一年正月初五日辛卯，帝召漢文武大臣及致仕、退斥人員年六十五以上三百四十人，宴於乾清宮前，命諸王以下、閑散宗室以上授爵勸飲、分頒食品。帝作七言律詩一首，命與宴者各作詩紀念，名爲「千叟宴詩」。
雍正 1 癸卯	1723	學政	諭督學	實錄雍正元年正月初一辛巳，諭督學：「爾等應廉潔持身，精情集事，實行、文風，兩者所當並重。若徒事文華，而不敦崇實行，猶未爲盡職也。表揚忠孝節義，崇祀先聖先賢，訪求山林隱逸，搜羅名迹藏書。而衡文一道，專以理明學正，典雅醇潔爲止。」
			諭八旗生員讀書	《上諭內閣》，雍正元年正月十六日丙申，諭八旗生員、舉人中有在護軍、執事人行走者，俱著退回。生員給糧二兩，舉人給三兩，令伊等得以讀書。
			捐納人員不可任教職	實錄雍正元年二月初八戊午，以捐納人員任教職有不諳文藝者，經吏部議，各省教職俱以舉人、貢生等補用，捐納人員改任縣丞、主簿。
			加封孔子	實錄雍正元年六月十二日己未，加封孔子先世五代俱爲王爵。

			禁生祠書院，現存者改爲義學	實錄雍正元年九月二十六日壬寅，從史貽直奏，禁今人生祠書院，現存者改爲義學。諭稱，此種生祠書院，所在多有，究其實不過官員在任之時，或係下屬獻媚逢迎；或地方紳衿有出入公門、包攬詞訟之輩倡議糾合，假公派費，占地興工，勞民傷財。其後或爲宴會游玩之所，或本官竟據爲產業。嗣後，如有仍造生祠書院者，將本官及爲首之人，從嚴治罪。現存之生祠書院，除確係民間追思蓋造者外，一律改爲義學。事又見《宮中檔雍正朝奏折》第一輯、《皇朝掌故匯編》內編卷 41。
			孔傳鐸襲爵	實錄雍正元年十二月十三日戊午，以故衍聖公孔毓圻長子孔傳鐸襲爵。
			命八旗蒙古建立官學	實錄雍正元年十一月二十七日癸卯，命八旗蒙古建立官學。每旗設助教一員，每佐領選一人入學，准其考筆帖式補用。
		科試	科場房考官減爲一人	實錄雍正元年二月十六日丙寅，將科場房考官由二人減爲一人，「其責既專，其功罪亦難推諉。」
			設八旗滿洲、蒙古翻譯技勇之科	實錄雍正元年四月十二日辛酉，設八旗滿洲、蒙古翻譯、技勇之科。能翻譯者，三年之內考取秀才二次、舉人一次、進士一次，取士額數視人數多寡臨期請旨。有技勇者，按漢軍例，考取武秀才四十名，舉人二十名，進士二名。
			准因回避未應試者補試	實錄雍正元年五月十一日己丑，以今年爲特恩加科，命有因回避考官未曾應試者，准於內閣補行考試。於午門內試以《四書》文二題、《經》文一題，表、策各一題，限一晝夜完卷。五月二十一日，取中四名，俱爲舉人。事又見《皇朝政典類纂》卷 202。
			命鄉會試以孝經命題	實錄雍正元年五月二十一日己亥，命鄉會試仍以《孝經》命題，「庶士子咸知誦習，而民間亦敦本勵行，即移孝作忠之道，胥由乎此。」
			湖南湖北分爲兩闈	實錄雍正元年七月二十九日丙午，因翰林院編修楊超曾奏言：湖南七府二州，諸生之數不減於湖北，但每年應試者萬餘人，湖南才千餘人；中式者百人，湖南才三十人。徒以洞庭極險，永、寶、衡、郴四府，桂、靖二州去武昌將二千餘里，赴考艱難。本日，以湖南士子赴湖北鄉試不便，令自雍正二年起，分湖南、湖北兩闈考試。本年十二月，定鄉中額，湖北中式五十名，副榜十名；湖南中式四十九名，副榜九名。武舉各二十五名。雍正二年十二月，設湖南提學使一員。

		論編八旗功臣列傳	實錄雍正元年九月三十日丙午，諭編纂八旗功臣列傳，「可以垂之萬世，庶爲國家宣力有功之大臣，不致泯沒。」
		恩科殿試	實錄雍正元年十月二十五日辛未，恩科殿試。因天寒，改原在丹墀對策爲在太和殿內兩旁對策，命多置火爐，使殿內和暖。制稱：「百行莫先於孝，六計必至於廉。今欲使家有孝子，國有廉吏，所以倡導鼓舞之者，其道安在？至帝王之治始於家邦，終於四海，今欲必戶可封，何道臻此？」
			實錄雍正元年十一月初一日，以殿試貢士于振等二百四十六人進士及第出身有差。先是，諭本科進士，可不拘省分，不限額數，因于正額一百八十名之外，多取中六十六名。以兩總裁朱軾、張廷玉采擇公允，輿論翕然，各加太子太傅銜。
	編修修史	復設起居注官	實錄雍正二四月十六日乙丑，復設起居注官。諭翰林院：今御門聽政之初，當酌復舊章。「於朕視朝臨御，祭祀壇廟之時，令滿漢講官各二人侍班，不獨記載諭旨政務，或朕有一言之過，一事之失，皆必據實書諸簡策，朕用以自警」，「其仍復日講起居注官，如康熙五十六年以前故事。」時起居注官有十二人，起居注館設於太和門外西廊，設主事二員，筆帖式十六唄。康熙五十六年裁，至是復設。事亦見蕭奭《永憲錄》。
		續修《明史》	實錄雍正元年七月十七日甲午，續修《明史》，諭：「應令文學大臣董率其事，慎選儒臣以任分修，再訪山林續學之士，忠厚淹通者，一同編輯，俾得各展所長，取舍折衷，歸於盡善。」本月二十五日，以舅舅、公爵、吏部尚書隆科多，大學士王頊齡爲監修官，署大學士、工部尚書徐元夢，禮部尚書張廷玉、左都御史朱軾、侍講學士覺羅逢泰爲總裁官。
		參與編修明史、省方盛典之戶部尚書王鴻緒卒	蕭奭《永憲錄》卷二、《碑傳集》卷二十二、李元度《國朝先正事略》卷十、《清史稿》卷 271 載，雍正元年八月十五日壬戌，原戶部尚書王鴻緒卒於京師，終年七十九。王鴻緒曾於康熙四十七年與內大臣阿靈阿、侍郎揆敘等謀，舉皇八子允禩爲皇太子，有詔切責，命以原品休致。五十三年，疏進所修《明史・列傳》稿二百零八卷，請宣付史館備參考。五十四年，應召來京修書，充《省方盛典》總裁官。所著曰《橫雲山人集》。
	獎抑節孝	旌獎孝義貞節	實錄雍正元年二月十三日癸亥，帝以「致治之要首在風化」，命各督撫學政令各屬加意搜羅孝義貞節者，題奏旌獎。

			命各省建忠義節孝二祠	實錄雍正元年十月初八日甲寅，本日命各省建忠義、節孝二祠。省、府、州、縣、衛，每處建「忠義孝弟之祠」、「節孝婦女之祠」各一所。均立石碑刊刻姓名，已故者設牌位。每年春秋致祭。發給建坊銀兩，八旗左右翼亦各建二祠。
			定旌獎孝行節義辦法	實錄雍正元年十月初八日甲寅，定旌獎孝行節義辦法。凡孝行節義之人及婦人守節十五年以上、年逾四十而身故者，八旗及各省督撫學官查核，於年終報部，禮部於次年匯題請旨旌獎。
		其他	訪明朝皇室後裔奉祭享	實錄雍正元年九月十九日乙未，諭大學士等：近於聖祖仁皇帝所遺書篋中，撿得未經頒發諭旨一道，以明人祖崛起布衣，統一方夏，經文緯武，爲漢、唐、宋諸君所未及，其後嗣亦未有如前代荒淫暴虐亡國之迹，欲大廓成例，訪其支派一人，量授官職，以奉春秋祭享，仍令世襲。謹將聖祖諭旨頒發。但恐有明迄今，年代久遠，或有奸徒假冒，致生事端，爾內閣即會同廷臣詳明妥議。雍正二年十月初八日，以朱之璉爲一等侯世襲。朱之璉，據查爲明太祖十三子代簡王之後，松山之戰，代王與其姪朱文元被俘，屬鑲白旗。朱之璉現任正定府知府。因令其與旗人均居北京，入正白旗。每年春秋二季，由禮部官同其往祭明太祖陵及昌平十三陵。
雍正2甲辰	1724	學政	歸化建孔子廟	實錄雍正二年正月二十五日庚子，建孔子廟於歸化城，左右兩翼各設滿漢教官一員。
			帝詣太學謁先師孔子	實錄雍正二年三月初一乙亥，帝詣太學謁先師孔子，行禮畢，滿漢祭酒、司業講《大學》、《書經》。宣制曰：「聖人之道，如日中天，講究服膺，用資治理。爾師生其勉之。」先是，二月十七日，曾諭：爲尊師重道，一應章奏、記注，將皇帝「幸學」改稱「詣學」，以伸崇敬。本日，以皇帝親詣太學，釋奠先師孔子，於彝倫堂講經論學。典禮完成，命九卿等議應入崇聖祠祔享之先賢，先賢、先儒之後，孰當增置五經博士。增各省之府州縣學取中額數。鄉試中額，酌議增加。國子監貢生、監生，本科鄉試中額增加十八名。本年八月，准禮部議，從祀孔廟宜復祀者，有顏回等六人，宜增祀者，有萬章等二十。入崇祀者一人：張迪。宜增置博士者：冉雍、冉伯牛、子張、有若等四人。
			見孔顏孟諸氏子孫	實錄雍正二年三月初四戊寅，因皇帝詣學禮成，行慶賀禮。雍正帝召見孔、顏、孟諸氏子孫入見。諭以恪守先聖先賢之訓，「愼修厥德，以繼家聲」。各賜墨及貂皮有差。

				頒給國子監敕諭	實錄雍正二年三月初五日己卯，頒給國子監敕諭。國子監官員應嚴督諸，善爲誘導。「諸生亦宜殫心肆業，實踐躬行，秉端方以立身，敦忠孝以興誼。勿營奔競，勿事浮華，文必貴於明經，學務期乎濟世。」
				設八旗宗學	實錄雍正二年閏四月初五日戊寅，時，八旗宗室已有一千五百餘人，爲「睦族敦宗，務先教化」，特設八旗左右翼宗學各一所。選宗室四人爲正教長，十六人爲副教長。宗室子弟年十八以下，除願在家讀書者外，入學習滿文及騎射。十九歲以上願入學者聽。入學者月給銀三兩、米三斗及紙筆。每月考試一次，三年期滿，分別等第錄用。
					實錄雍正二年閏四月初五日戊寅，帝又諭宗學正教長等：朕見宗室中習氣未善，各懷私心，互相傾軋，或寵厚妻黨姻婭，於本支骨肉視仇敵；或因祖父昔日微嫌，追念舊惡，必圖報復。王、貝勒之孫，妄自大，任意奢侈，不顧禮義，陷於罪戾者有之；將軍及閑散宗室等不知自重，狎比小人，蕩盡先人產業者尤爲不少。「朕嘗嘆明代宗室年久繁衍，失於訓教，末流猥鄙，至不可言。誠恐朕之宗室日流日下，不知前鑒，深用爲憂，是以亟籌保全之道，若非立學設教，鼓舞振興，循循善誘，安能使之改過遷善，望其有成！」爾等須盡心竭力，善爲開導。事又見《上諭旗務義復》、《欽定會典事例》卷329、《皇朝掌故匯編內編》卷38。
				闕里孔廟失火命速修復	實錄雍正二年六月二十三日甲午，衍聖公孔傳鐸奏報：闕里孔廟於本月初九日因雷擊火災，大成殿及兩廡俱毀。有旨命工部會同山東巡撫從速修復。
				諭烏喇、寧古塔等處不許尚文藝務守滿洲本習	實錄雍正二年七月二十三日甲子，辦理船廠事務給事中趙殿罪，請於船廠地方建文廟、設學校，令滿漢子弟讀書。有旨不許。諭烏喇、寧古塔等處人等，並行黑龍江將軍，「務守滿洲本習，不可稍有疑貳」，並通行京城八旗人員：京城滿洲子弟雖教以讀書，亦不可棄置本習，勿但崇尚文藝，以致二者俱無成就。
				於太學建進士題名碑	實錄雍正二年十二月初二日辛未，命工部於太學建進士題名碑。先是，自順治三年起，由禮部題請，工部給銀一百兩，交國子監立石題名。康熙三年裁省，由每科進士捐資立石。至是，命工部動用正項錢糧，將雍正癸卯、甲辰兩科題台碑速行建立。以後每科仍照例題請。「庶士子觀覽此碑，知識書登榜之榮，益勵其潛修上達之志。」
			科試	諭應試士子守法	實錄雍正二年二月初二日丙午，刑部尚書勵廷儀嘗折奏：今年應試士子投送詩文，往來干謁者不少，「場前既多奔競，榜後必生事端」。本日，命都察

				院頒示曉諭：應試士子宜安分守法，毋得希圖僥幸，如有鑽營彰著者，即行拿參治罪。
			河南封邱生童罷考	實錄雍正二年六月二十二日癸巳，河南封邱縣生童罷考。布政使田文鏡於三月到任，本日折奏：五月間，因伏汛堤工緊急，封邱知縣唐紹祖按田畝命各社添雇人伕，運論方給價。而生童王遜等百餘人以儒戶不應與民一例當差，往巡撫衙門具控，攔阻唐紹祖，脅封邱童生罷考。經開歸道陳時夏前往曉諭，仍揚言：「若要我等赴考，必須分別儒戶，將我等之伕概行豁免，徵比錢糧不許與百姓一例滾催。並要將知縣參了。」朱批：「必將一二渠魁正法示儆，刁風方可稍息。」九月二十日，田文鏡又奏：已遵旨將王遜正法。
			鄉會試回避士子一體應試	實錄雍正二年八月初四日甲戌，命鄉會試回避士子一體應試。諭禮部：今科會試，凡官員入闈者，其子弟著一體應試，將試卷另封進呈，另派大臣校閱簡選，庶人才不致屈抑。
			賞會試舉人盤費	實錄雍正二年九月初十日庚戌，賞給會舉人盤費。雲、貴、川、兩廣五省，每人銀十兩，閩、浙、兩江、湖廣、陝西六省，每人銀七兩，直隸、山東、山西、河南四省，每人銀五兩。
			殿試	實錄雍正二年十月初五日乙亥，賜殿試貢士陳德華等二百九十九人進士及第出身有差。隨又欽賜舉人張泰基為進士。是科為補行正科會試。是年定例：殿試三日後讀卷，讀卷後一日，皇帝御殿傳臚，鴻臚寺宣制：一甲三名賜進士及第，二甲賜進士出身，三甲賜進士出身。張掛黃榜於長安左門外。事又見《皇朝政典類纂》卷201、黃崇蘭《國朝貢舉考略》卷二。
		刊刻頒行修史	頒聖諭廣訓	實錄雍正二年二月初二日丙午，帝將聖祖所製《上諭十六條》，「尋繹其義，推衍其文」，作《聖諭廣訓》，共萬言。本日頒行全國，自為序。隨後，從侍講學士覺羅逢泰之請，在京八旗每月宣講。又從侍講學士張照之請，行之於試士訓蒙，由縣、府及學政復試童生，令默寫《廣訓》一條，不錯一字者，准取進。平日，各學擇有品行生員朔望宣講。蒙師用以訓迪幼稚。又從祭酒張廷璐之請，令將軍及提、鎮轉飭所屬武職宣講。又從知參議孫勷之請，遴選教官宣講，化導兵民。外官考成，以勤宣《聖諭》為第一義。事見世宗實錄卷 16、卷 31，又見蕭奭《永憲錄》卷 3。
			續修《大清會典》	實錄雍正二年閏四月初四丁丑，續修《大清會典》。從禮部侍郎蔣廷錫奏，以《大清會典》自崇德元年起，至康熙二十五年，已刊刻成本，但其後所定章

				程，未經編輯，應將康熙二十六年至雍正二年各部院所定禮儀條例，送館編輯。五月二十四日，以吏部尚書隆科多、戶部尚書張廷玉、左都御史尹泰、朱軾爲纂修《大清會典》總裁官，吏部侍郎史貽直爲副總裁官。
			令翰林官爲功臣立傳	實錄雍正二年十月十三日癸未，於京城建昭忠祠，祀開國以來致命盡忠功臣，「俾遠近觀聽，勃然生忠義之心，於治道亦有裨益。仍令翰林官纂其籍貫事迹，各爲立傳，匯成一編，垂諸永久。
雍正 3 乙巳	1725	學政	宗室以建立宗學具折謝恩	實錄雍正三年三月十三日，諸王宗室等以建立宗學具折謝恩。帝召入乾清宮，諭以宗室骨肉間應「以和爲貴」，不可「相爲仇敵」。云：「今朕宗室僅千餘人，尚不及十佐領人數，若如此互相傾陷，何所底止？朕甚惜之。」「唯望爾等習爲善人，如宗室內有一善人，滿洲內亦有一善人，朕必先用宗室；滿洲內有一善人，漢軍內亦有一善人，朕必先用滿洲。推之漢軍、漢人皆然。」
			帝親書文廟匾額頒各省	實錄雍正三年八月初五日庚午，帝親書孔子廟匾額「生民未有」，頒發各省。
			苗民准入義學	實錄雍正三年八月二十三日戊子，從貴州學政王奕仁疏言，該省苗民有願讀書者，准入義學，每遇歲科兩試，於該學定額外，取進一名，以示鼓勵。
			避孔子諱，丘姓改爲邱	實錄雍正三年十二月二十七日庚寅，從禮部議，爲避孔子諱，除祭天於圜丘之「丘」字不避外，凡係姓氏俱加偏旁爲邱字；如係地名，亦更易爲邱，讀期音。
		刊刻頒行編修史	欽定大清律成頒行全國	實錄雍正三年九月三十日甲子，《欽定大清律》成。御制序文。原律四百五十七條，增二條，移易一條，更名四條，改律文及小注字句一百三十條，共四百六十條。合前例詳校，增入四百八十六條，共八百二十四條。
			革隆科多聖實錄總裁官	《上諭內閣》，雍正三年十二月十六日己卯，將隆科多《聖祖仁皇帝實錄》總裁革退。諭稱：隆科多於聖祖親征之事記載不全，而於伊父佟國維陳奏之言一一詳載，且多粉飾，「昧公徇私，殊玷纂修之職」。
			古今圖書集成編成	據陳夢雷《松鶴山房集》、吳振棫《養吉齋叢錄》卷 20、謝國楨《陳則震事輯》，雍正三年十二月二十七日庚寅，《古今圖書集成》編成。帝親製序文，命以銅活字排印，至雍正六年印成，共六十五部。張廷玉曾先後受賜二部，稱該書「誠冊府之鉅觀，爲群書之淵海」，「實古今未有之奇書」。

		文字獄	汪景祺文字獄	《雍正朝漢文朱批奏折匯編》（六）、《朱批諭旨》、《掌故叢編》第二輯、蕭奭《永憲錄》卷3～4、吳振棫《養吉齋餘錄》卷四、汪祺《讀書堂西征筆記》、《清史列傳》卷十三。 汪景祺於雍正二年赴陝西謁年羹堯，其〈上撫遠大將軍、一等公、川陝總督年公書〉中稱年爲「詞林之眞君子，當代之大丈夫」、「宇宙之第一偉人」、「聖賢豪傑備於一身」。雍正二年五月，著《讀書堂西征筆記》，於時政多有抨擊，並譏聖祖諡法、雍正年號，言「正」字有「一止」之象，前代如正隆、正大、至正、正德、正統，凡有正字者皆非吉兆。作〈功臣不可爲論〉，又以檀道濟、蕭懿比年羹堯，言「鳥盡弓藏，古今同慨」。於〈高文恪遺事〉中，言高士奇因奴事索額圖得顯官，旋合明珠傾索，又合徐乾學以傾明珠，又合明珠、王鴻緒以傾徐，「市井小人，出自糞土，致身軒冕，烏知所謂禮義廉恥哉！」雍正三年九月間，福敏等於杭州搜查年羹堯家，有家人供，年羹堯已於九月十二日將一應書札盡行燒毀，福敏等細搜，於亂紙中發現手抄書二本，即《讀書堂西征筆記》，以書中言論「甚屬悖逆」，本日奏聞，朱批：「若非爾等細心搜撿，幾致逆犯漏網。其妄撰妖辭二本，暫留中摘款發審。」
雍正 丙午	4	1726	學政	以士習不端命學官化導	實錄雍正四年九月二十八日丁巳，以「士習不端」命學官努力化導。諭稱：士乃萬民之首，一方之望。士習不端，民何由而正？教官爲多士之儀型，臣爲教官之表率，應持公秉正，宣揚風化，訓誨士子，使風俗丕變。本年十二月二十日，定例：補用教職，由巡撫考校，其考試四、五等者，俱令解任，學習三年再行考試；六等者革職。
				詔學政舉優秀生員錄用	實錄雍正四年十月初六日甲子，詔各省學政於三年任滿時，各舉才守俱優之生員，親試錄用。大省舉四、五人，小人二人。
			科試	查嗣庭江西科場弊案、出題不當等情事	實錄雍正四年九月二十六日乙卯，帝以查嗣庭「向來趨附隆科多」，所出試題「顯露心懷怨望、譏刺時事之意」，遣人搜查其寓所，得《日記》二本，其中「悖亂荒唐、怨誹捏造之語甚多」，雍正四年任江西鄉試主考時，江西科場中又有關節作弊等事，本日將查嗣庭革職拿問，交三法司審擬。諭稱：查嗣庭所出試題與國家取士之道相背謬，《日記》中其他譏刺時事、幸災樂禍之語甚多。十月初九日命杭州將軍鄂彌達、浙江巡撫李衛派人往查嗣庭原籍家中搜查。雍正五年二月，先處理科場弊案，副主考俞鴻圖、布政使丁士一俱革職，巡撫汪漋降級調用。雍正五年五月，結查嗣庭案，其子查斬監候，

				兄查嗣琛及其餘子侄俱流三千里，家產變價修海塘。兄查慎行因年已老邁，家居日久，相隔路遠，並不知情，連同其子俱釋放回籍。
			停浙省士子鄉會試	實錄雍正四年十一月二十七日乙卯，以浙江俗澆漓敗壞，停該省士子鄉會試，「俟俗漸趨淳厚，再降諭旨。」 《清史列傳》卷十二，時，浙籍吏部侍郎沈近思疏言：「浙江一省，逆種并生」，敬陳浙省舊弊：童生應試即請恳勢要，初為生員即通謁顯貴，求通關節。在籍鄉紳於各衙門關說公事最為民害。不法生員武斷鄉曲，訴訟時以揭帖攻發隱私，污人名節。刊刻詩詞，誨淫誨盜。訟師、衙役為害。地棍稱霸勒索。有旨稱所奏「切中時弊」，發與李衛、王國棟，照所言嚴行禁約。
	文字獄	查嗣庭文字獄		實錄雍正四年九月二十六日乙卯，帝以查嗣庭「向來趨附隆科多」，所出試題「顯露心懷怨望、譏刺時事之意」，遣人搜查其寓所，得《日記》二本，其中「悖亂荒唐、怨誹捏造之語甚多」，雍正四年任江西鄉試主考時，江西科場中又有關節作弊等事，本日將查嗣庭革職拿問，交三法司審擬。諭稱：查嗣庭所出試題與國家取士之道相背謬，《日記》中其他譏刺時事、幸災樂禍之語甚多。十月初九日命杭州將軍鄂彌達、浙江巡撫李衛派人往查嗣庭原籍家中搜查。雍正五年二月，先處理科場弊案，副主考俞鴻圖、布政使丁士一俱革職，巡撫汪漋降級調用。雍正五年五月，結查嗣庭案，其子查斬監候，兄查嗣琛及其餘子侄俱流三千里，家產變價修海塘。兄查慎行因年已老邁，家居日久，相隔路遠，並不知情，連同其子俱釋放回籍。
	滿漢	嚴漢人主僕之分		實錄雍正四年十一月二十五日癸丑，因山東莒州州同鄭封榮為其家人殺死，帝聞之駭異，以「主僕之分，所以辨上下而定尊卑，天經地義，不容寬縱。」諭稱：滿洲風俗，尊卑上下秩然整肅。主僕之分一定，則終身不能更易。今漢人之奴僕，乃有傲慢頑梗，不遵約束，加以呵責，則輕去其主，種種敝俗，應作何懲治，與滿洲待奴僕之法作何劃一之處，著滿洲大學士、九卿等詳議。尋議：漢人奴僕，有傲慢不遵約束，及乩謗家長，背主逃匿者，俱照滿洲家人例治罪。事又見《雍正起居注》、《上諭內閣》。
		就科目朋黨事論漢官		實錄雍正四年十二月十二日己巳，帝就漢人科目朋黨事論眾科舉出身官員：「爾等漢人，於同年師生之誼，黨比成風。平日則交相固結，有事則互相祖護，夤緣請恳，背公徇私」，「以朝廷取士之正途，

				爲植黨徇私之弊藪，適足以敗風俗而壞人心」，又云趙申喬因二門生從未謁見，臨終時囑其子孫不許此人登門；李紱徇態徐用錫，以九卿之眾論爲不公；陳世倌、陳世侲兄弟均科甲出身而因懷同年師生之見，彼此互詆爲小人。科甲出身之人，又輕視別途之人。「本朝立賢無方，非明代專用科目一途，若科目出身者徇私結黨，互相排陷，必致撓亂國政，肆行無忌。朕爲紀綱法度，風俗人心之計，豈肯容若輩朋比妄行！必致盡斥科目而後已。此皆科目中之敗類有以致之。即有議朕爲不重科目者，朕亦有所不恤。若畏浮言之訕而不能果斷者，此庸主之所爲也。」訓諭時，帝見浙江人姚三辰「詞色神氣不以朕言爲然」，「心術不端，全無儆懼之意」，命其與謝濟世同往阿爾泰軍前效力。
			其他	治錢名世諂媚年羹堯之罪	實錄雍正四年三月三十日壬戌，翰林院侍讀錢名世，以投詩贈年羹堯「備極諂媚」，又將平藏之功歸之年羹堯，謂宜立碑於聖祖平藏碑之後，「甚屬悖逆」，經大學士、九卿等議，應革職交刑部從重治罪。本日，諭：錢名世「頌揚奸惡，措詞悖謬」，「但其所犯尚不至於死，伊既以文詞諂媚奸惡，爲名教所不容，朕即以文詞爲國法，示人臣之烱戒。著將錢名世革去職銜，發回原籍，朕書『名教罪人』四字，令該地方官製造匾額，張掛錢名世所居之宅。」又見《上諭內閣》、《清史稿》卷 484、蕭奭《永憲錄》卷四。
雍正 5	1727	學政	定孔子聖誕不理刑名	實錄雍正五年二月初七日甲子，內閣、九卿遵旨議定：八月二十七日爲孔子聖誕之期，文武各官及軍民人等均應致齋一日，不理刑名，禁止屠宰。與三月十八日聖祖誕辰日之例同。又見《上諭旗務議復》。
			捐納貢監生歸併學臣	實錄雍正五年閏三月初十日丙寅，從田文鏡言，捐納貢監生歸併學臣，與生員一體約束。
			令薦舉貢生生員之優者	實錄雍正五年四月初七日癸巳，因各省學政保舉賢能人員不多，命州縣官會同教官將貢生、生員內「居家孝友，行己端方，才可辦事，而文亦可觀者」，秉公確查，一學舉一人，於今多申報上司，奏聞請旨。八旗每佐領舉一人。如不得其人，實無可舉，出具印結，該督撫、都統奏聞。
			整頓八旗官學	實錄雍正五年十月十三日乙未，從順天學政孫嘉淦奏，整頓八旗官學。嗣後選官學生，務擇聰明雋秀子弟，考課分習滿漢文，每旗給官房一所爲學舍，以貢生五人爲教習，派定所教人數，優其廩給，專訓導，不時稽查勤惰，期滿分別議敘。

			定六年拔取生員入太學	《上諭內閣》，舊例生員入太學十二年拔取一次，本日，改定爲每六年舉行一次。
		科試	斥責科甲習氣	《朱批諭旨》，雍正五年正月二十日乙卯，陳時夏折奏言事，帝於批諭中斥責科甲習氣言：科甲出身之大員，如楊名時、李紱、魏廷珍、鄭任鑰、汪漋、陳世倌，及旗下舉人張楷等，「皆爲同年故舊、老師門生之牽扯、爭執、偏袒、姑容，以沽名釣譽」，「此風不息，將來斯文掃地矣！」
			准會試舉人携手爐皮衣入科場	實錄雍正五年三月二十四日辛亥，先是，准今年會試舉人携帶手爐以溫筆硯，並許穿皮衣或厚棉衣入場，眾舉人合詞陳謝，禮部奏聞。本日，諭：「朕待天下唯有一誠，而崇儒重道之心尤爲篤切，但所崇者皆眞儒，所重者皆正道。若徒尚虛文，邀取名譽，致貽世道人心之害，朕不忍爲也。」
			命九卿薦有猷有爲有守之會試舉人	實錄雍正五年閏三月初九日乙丑，先是，命九卿等將會試舉人中「有猷、有爲、有守」者舉出；眾舉人亦可公舉素日推服之人，或數人、或十數人舉一人。本日，吏部會同九卿等將揀選舉人引見，命分發各省以州縣官委署試用。
			會試舉人擬設經壇祝帝五十壽辰	實錄雍正五年三月二十九日乙酉，以今年爲帝五十壽辰，會試眾舉人擬於京城寺廟設經壇頌祝，各省督撫亦欲進獻玩好之。諭：舉人乃讀書明理之人，豈可爲此世俗誕妄之舉？督撫進獻玩好之物尤爲不可。「朕心唯以民安物阜爲美，薦賢舉能爲貴。」
			再閱會試下第舉人落卷	實錄雍正五年四月初三日己丑，先是，命將會試下第舉人落卷取出再閱，擇文理明順者交吏部帶領引見，候簡用。本日，任以各省教職，諭以勉力供職，六年內如著有成效，督撫題薦，將格外加恩。事又見《大清會典事例》卷353。
			殿試	實錄雍正五年四月初五辛卯，賜殿試貢士彭啓豐等二百二十六人進士及第出身有差。
			嚴禁考官通同作弊	實錄雍正五年六月初二丁亥，以各省學政、提調官常以國家選士之途作射利營私之地，九卿等遵旨定例：學政考試，凡關防啓閉及折卷發案，俱經提調官之手，如有通同作弊者，照貪官例，革職提問。如學政私鬻名器，提調官防範不嚴，照溺職革職。
			捐納人員與科目人員並用	《上諭內閣》，雍正五年六月十四日己亥，帝以捐納人員宜與科目人員並用，諭：「近見科目出身之員，不但多有苟且因循之人，且貪贓壞法者亦復不少，至於師友同年夤緣請托之風，比比皆是，牢不可破」，古聖人立賢無方，各途皆有可用之才。「使富厚有力之家叩受官職，便不希冀科名，萌營求奔

			競之妄念，亦是肅清科場之道」。除道、府、同知大員不准捐納外，通判、知州、知縣及州同、縣丞等官應准其捐納。
		帝再申禮義廉恥	實錄雍正五年六月十七日壬寅，帝諭「禮、義、廉、恥」。時以「士人當有禮義廉恥」爲題考試新科進士，帝閱卷畢，見所作之文皆未能眞知理蘊，因再申禮義廉恥之蘊。
		科道官不限科目出身者	實錄雍正五年十月初三日乙酉，帝以舊例科道、吏部官專用科目出身者，致有黨援之弊，命改定。經議，嗣後科道出缺，在京，令翰林院掌院於編修、檢討中保送，各部院堂官於所屬司官內不論科甲、貢監，擇其勤敏練達、立心正直者保送引見補用；在外，由各省督撫將州縣官保送引見，恭候選定，其留京者以科道補用。
		鄉試房考官由鄰省候選人員調任	《上諭內閣》，雍正五年十月初七日己丑，以各省鄉試房考官舊例皆用現任知縣，入闈數月，地方政務諸事必致耽誤；本省應試舉子即縣令所轄子民，形迹亦涉嫌疑。諭：應於鄰省舉人、進士在家候選人員中調取數十人，由監臨之督撫掣籤令其入闈分任房考官。
		命各官舉薦人才	實錄雍正五年十二月初六日丁亥，命各官舉薦人才，所保者，或係現任官員，或係候補候選之人，或係進士、舉人、貢監、生員，或係山林隱逸，務期有猷、有爲、有守、品行才具足備國家之用者，各人密封奏折，送奏事人呈進。
	刊刻頒行修史	令李紱入八旗志書館	實錄雍正五年八月初六日己丑，李紱革職就審。本年十二月，議政大臣等會議李紱有罪二十一款，按律應斬，妻子財產入官。帝以其學問尚好，從寬免死，令在纂修《八旗志》書館效力，妻子、財產亦免入官。
		編纂八旗志	實錄雍正五年十一月初八庚申，編纂八旗志書，以《實錄》諸總裁官領其事。
		諭督撫將諭旨繕錄成冊	實錄雍正五年十一月初十日壬戌，諭：「著各省督撫等將歷來所奉諭旨俱繕錄成冊，一一詳載，以便每日觀覽，觸目警心。並將此冊交代，不許失漏藏匿。如此，則前任奉行之諭旨，後任仍得知所遵循，觀覽之際，悉如親承朕訓，於國計民生庶有裨益。」
		頒行欽定子史精華等書	葉德輝《書林清話》卷九，頒行欽定《子史精華》一百六十卷、《欽定詩經傳說匯纂》二十卷刻成。
		刊康熙六十年敕編欽定詩經傳說彙纂	據葉高樹《清朝前期的文化政策》〈第四章　杜遏邪言，以正人心：思想言論的管制措施〉頁 195 所列之表 4-1-1「順、康、雍、乾四朝官方刊刻儒家典籍一覽表」，是年內府刊行王鴻緒等於康熙六十年時奉敕編撰之《欽定詩經傳說彙纂》二十一卷。

			刊雍正帝敕撰孝經集注	據葉高樹《清朝前期的文化政策》〈第四章　杜遏邪言，以正人心：思想言論的管制措施〉頁195所列之表4-1-1「順、康、雍、乾四朝官方刊刻儒家典籍一覽表」，是年內府刊行雍正帝敕撰《孝經集注》一卷，另有滿文本。
			刊小學集注	據葉高樹《清朝前期的文化政策》〈第四章　杜遏邪言，以正人心：思想言論的管制措施〉頁195所列之表4-1-1「順、康、雍、乾四朝官方刊刻儒家典籍一覽表」，是年武英殿刊行宋朱熹撰、明陳選註《小學集注》六卷，另有滿文本。
			刊刻滿漢文孝經、小學	實錄雍正五年十二月初三日甲申，刊刻滿漢文《孝經》、《小學》成，御製《孝經》序。
		滿漢	行走班次不必分別滿漢	實錄九月二十二日乙亥，諭：滿洲居首之大學士在前行走外，其餘大學士行走班次，應按其補授之日前後行走，不必分別滿漢。
雍正 6 戊申	1728	教育	學政以書價爲養廉銀	《宮中檔雍正朝奏折》，雍正六年四月十六日丙申，湖北學政于振折奏：湖北學政無養廉銀，據前任學政言，因無以自給，乃刻書一部，售記各學新進童生，每部獲銀一、二兩以爲自贍之計，約計歲試書價所得約六千兩，頗足自支。聞川滇等省皆以書價爲養廉，而價值有二、三倍於湖北者。
			增設八旗官學	實錄雍正六年十一月二十六日壬申，增設八旗官學。原每兩旗一所，改爲每旗一所。十歲以上二十歲以下俱令入學。
			改曲阜宣聖廟爲至聖廟	俞正燮《癸巳存稿》，雍正六年，改曲阜「宣聖廟」舊名爲「至聖廟」，許曲阜孔廟殿及正門皆可用黃瓦。
		科試	嚴禁監生考職請代頂替	實錄雍正六年七月二十九戊寅，嚴禁監生考職請代頂替之弊。准刑部尚書勵廷儀奏，諭：本人安坐原籍，托在京之親友代爲應考，此等陋習相沿已久。上年考試後，令一千一百餘人通行引見，伊等自知頂冒情虧，不敢報名引見者九百餘人，俱經降旨革退；從引見之二百餘人中揀選七十餘人交部即用。近聞此等人員內竟仍有頂替之人，似此敢於欺罔，可謂恣不畏死者矣。今准其自行出首，倘仍前隱匿不首，一經察出，將與者受者即行正法。
			閩粵不能官話之生童舉監暫停送試	《皇朝經世文編》卷23，雍正六年以帝推廣北京官話，命閩粵等地有力之家，應延請官音讀書之師，教其子弟，轉相授受。以八年爲期，如不能官話者，生童舉監暫停送試，俟官話學會時再准其應試。

			復浙省鄉會試	實錄雍正六年八月二十九日丁未，時李衛、王國棟奏：浙江士氣整理二年以來，士子省愆悔過，將舊日囂凌奔競之習痛自改除。本日，以浙江士風丕變，命該省明年准其照舊鄉會試。
		刊刻頒行編修史、編譯	以地輿全圖頒賜各督撫	《宮中檔雍正朝奏折（十）》、吳振棫《養吉齋叢錄》，雍正六年三月，帝將康熙年間繪製之《地輿全圖》分賜各督撫。四月十五日，岳鍾琪奏謝。隨後，田文鏡、高其倬等先後奏謝。《地輿全圖》即《皇輿圖》，以中會通之法計算地里，依度而推。
			頒人臣儆心錄予大臣	實錄雍正六年九月十九日丙寅，以順治帝御製《人臣儆心錄》頒給滿漢大學士以下、四品京堂以上，及同閣、翰、詹等官，人各一部
			命各省重修通志	實錄雍正六年十一月二十八日甲戌，命各省重修《通志》，限二、三年纂成。
			四書五經譯蒙古文	《雍正上諭》，雍正六年十二月十一日丁亥，命將《四書》、《五經》譯成蒙古文。
			大清律集解	實錄雍正六年十二月二十日丙申，《大清律集解附例》告成。
		語言	推廣北京官話	實錄雍正六年八月初六日甲申，帝以官員有蒞民之責，其語言應使人人共曉，然後可以通達民情而辦理無誤。而閩廣之人鄉音難懂，本月二十六日，又命該督撫於各州縣設「正音學院」，為士民學習官音之所。事又見王先謙《東華錄》卷13、董鴻壽《清史紀事本末》卷23。
		滿漢	諭大臣勿存滿漢形迹	實錄雍正六年八月初九日丁亥，諭諸王大臣宜勿存滿漢形迹，協力辦事。云：「滿洲、漢軍、漢人，朕俱視為一體，並無彼此分別。」「國家須滿漢協心，文武共濟，而後能致治。夫文武不可偏重，而滿漢顧可以偏向乎？」
		文字獄	曾靜、張熙案起	《宮中檔雍正朝奏折（十一）》、《宮中檔雍正朝奏折（十五）》、《清代文字獄檔（九）》、《大義覺迷錄》、《清史稿》卷291 實錄雍正六年九月二十八日乙亥，以曾靜遣其徒張熙遊說岳鍾琪反叛朝廷，其〈上岳鍾琪書〉中自稱「南海無主游民夏靚」，稱岳鍾琪為「天吏元帥」，斥清室為「夷狄乘虛，竊據神器」，張熙於雍正六年九月二十六日投書岳鍾琪，岳鍾琪會同西琳、碩色等審訊，本日岳鍾琪奏聞，帝得報命各省按張熙供出名單密行緝捕。
			呂留良文字獄	《清代文字獄檔（九）》、《宮中檔雍正朝奏折（十五）》、包賚《呂留良年譜》，曾靜、張熙案發展為呂留良文字獄。呂留良《呂用晦文集》語多涉「夷夏之防」，曾靜因尊呂留良，嘗遣其徒張熙往江浙

				訪書交友，因張熙被捕，帝令李衛緝拿張熙所供名單並查抄書籍。本年十一月間，李衛遵旨將呂留良第九子呂毅中、第四子呂黃中、孫呂懿歷及嚴賡臣、沈在寬等密捕。《呂子文集》等書亦均查獲。
雍正 7 己酉	1729	教育	將御纂書籍頒賜衍聖公	實錄雍正七年正月二十六日辛未，將康熙、雍正兩朝御纂各種書籍頒賜衍聖公，「藏之闕里，昭示來茲」。
			令覺羅子弟入學校	實錄雍正七年閏七月十一日癸未，將覺羅佐領均置八旗，每旗四分。每旗各設一管轄覺羅之衙門，於該衙門之旁設學校，八歲以上、十八歲以下覺羅子弟俱令入學。分讀滿漢書，習射，其制略同於宗學。學成，得與旗佃應歲科考、鄉會試，及考用中書、筆帖式。十八歲以上未曾讀書者每月朔望傳集公署，宣講《聖諭廣訓》。事又見《皇朝掌故匯編》內編卷 38。
			漢軍各旗設義學	實錄雍正七年九月十九日庚寅，於八旗漢軍各旗設義學，收漢軍子弟學習滿文、弓箭。十月十二日，於八旗滿洲、蒙古亦設義學。各佐領十二歲以上餘丁入學。
		科試	各省鄉試以道員一人為提調官，一人為監試官	實錄雍正七年七月十四日丁巳，舊例，各省鄉試，以巡撫為監臨、布政使為提調、道員為副提調、按察使為監試、道員為副監試。本日，以布政使、按察使管理全省錢糧、刑名，入場一月餘，遲延公事未便，改為從今科開始，不用藩、臬，以道員一人為提調官，一人為監試官，永著為例。
			增貴州鄉試中額	實錄雍正七年閏七月初一癸酉，因四川、湖南十三州縣改隸貴州，使貴州共有五十三州縣，增該省鄉試中額，文舉人增六名至四十二名；武舉人增三名至二十三名。四川、湖南鄉中額相應減少。文武舉人、四川減四名、二名，湖南減二名、一名。
			責科甲之習	實錄雍正七年十月二十四日乙丑，諭科甲出身官員：「科甲之習一日不革，則天下之公理一日不著。爾等當豁然醒悟，庶可使歷代相沿之弊習廓然頓除也。」
			以督修孔廟時現祥瑞增明年鄉會試額	實錄雍正七年十二月十三日癸丑，督修孔廟工程通政使留保、山東巡撫岳濬奏報：十一月二十六日午刻，正當孔廟上梁之前二日，「慶雲」見於曲阜，歷三時之久，從大學士、九卿等奏，命宣付史館。為使全國士子「同受聖人之澤」，將明年會試取中額數擴至四百名，壬子科各省鄉試每正額十名加中一名，十名之外有零數者亦加中一名。
		刊刻頒行編修	令蔡嵩入八旗志書館	《上諭內閣》，雍正七年閏七月十九日辛卯，令宗人府府丞蔡嵩以原品休致，在八旗志書館與李紱等一同修書效力。事又見蕭奭《永憲錄》卷四。

		修史	刊刻上諭	實錄雍正七年八月初五日丁未，命刊刻《上諭》。諭稱：使天下之人備聞朕訓，深知朕心，庶幾感發奮興，以爲進德修業之助，有裨於人心吏治。
			大義覺迷錄	實錄雍正七年九月十二日癸未，帝命將有關曾靜案之諭旨及曾靜等口供匯編，刊刻《大義覺迷錄》，頒行全國各府州縣，俾讀書士子及鄉曲小民共知之。令各貯一冊於學宮，使後學新進之人觀覽知悉。倘有未見此書、未聞此諭旨者，一經查出，將該學政及該縣教官從重治罪。事又見王先謙《東華錄》卷十五、《清史資料》第四輯。
			康熙治河方略編成	實錄雍正七年九月十四日乙酉，康熙帝《治河方略》編成。命繕寫三部，發給河督孔毓珣、嵇曾筠，丑繼善「敬謹閱看」。以河性遷移，或今日情形與昔年有不同之處，著會同具奏。
		文字獄	以曾靜受阿其那塞思黑「道路浮言」蠱惑，作長篇諭旨	《宮中檔雍正朝奏折（十三）》、《朱批諭旨》，雍正七年三月二十四日戊辰，帝因曾靜、張熙案作長篇諭旨。先是，曾靜供：「因輕信呂留良邪說，被其蠱惑；兼聞道路浮言，愈生疑罔，致犯彌天大罪。」道路浮言，即允禩、允禟等黨羽所散布誣蔑帝之流言。爲駁斥邪說及流言，帝親書長篇諭旨，本日，帝命內閣酌量每省頒發諭旨若干本，由該督撫提鎮轉飭所屬廣行宣布，使家喻戶曉。
			就呂留良案作長篇諭旨	實錄雍正七年五月二十一日乙丑，帝爲駁呂留良之「邪說」作長篇諭旨，諭稱：呂留良身爲本朝諸生十餘年之久，乃始旛然易慮，忽號爲明之遺民，著邪書、立逆說，喪心病狂，肆無忌憚。「呂留良生於浙省人文之鄉，讀書學問，初非曾靜山野窮僻、冥頑無知者比。且曾靜止及朕躬，而呂留良則上誣聖祖皇考之盛德。曾靜之謗訕由於誤聽流言，而呂留良則出自胸臆，造作妖妄。是呂留良之罪大惡極誠有較曾靜爲倍甚者也。」「且呂留良動以理學自居，……豈有以無父無君爲其道，以亂臣賊子爲其學者乎？此其狎侮聖儒之教，敗壞士人之心，眞名教之罪魁也。」
			議呂留良弟子嚴鴻奎罪	實錄雍正七年六月十三日丙戌，命九卿等議呂留良弟子嚴鴻奎罪，有旨宣布其罪狀。
			治嚴鴻奎弟子沈在寬罪	實錄雍正七年六月十五日戊子，將嚴鴻奎弟子沈在寬交刑部治罪。諭稱：沈在寬年未滿四十，而亦效其師之狂悖，肆詆本朝。
			命九卿議謝濟世罪	《清史稿》卷293〈謝濟世傳〉頁10328～10329：「（雍正）七年，振武將軍順承郡王錫保以濟世撰《古本大學注》毀謗程、朱，疏劾，請治罪。上摘『見賢而不能舉』兩節注，有『拒諫飾非，拂人之

				性』語，責濟世怨望謗訕，下九卿、翰詹、科道議罪。有陸生枏者，自舉人選授江南吳縣知縣，引見，上有所詰問，不能對，改授工部主事。復引，上見其傲慢，以其廣西人疑與濟世爲黨，命奪官發軍前，令與濟世同效力。生枏撰《通鑑論》十七篇，錫保以爲非議時政，別疏論劾。上並下九卿、翰詹、科道議罪，尋議濟世詆訕怨望，怙惡不悛，生枏憤懑猖狂，悖逆恣肆，皆於軍前正法。上密諭錫保誅生枏，縛濟世使視。生枏既就刑，宣旨釋之。」
			陸生枏論史之獄	《上諭內閣》，陸生枏係廣西舉人，帝以其傲慢，知其廣西人，疑與謝濟世同黨，命奪官，發往軍前效力。陸生枏撰《通鑑論》十七篇，順承郡王、振武將軍錫保以其「抗憤不平之語甚多」，顯係非議時政，參奏。本日諭：「陸生枏素懷逆心，毫無悔悟，怙惡之念愈深，奸惡之情益固。借托古人之事幾，誣引古人之言論，以泄一己不平之怨怒，肆無忌憚。」「朕意欲將陸生枏於軍前正法，以爲人臣懷怨訕者之戒。」
			治謝濟世、陸生枏之罪	實錄雍正七年七月初五日戊申，九卿等議奏：謝濟世、陸生枏俱應斬立決。有旨命將此議罪之本發交二人，看本內所載諭旨各條，伊等有何辯對。陸生枏承認：「自恃其才，至於輕意肆志而不顧。」本年十二月二十日，有旨：陸生枏於軍前正法，謝濟世從寬免死，交與順承郡王錫保，令當苦差效力。
			寬赦曾靜張熙之罪	實錄雍正七年十月初六日丁未，諸王大臣請誅曾靜、張熙，帝以曾、張兩人僻處鄉村，爲流言所惑，而造流言者實係允禩、允禟門下之凶徒、太監，特寬二人之罪。諭稱：「若非因曾靜之事，則謠言流布，朕何由聞知、爲之明白剖晰，俾家喻戶曉耶？」本月初七日，命將曾靜、張熙免罪釋放，並諭湖廣地方官員及當地人等不得暗中傷害，否則必問以抵償之罪。即皇室子孫不得以其詆毀朕躬而追究誅戮。
雍正 8 庚戌	1730	教育	給肄業貢生資費	實錄雍正八年正月三十日己亥，給國子監肄業貢生每年銀六千兩，爲衣食膏火之資。
			鹽場大使不用捐納職銜之人	實錄雍正八年九月二十四庚寅，以監生捐納職銜之人有鑽營求爲鹽大使者，諭：嗣後鹽場大使之缺只准於候補、候選人員內揀選引見，不必用捐納職銜之人。
			增闕里文廟執事官	實錄雍正八年十一月初四日己巳，增闕里文廟執事官。三品者二員、四品者四員、五品者六員、七品者八員、八九品者各十員，給與章服，祭祀時陪列執事，每年各給俸銀二十兩，由衍聖公將本族之致仕在籍、有職未仕，並貢監生童內，分別宗支遠近，揀選人品端方，威儀嫻雅者，酌定品級，報部具奏充補。

		科試	賞下第舉子盤費	實錄雍正八年三月十三日辛巳，賞給今科下第舉子盤費銀兩。雲貴籍每人七兩，四川、兩廣籍每人六兩，閩、浙、陝、江南、江西、湖廣籍每人五兩，河南、山東、山西籍每人四兩，直隸籍每人三兩。
			殿試	實錄雍正八年四月初五日癸卯，賜殿試貢士周澍等三百九十九人進士及第出身有差。是科，復浙江舉人會試，浙江舉人中式者達七十人。鼎甲三人皆浙江人，狀元周澍、探花梁詩正，俱錢唐人；榜眼沈昌宇爲秀水人。報錄到杭州，闔城紳衿士庶歡呼踊躍，「誦聲載道，感戴皇仁」，李衛奏聞。事又見《宮中檔雍正朝奏折（十六）》、黃崇蘭《國朝貢舉考略》卷三。
			諭今科進士先著在六部額外主事上學習行走	實錄雍正八年六月初二日己亥，諭．今科進士，除選拔庶吉士外，其馬丙等五十八名著在六部額外主事上學習行走，三年後如能稱職，該堂官題補。今科外用進士，著就伊等本籍鄰近地方掣籤派往，交與各該督撫分派藩臬衙門，令其學習三年，委署試用一年，四年後題補實授。
		刊刻頒行編修	康熙帝書經傳說刊成	實錄雍正八年二月十三日壬子，康熙帝所纂《書經傳說》刊刻告成，帝作序文頒行全國。
			頒《州縣官規則指南》	實錄雍正八年三月初四日壬申，將朱軾、沈近思、田文鏡、李衛先後編定之《州縣官規則指南》一書刊刻付印，頒發州官各一部，俾「朝夕觀覽，省察提撕」。
			頒康熙御纂性理精義等	《大清會典事例》卷388，雍正八年將康熙帝御纂《性理精義》、《書、詩、春秋三經傳說匯纂》每省各發兩部，一部令其重刊流布，一部以備校對。
		文字獄	唐孫鎬爲呂留良辯護	《史料旬刊》，雍正八年正月，以閩人諸葛際盛作聲討呂留良之《檄文》，浙江紹興人唐孫鎬見之，作《揭帖》爲呂留良辯護。後《揭帖》爲湖北通山知縣井浚所見，並向巡察湖廣給事中唐繼祖檢舉。二月十三日，唐繼祖奏報，請將唐孫鎬「立置重典」。
			曾靜作歸仁說	《宮中檔雍正朝奏折（十五）》、《宮中檔雍正朝奏折（十七）》、《雍正朝上諭檔》、《大義覺迷錄》卷四。雍正八年二月初四癸卯，曾靜既免罪釋放，乃著《歸仁說》一文以宣揚「本朝得統之正」，表示願往各地「現身說法，化導愚頑」，帝遂命刑部侍郎杭奕祿領之由京城往江寧、蘇、杭、湖南。
			徐駿文字獄	實錄雍正八年十月初四日己亥，故尚書徐乾學之子、翰林院庶吉士徐駿，以上書言事忤帝意，立斥放歸，命檢查其詩文。至是，大學士張廷玉、蔣廷錫奏：徐駿著有《堅蕉詩稿》二本、《戊戌文稿》一本、《雜錄》一本，詩文「輕浮狂縱」，「語含譏諷」，並無感恩懷

				德一語，《雜錄》中有譏刺升朱子於十哲爲非，「悖逆狂妄，罪不容誅」。本日，以其「狂誕居心，背戾成性」，照大不敬律，處斬立決，其文稿盡行燒毀。事又見《宮中檔雍正朝奏折》第二十七輯。又，黃鴻壽《清史紀事本末》卷二十，徐駿詩作中，尚有「清風不識字，何得亂翻書」之句，被斥爲「譏訕悖亂」。
			屈溫山集	《宮中檔雍正朝奏折（十七）》、《清代文字獄檔》第二輯，雍正八年十一月初二日丁卯，廣東總督郝玉麟奏：張熙口供中曾言，有《屈溫山集》議論與呂留良相合。查廣東有屈大均，號翁山者，恐即其人。前有屈翁山之子屈明洪稱伊故父翁山《文外》、《詩外》等書語多悖逆，投監認罪，理合奏明。朱批：「知道了，亦當寬縱者」。時署廣東巡撫傅泰亦奏：屈翁山詩文「多有悖逆之詞」，其子屈明洪自首投監，已令布按兩司嚴審，有旨責其：「湖塗繁瀆，不明人事之至。」
雍正 9 辛亥	1731		准棚民童生在居住州縣一體入學	實錄雍正九年二月初九日壬寅，從江西巡撫謝旻疏言，江西棚民中之文武童生入籍二十年以上、有田廬墳墓者，准其在居住之州縣一體入學。
		教育	學宮門外有匿名揭帖非議朝政	實錄雍正九年二月初十日癸卯，有匿名揭帖非議朝政。山西巡撫石麟奏報；夏縣發現匿名帖：「曾靜可殺不殺，呂晚村無罪坐罪，眞古今一大恨事也。」此帖貼於學宮西角門外，教官高振及文武諸生祭畢時發現。有旨命悉心根究，「務令奸莫致漏網。」
			設八旗學習營	實錄雍正九年二月二十二日乙卯，設八旗「學習營」，營內不許用漢語，唯習滿、蒙語。
		科試	定八旗蒙古考取翻譯秀才進士例	實錄雍正九年四月三十日壬戌，定八旗蒙古考取翻譯秀才、舉人、進士例。八旗蒙古旗分內能作蒙古文翻譯者，照考試滿文翻譯例，三年內考取生員二次，舉人、進士各一次。取中額數由考試官選擇取中試卷，臨時請旨。雍正十年，壬子科翻譯考試，取中滿洲翻譯舉人十六名、蒙古翻譯舉人二名。事又見《清朝文獻通考》卷 49、《皇朝政典類纂》卷 201。
		刊刻頒行編修	廣東通志修纂告竣	《朱批諭旨》，雍正九年四月十一日癸卯，廣東布政使王士俊奏報《廣東通志》修纂告竣，係浙江籍庶吉士魯曾煜主持。
			頒駁呂留良四書講義	實錄雍正九年十二月十六日乙巳，先是翰林官顧成天奏言：呂留良所刊《四書講義》、《語錄》等書粗浮淺鄙，毫無發明，宜敕學臣曉論士子勿惑於邪說。因命大學士朱軾等詳加檢閱，逐條批駁，纂輯成書。本日，將所纂輯《駁呂留良四書講義》刊刻，頒布學官。雍正十一年八月，山東兗州總兵官李建功以山東僅頒數十部，過少，請敕督撫刷印多冊，紳衿各給一部。朱批：「此不過令士子輩知所趨向，何必家喻而戶曉

			耶?」事又見《宮中檔雍正朝奏折（二十一輯）》。
		聖祖實錄編成	實錄雍正九年十二月二十一日庚戌，《聖祖仁皇帝實錄》及《聖訓》編成，監修、纂修及與事人員分別議敘。
		上諭內閣159卷告成	葉德輝《書林清話》卷九，雍正九年，《上諭內閣》一百五十九卷告成。是書雍正七年莊親王允祿奉命刊布，雍正九年告成。隨後又校正續刻，補爲全書，乾隆六年告成。
	其他	滕王閣失火	《宮中檔雍正朝奏折（十八）》，雍正九年六月二十四日乙卯，江西巡撫謝旻奏報南昌火災：五月二十一日，南昌城外民居失火，燒民房四百間，江邊之滕王閣亦被燼毀。滕王閣有聖祖所書〈滕土閣序〉石碑並無損壞。該閣擬設法重建。
雍正 10壬子	1732 教育	頒御製重修聖廟碑文	實錄雍正十年五月二十八日甲申，從衍聖公孔廣棨之請，頒《御製重修聖廟碑文》，收藏闕里，以爲世守。
		衍聖公率族人來京謝恩	實錄雍正十年八月二十一日乙亥，衍聖公孔廣棨以孔林工程告竣，率其族七十四人來京，赴圓明園謝恩。
	科試	廣西學政奏科考事務	《宮中檔雍正朝奏折（二十）》，雍正十年六月二十七日壬午，廣西學政趙晃折奏：去年七月任事，九月出巡，科考各屬。每試一棚，恭宣御製《訓飭士子文》、《聖諭廣訓》、《大義覺迷錄》，備舉宏綱要領，提撕警覺。復列規條，令教官於月課時勤宣詳解，俾多士知所訓行。廣西原有陋規，凡取進文武童生，出「卷結銀」四至六兩；凡廩生出貢，教官、州縣、學政各項費用二、三十兩至五、六十兩。此項陋規現已革除。
		就科舉文風諭禮部	實錄雍正十年七月二十八日壬子，就科舉文風諭禮部：制科以四書文取士。言爲心聲，文章之道與政治通，所關甚巨。近科以來，文風亦覺丕變，士子逞其才氣辭華，不免有冗長浮靡之習。是以特頒諭旨曉諭考官：「所拔之文，務令雅正清眞，理法兼備。雖尺幅不拘一律，而支蔓浮誇之言所當屛去。秋闈期近，可行文傳諭知之。」
		陝西鄉試主考官出題不當	《上諭內閣》、《雍正起居注冊》，雍正十年九月十七日辛丑，時陝西鄉試主考官吳文煥、李天寵出策問題，問秦省古代興修水利事。本日，雍正帝以其「舍今而援古，去近而求遠」，「識見卑鄙」，命交部察議。以後，各省鄉試題目俱著報部，如有支離迂闊、草率舛鄙之處，該部即行指出題參。諭稱：「吳文煥等若以水利策問考試士子，即當就該省現行者，令其敷陳條對，或可備采擇之資，或可爲善後之計。乃舍今而援古，去近而求遠，

				摭拾往事，泛為鋪張，並遠引京畿以為近日興修水利之一證，而於本省工程關係利弊者，無一言提及，想以秦中疏濬諸渠，為無裨民生耶？抑或以該省工程為不足論耶？務虛文而無實際，乃為政為學之大患。吳文煥等識見卑鄙如此，不可不加懲儆。」
		刊刻頒行修史	朝鮮請改正明史訛載重刊	實錄雍正十年三月十一日戊辰，時朝鮮國王李昑咨稱：《明史》內朝鮮列傳訛載先世李倧簒奪一事，雍正四年奏請昭雪，已蒙聖恩令史臣改正，乞早為頒發。禮部議：俟《明史》告成，再行刊發。諭：將朝鮮列傳先行抄錄頒示，「以慰該國王懇求昭雪之心」。
		風俗	賜匾予七世同居之譙衿	實錄雍正十年十一月十二日乙未，湖南沅江縣生員譙衿七世同居，以其孝友可嘉，御書「世篤仁風」匾額賜之。十二月十五日，又以陝西武功縣生員李倬、同州生員劉運惇七世皆合族同居，敦睦可風，亦俱頒賜御書匾額，命地方官建坊題碑。
		其他	田文鏡病逝	實錄雍正十年十一月初八日辛卯，河東總督田文鏡病逝。帝賜祭葬，諡「端肅」，命於河南省城立專祠，又入祀河南賢良祠。事又見《清史稿》卷294、《宮中檔雍正朝奏折》第二十輯。
			於各省省會建賢良祠	實錄雍正十年二月初三日辛卯，命各省於省會建「賢良祠」，祀外任大臣之「宣猷布化，忠勇效命，威愛宜民，其政績卓然可紀者」。與祀之人從近年為始，凡有應請入祀者，該督撫於一人各具一本請旨。
雍正 11 癸丑	1733	教育	各省省會建立書院	《宮中檔雍正朝奏折》第二十一輯、第二十三輯、第二十四輯，雍正十一年正月初十日壬辰，於各省省會設立書院，各賜帑銀一千兩，為讀書士子膏火之用。諭稱：「近見各省大吏漸知崇尚實政，不事沽名邀譽之為。而讀書應舉者亦頗能屏去奔競之習。則建立書院，擇一省文行兼優之士讀書其中，使之朝夕講誦，整躬勵行，有所成就，俾遠近士子觀感奮發，亦興賢育材之一道也。」
			河南學政俞鴻圖納賄	實錄雍正十一年九月初二日庚辰，河東總督王士俊糾參河南學政俞鴻圖「納賄營私」，命將俞鴻圖革職，差戶部侍郎陳樹萱前往，會同王士俊嚴審。陳樹萱折奏：原賄賣文武童生二十三名，續查及自首者又有四十名。其中有九名審無實據，已查明之府州縣賄賣贓銀共一四千餘兩。雍正十二年三月，以河南學政俞鴻圖受賄營私，贓私累萬，處斬立決。諭：嗣後各省若有考不公、徇情納賄者，除將學從重治罪外，該督撫亦照溺職例嚴加處分。

		論考官重視策論	實錄雍正十一年正月二十四日丙午，以科舉不重視策論，而策論足覘經濟實學，現會試期近，諭試官「務得眞才以收實用。若所取試卷中有經義可觀而策論疵繆荒疏者，朕唯於主考官是問。」
		帝以理學諭士子	《上諭內閣》，雍正十一年三月十四日乙未，帝以「必有明理見道之儒，始有致遠經方之用」，故訓誡士子研究理學，諭又言：「佛仙之教，以修身見性、勸善去惡、舍貪除欲、忍辱和光爲本，若果能融會貫通，實爲理學之助。」
	科試	帝親閱殿試卷拔張若靄	實錄雍正十一年四月初一壬子，帝親閱殿試卷，以張廷玉之子張若靄之卷爲「語極懇摯，頗得古大臣之風」，因拔置一甲第三。及折號，乃張廷玉之子張若靄。遣人告知張廷玉此舉實出至公，非以大臣之子而有意甄拔。廷玉再三懇辭，帝以其「情詞懇至」，勉從其請。諭「若將張若靄改爲二甲一名，以表大臣謙謹之誠，並昭國家制科盛事，令普天下士子共知之。」五月初二日，授張若靄爲翰林院編修。事又見《清史稿》卷288、姚元之《竹葉亭雜記》卷九。
		殿試	實錄雍正十一年四月初二日癸丑，賜殿試貢士陳倓等三百二十八人進士及第身有差。除張若靄外，鄂爾泰之子鄂容安、侄鄂倫亦中本科進士。
		重開博學鴻詞科	實錄雍正十一年四月初八日己未，重開博學鴻詞科。諭：自古文教修明之日，必有瑰奇大雅之才。況蒙聖祖仁皇帝六十餘年壽考作人之盛，涵濡教澤，薄海從風。朕延攬維殷，辟門吁俊，敦崇實學，諭旨屢頒。宜有品行端醇，文才優贍，枕經葄史，殫見洽聞，足稱博學鴻詞之選者，所當特修曠典，嘉與旁求。」命在京滿、漢三品以上各舉所知；在外由督撫會同學政悉心體訪，遴選保題。
	刊刻頒行編修	山東奏請刷印多冊駁呂留良四書講義	實錄雍正十一年八月，山東兗州總兵官李建功以山東僅頒數十部《駁呂留良四書講義》，過少，請敕督撫刷印多冊，紳衿各給一部。朱批：「此不過令士子輩知所趨向，何必家喻而戶曉耶？」事又見《宮中檔雍正朝奏折（二十一輯）》。
		帝編成御選語錄	《御選語錄》載，雍正十一年四月初一日壬子，帝編成佛學著作《御選語錄》十九卷，其第十二卷爲〈和碩雍親王圓明居士語錄〉，並作《御製總序》。雍正十二年，又刊行延壽和尚《寶鏡錄》一百卷；雍正十三年，刊行該書大綱，名《宗鏡大綱》二十卷。同年，又精選二十種佛經，編成《經海一滴》六卷，刊行。事見美·恆慕義編《清代名人傳略》、昭槤《嘯亭雜錄》卷一。
		刊揀魔辨異錄	《揀魔辨異錄》卷一，帝爲刊行揀魔辨異錄，特頒上諭，載於卷首，並作序言。雍正十一年四月初十日辛

				酉，諭：「法藏、弘忍輩唯以結交士大夫，倚托勢力，爲保護法席。」
			大清會典成	實錄雍正十一年五月十七日丁酉，《大清會典》告成，總裁、修纂各官及效力人員分別議敘有差。
		文字獄	著述不必忌諱夷、虜字	實錄雍正十一年四月二十八日己卯，命著述不必忌諱「夷、虜」等字。諭稱：中外者，地所劃之境也；上下者，天所定之分也。「夫滿漢名色，猶各省之各有籍貫，並非中外之分別也。若昧於君臣之義，不體列聖撫育中外、廓然大公之盛心，猶泥滿漢之形迹於文藝紀載間，刪改九虜諸字以避忌諱，將以此爲臣子之尊敬君父乎！不知即此一念已犯大不敬之罪矣！嗣後臨文作字及刊刻書籍，如仍蹈前轍，將此等字樣空白及更換者，照大不敬律治罪。」命各督撫、學政、有司張告示，使窮鄉僻壤咸使聞知。從前書籍有情願填補更換者，聽其自爲之。
			請審查今人著作，不許	實錄雍正十一年七月十五日甲午，湖北學凌如煥請審查今人著作，不許。
		滿漢	八旗兵丁毋令漢語	《上諭內閣》，雍正十一年十一月二十七日甲辰，以八旗兵丁宜熟悉滿語，諭：「嗣後侍衛、護軍等凡看守禁門、值宿該等處，俱著清語，總毋令漢語。至於訓練營兵丁會集操演之處，亦著令其清語。如該管大臣官員不行教訓稽查，仍有漢語者，一經查出，定將該管大臣官員一併治罪。」
雍正12甲寅	1733	教育	河南學政俞鴻圖以賄賣童生斬立決	實錄雍正十二年三月二十二日戊戌，以河南學政俞鴻圖受賄營私，贓私累萬，處斬立決。諭：嗣後各省若有考不公、徇情納賄者，除將學從重治罪外，該督撫亦照溺職例嚴加處分。本日又以其父戶部侍郎俞兆晟不能教子，且向來品行不端，與李紱鈞結親，依附年羹堯，在戶部將怡賢親王所定成規任意更張，革職，交刑部嚴審定擬。
			定官學生考試例	《皇朝政典類纂》卷215、《皇朝掌故匯編》卷38，雍正十二年，定官學生五年一次考試，其滿漢文及步射皆優，列一、二等者，請旨錄用。三等者仍留學肄業。資質愚鈍不堪造就者，即行革退。又於各旗官學設算學教習，令精於數學者教之。
		科試	停滿洲考試武場之例	實錄雍正十二年四月初十乙卯，以滿洲弓馬技勇遠勝漢人而文藝不如，停滿洲考試武場之例。
			責士子不可以私忿罷考脅制官長	實錄雍正十二年九月十六日戊子，以各省生童常因與地方官爭競齟齬而相率罷考者，諭責士子不知感戴國恩，以私忿罷考，爲脅制官長之計。「嗣後如果該地方官有不公不法、凌辱士子等情，許令生童

				赴該上司衙門控告，秉公剖斷。倘不行控告而邀約罷考，即將罷考之人停其考試，若合邑合學俱罷考，即全停考試。」
			申飭科場紀律	實錄雍正十二年十二月二十日癸亥，諭：鄉會兩闈乃國家掄才大典，必須防範周密，令肅風清。聞各省鄉試之年，官字號舉子入闈者，監臨，提調等官有差人饋送飲食果品之事，難保日久無雇債傳遞之弊，不可不防其漸。嗣後著通行禁止，倘有仍蹈前轍者，即照科場作弊例，將與受之人一同治罪。
		刊刻頒行編修史	刊御製文集《悅心集》，並贈予李衛、趙弘恩	《宮中檔雍正朝奏折（二十三）》，雍正十二年五月十五日庚寅，帝將最近刻成之自選文集《悅心集》贈李衛，於李衛本日奏折卜朱批，賜卿《悅心集》一部，此書「乃近日刻成者。餘閑觀看，實可悅目清心。我輩觀此書，大似山僧野客談論朝政，披閱小抄，可謂分外之妄想。」本月二十四日，李衛奏謝，言讀此書可使「氣質化於和平，性情歸於恬淡。」朱批「意會的甚好。」
				《宮中檔雍正朝奏折（二十三）》，實授趙弘恩爲兩江總督，賜趙弘恩《悅心集》、《御選語錄》等。
			頒朱批諭旨予各官	《宮中檔雍正朝奏折（二十三）》，雍正十二年九月二十一日癸巳，時帝將新編成之《朱批諭旨》頒發各官，本日，浙江布政使張若震以收到《朱批諭旨》奏謝。朱批：「所以頒此，爲令汝等知朕意指示趣，而有所遵循之意，實非邀譽於內外臣工也。」
			續修皇清文穎	實錄雍正十二年十月二十四日丙寅，續修《皇清文穎》。給事中黃祐條奏：請將國朝臣工詩文賦頌派員遴選，刊布各省。經禮部、翰林院議：康熙四十八年，大學士陳廷敬等曾編《皇清文穎》一部，因選擇尚未精當，是以未曾頒發。今應將聖祖文集選錄於卷首，再編入皇上詩文，詩臣所作一并匯選，陸續編次進呈，俟書成之日刊刻頒行。從之。十三年正月，以大學士鄂爾泰、張廷玉、協理大學士工部尚書徐本爲文穎館總裁官，兵部尚書魏廷珍、刑部尚書張照爲副總裁官。
			校對三朝實錄	實錄雍正十二年十一月二十九日庚子，以三朝《實錄》內人名、地名與《聖祖實錄》未曾劃一，命鄂爾泰、張廷玉、徐本等爲總裁官，簡選翰林等官「重加校對，敬謹繕錄。」
			重刻梵筴本藏經	吳振棫《養吉齋業錄·餘錄》，雍正十二年，重刻梵筴本《藏經》，以莊親王允祿主其事。詔簡積學僧人四十，開館校勘，以天上人總其事。乾隆三年十二月完成，凡七百二十四函，一千六百七十二部，七千二百四十七卷，稱爲《龍藏》，爲後一部官刻大藏經。

		法律	湖廣總兵請宣講大清律，不准	《宮中檔雍正朝奏折（二十二），雍正十二年三月，湖廣鎮篳總兵官請宣講《大清律集解附例》，有旨不准。朱批：「造律之始，用精微，有司於審擬之時，酌其情罪，亦非盡律條之所拘。若令概知，倘知而不詳，徒起小民不奮挾制之刁風。況各知律條，則犯法頑各覓避重就輕之路，則掌刑名之人更費一番詳察矣。無益而害之舉，不必者。」
雍正 13 乙卯	1735		文武生員不准入伍當兵	實錄雍正十三年二月初二癸卯,定例文武生員不准入伍當兵，但陝甘有生員充營伍者，延綏一鎮即達六十餘名。本日，命各提鎮查明革退，令其歸學。如有情願革去生員、當兵食糧者，行知學除名，准其留營。嗣後文武生員一概不許濫收入伍。
		教育	禁武官於營中設立義學	實錄雍正十三年二月二十日辛酉，禁武官於營中設立義學。時有武請於營伍中設立義學教育兵丁子弟者，又有請准駐防兵丁就近志該省鄉試者。帝斥為「舍本逐末、糊塗顛倒之見」。諭稱：本業在武而注意於文，必致弁兵等相習成風，人材漸至於軟弱，武備亦至廢弛，豈整飭戎行之道乎？向後如仍有妄行奏請者，必加以重處。
			准苗童與漢民一體考試	實錄雍正十三年四月初五日乙巳，從四川學政隋人鵬條奏，川省苗民久經向化，嗣後各屬土司苗童有讀書向上者，准與漢民文武生童一體考，於各該學定額內憑文去取。卷面不必分別漢苗。
			生員犯賭者斥革	實錄雍正十三年十月二十六日辛卯，乾隆帝定例：文生員犯賭者斥革，比常人加一等治罪。該管教官失察者罰俸一年，知情不報者革職留任，失察造賣賭具者照溺職例革職。
		科試	諭科目出身不勝縣令者可改補教職	實錄雍正十三年四月初四甲辰，因縣令為親民之官，關係生休戚最為近，諭：嗣後科目出身之員，若係揀選任命者，到任後不勝縣令之任，准該督撫以教職題請改補。
			臺灣鄉試增額	實錄雍正十三年五月十二日辛亥，臺灣鄉試士子向係另編字號，額中舉人一名，本日，從福建巡撫盧焯疏言，以該地人文日盛，於閩省解額外，將台字號再加中一名，以示鼓勵。
			以弘曆即皇帝位，增鄉會試中額	實錄雍正十三年九月初三日己亥，皇太子弘曆於太和殿即皇帝位，以明年為乾隆元年，頒詔全國，詔內「合行事宜」二十六款，增會試中額，鄉試中額大省加三十名，中省加二十名，小省加十名。各府州縣入學額數，大學加七名，中學加五名，小學加三名。府州縣衛各舉孝廉方正，賜以六品頂帶榮身，以備召用。

			開鄉會恩科	實錄雍正十三年九月二十四日庚申，乾隆命開鄉會恩科。照雍正元年例，於乾隆元年八月舉行鄉試，二年二月舉行會試。
			查順天鄉試之弊	實錄雍正十三年九月二十六日壬戌，乾隆帝以今年順天鄉試弊竇甚多，將考試官顧祖鎮、戴瀚革職，交刑部審究。十二月初二日，戴瀚因擅改文字，進呈欺詐，杖一百、徒三年；同考官徐煥然、考試官顧祖鎮，或聽從私改，改扶同進呈，均杖九十、徒二年。
			停進士舉人分部學習例	實錄雍正十三年十月十九日甲申，乾隆命停止應選知縣之進士、舉人分部學習之例。
			禁八旗下累世家奴孫孫應試	《清朝通典》卷十八、《大清會典事例》卷三四，雍正十三年禁八旗下累世家奴之了孫應試。又定例，諸生遇本生父母之喪，不准應試，違背照匿喪例治罪。
		刊刻頒行編修	頒御製諸書予大臣	實錄雍正十三年四月初五日乙巳，將《聖祖仁皇帝御製文全集》頒賜諸王大臣及翰詹官員等，隨又將御錄《宗鏡大綱》賜各督撫。
			纂修世宗實錄	實錄雍正十三年十月初三日戊辰，乾隆命纂修《世宗憲皇帝實錄》。本月十五日設館，以大學士鄂爾泰為監修總裁官，大學士尹泰、張廷玉、朱軾、尚書三泰為總裁官，尚書任蘭枝等七人為副總裁官。
			編八旗氏族通譜	實錄雍正十三年十二月初一日丙寅，乾隆命編纂《八旗氏族通譜》，諭：「八旗滿洲姓氏眾多，向無匯載之書，難於稽考，著將八旗姓氏詳細查明，并從前何時歸順情由，詳細備載，纂成卷帙，候朕覽定刊刻，以垂永久。著滿洲大學士會同福敏、徐元夢遵照辦理。」
			明史告成	實錄雍正十三年十二月二十七日壬辰，纂修《明史》總裁大學士張廷玉奏纂修《明史》告成。以其卷帙繁多，恐尚有錯舛之處，乾隆帝命張廷玉再加校閱後，交武英殿刊刻，陸續進呈。
		學術	命厘正文體	實錄雍正十三年十月十六日辛巳，乾隆命厘正文體，毋得避忌。諭稱：務學績文者，宜勿尚浮靡，勿取姿媚，期於人心風俗有所裨益。一切章疏以及考試詩文，務期各展心思，獨抒杼軸，從前避忌之習一概掃除。
		文字獄	監察御史曹一士請查寬比附妖言之獄	實錄雍正十三年十一月二十七日壬戌，監察御史曹一士請「查寬比附妖言之獄，筆禁挾仇誣告詩文，以息刁風。」奏言：「比年以來，閭細人不識兩朝所以誅殛大憝之故，往往挾睚眦之怨，借影響之詞，攻訐私書，指摘字句。有司見事生風，多方窮鞫，或致波累師生，株連親族，破家亡命，甚可憫

			也。臣愚以爲井田封建不過迂儒之常談，不可以爲生今反古；述懷詠史，不過詞人之習態，不可以爲援古刺今。即有序跋偶遺紀年，或草茅一時失檢，使其果懷悖逆，豈敢明布篇章？若此類皆比附妖言，罪當不赦，將使天下告訐不休，士子以文爲戒，殊非國家義以正法、仁以包蒙之至意也。」請敕下直省大吏，查從前有無此等獄案現在不准援赦者，條列請旨。嗣後凡有舉首詩文書札悖逆譏刺者，審無的確形迹，即以所告本人之罪依律反坐，以爲挾仇誣告者戒。乾隆有旨命交部議。
		處死曾靜、張熙	實錄雍正十三年十二月十九日甲申，乾隆命處死曾靜、張熙。論：「曾靜、張熙悖亂凶頑，大逆不道，我皇考世宗帝聖度如天，以其謗議只及於聖躬，貸其殊死，并有將來子孫不得追究誅戮之諭旨。然在皇考當日或可姑容，而在朕今日斷難曲宥。前後辦理雖有不同，而衷諸天理人情之至當，則未嘗不一。況億萬臣民所切骨憤恨，欲速正典刑於今日者，朕又何能拂人心之公惡乎？曾靜、張熙著照法司所擬，凌遲處死。」
滿漢	論勿歧視滿漢	實錄雍正十三年十二月初六日辛未，諭勿歧視滿漢。先是，從尚書來保奏，因滿洲騎射比漢人純熟，於控制北邊爲宜，令緣邊古北口一帶提、鎮、副、參、游、守等官參用滿洲。至是，副都統布延圖奏：福建、兩廣、雲貴等省地處極遠，界連外國，而統兵大員均爲漢人，請將此五省提督、總兵官參用滿洲。有旨責其「妄生揣摩」、「紊亂成規」。乾隆帝論稱：滿漢均爲臣工，均爲朕之股肱，本屬一體，休相關。用人之際，量能授職，唯酌其人地之相宜，不宜存滿漢之成見。布延圖著嚴飭行。「嗣後有似此分別滿漢、歧視旗民者，朕必從重議處之。布告天下，使明知朕意。」	
其他	停每月朔望宣講大義覺迷錄	高宗實錄卷五，雍正十三年十月十九日甲申，乾隆帝從尚書徐本所請，停止每月朔望宣講《大義覺迷錄》，所發原書，命各督撫匯送禮部，候旨。徐本奏言：「今當龍馭升遐，正海宇蒼生謳功頌德，思慕不忘之際」，「似此謗毀君父之言，每於月吉宣之於口，實爲天下臣民不忍聽聞者。」